이데올로기의 종언

이데올로기의 종언

다니엘 벨 지음 · 이상두 옮김

차례

이 책을 읽는 분에게 9
머리말 13

제1부 현대의 미국—이론의 애매성

제1장 대중사회로서의 미국 23
제2장 가족자본주의의 붕괴 57
제3장 미국에 지배계급이 있는가 67
    무드와 의도(意圖) 68
    논리 전개 70
    용어(用語) 72
    이해관계의 문제 77
    유럽적 이미지 80
    역사와 사상 82
    권력의 계속성 84
    경제에서 정치로 86
    정책결정의 유형 92
제4장 신분정치와 새로운 불안 96

제2부 유토피아 사상의 고갈

제1장 미국 사회주의의 좌절 127
두 개의 윤리 134
프롤레타리아트의 베일 140
햇볕 비치는 곳 142
사회주의의 대망(待望) 145
사회주의의 두 저울대 148
이방(異邦)의 국외자 152

제2장 현실 탐구의 10가지 이론 160
피란델로의 등장 163
누가 누구를 183
하버드 연구진의 방법론 203
누가 먼저 먹는가 210
하나의 길과 여러 갈래 길 220

제3장	마르크스로부터의 두 개의 길	234
	역사적인 때늦은 지혜	234
	소외의 변형	239
	사회주의 사회	253
	노동자평의회(勞動者評議會)	264
	러시아의 노동자 관리의 운명	269
	노동의 의의	279
제4장	소련의 이데올로기의 종언	286
	이데올로기의 문제	290
	이데올로기와 가치체계	292
	이데올로기의 현실	295
	이데올로기의 종언인가	298
제5장	서구에서의 이데올로기의 종언	303

이 책을 읽는 분에게

이 책은 미국의 사회학자 다니엘 벨의 《이데올로기의 종언—1950년대에 있어서 정치사상의 고갈에 대하여》(Daniel Bell, The End of Ideology—on the Exhaustion of Political Ideas in the Fifties, New York, The Free Press, 1960)의 1962년 개정판을 번역한 것이다.

본래 《이데올로기의 종언》에는 이 책에 번역 수록한 것 외에 제2부로서 〈미국—생활의 다양성〉이 있으나 출판상의 사정 때문에 삭제하고, 제3부를 제2부로 차례를 바꾸었다. 그리고 제1부에서 〈미국 자본주의의 전망〉, 〈미국의 과거에의 제굴절(諸屈折)〉, 제3부에서는 〈제3세대 무드〉 등 3개 부문을 번역에서 제외시켰다.

이 때문에 비록 형식상으로는 불균형함을 피하기 어려울 것이나, 내용상에 있어서는 저자의 이론체계와 사상구조를 그다지 해치지는 않으리라 생각된다.

《이데올로기의 종언》은 다니엘 벨의 학자적·저널리스트적 명성을 높이고 학문적 공헌을 한 책이며, 동시에 많은 문제점을 제기한 명저이기도 하다.

저자는 이 책에서 현대 미국사회와 소비에트 러시아의 현실을 비판적으로 다루고 있으며 내재적 모순과 갈등을 예리하게 파헤치고 있다. 이것은 스스로 민주사회주의자임을 선언한 이데올로기적 입장에서 볼 때 당연한 분석이며 평가라고 하겠다.

저자는 미국의 번영이 모든 사회 문제를 해결하는 것이 아니라 새로운 불안과 긴장, 그리고 위기를 래하고 있다(제1부 제4장 〈신분정치와 새로운 불안〉)고 전제하면서, 종래 이상으로 브로커 스테이트(중개국가)가 되어 버린 미국정부 그리고 메카디와 그 일파가 공산주의 문제와 관련하여 민주주의 구조에 가한 광범한 타격을 지적하면서 비판하고 있다.

더욱이 사회주의 이론가들이 기대하는 비옥한 토양이 존재하는 듯 보였는데도 미국에 있어서의 사회주의 운동이 실패한 것은 윤리와 정치 사이의 근본적인 딜레마를 해결하지 못한 때문(제2부 제1장 〈미국 사회주의의 좌절〉)으로 간주하고 미국 사회주의 운동의 기회주의적 입장을 비난하고 있다.

저자가 겪은 이 미국 사회주의의 좌절의 경험은 사회주의에 대한 정열의 급격한 냉각을 가져왔고, 그것은 동시에 소련에 대한 비판과 공격으로 귀결되고 만다.

저자의 말대로 소련에서 있었던 모스크바 재판, 독·소불가침조약, 강제수용소, 헝가리 노동자 파업에 대한 탄압 등 일련의 불행한 사건(제2부 제5장 〈서구에서의 이데올로기의 종언〉)들이 저자의 사상에 충격을 주어 공산주의에 대한 불신·회의·환멸·

혐오의 감정을 품게 하였을 것이다.

이렇듯 현대 미국사회와 소련의 현실을 비난한 저자는 한편에서는 복지국가의 용인, 바람직한 권력의 분권화(分權化), 혼합경제 체제 및 다원적 정치체제에의 합의가 이데올로기 시대의 종언을 의미한다고 하였고, 다른 한편에서는 소련에 있어서의 이데올로기가 동구 제국에 있어서는 더할 나위 없이 그 충분한 강제력과 설득력조차 상실하기에 이르렀다고 말한다. 이런 점에 있어서도 공산주의 세계에 있어서의 이데올로기의 종언은 가까워지고 있다고 보았다.

이 '이데올로기의 종언론'은 마르크스주의의 프롤레타리아의 '절대적 빈곤화론'과 '계급투쟁론'에 도전하는 이론이며, 현상유지에 입각한 개량주의적 이데올로기라 해도 잘못은 아니다.

그러나 이 책에서의 이데올로기 종언론자의 주장을 속단, 오해하지 기 위해서는 몇 가지 점에 유의해야 한다.

첫째, 저자는 교조적·광신적 이데올로기의 종언을 주장한 것이지 이데올로기 일반의 종언을 주장하지는 았다는 점.

둘째, 낡은 19세기 이데올로기는 활력을 잃었으나 아시아, 아프리카 신생국가에서는 새로운 이데올로기—산업화, 근대화, 내셔널리즘 등—가 형성되고 있다는 점.

셋째, '유토피아의 종언'을 선언한 허버트 마르쿠제와는 달리 '이데올로기의 종언이 유토피아의 종언은 아니다'라고 주장하고 있는 점 등이다.

부제(副題)가 말하고 있는 것처럼 이 책은 1950년대의 이데올로기의 고갈을 다루고 있으나 '탈(脫) 이데올로기 시대'에 접어든 듯한 오늘날에도 대체로 들어맞는 이론이요, 많은 시사를 주는 저서라 하겠다.

    나라의 앞날을 위해 사명감을 갖고 꾸준히 양서(良書)만 출판하려고 애쓰는 범우사의 윤형두 사장께 깊이 감사드린다.

옮긴이

머리말

끝없는 허영

이 책의 여러 평론은 주로 1950년대의 미국에 있어서의 사회변동을 다룬 것이다. 이 연대는 특히 '화이트 칼라' 계급의 성장과 교외 주택지(郊外住宅地)의 확대에서 볼 수 있는 계급구조에 있어서의 놀라운 변동에 의해서, 경제 불황의 기의 예상을 뒤엎은 경제의 '강제적' 확대로 인한 항구적 군사기구와 견고한 방위경제(防衛經濟)의 창설 및 냉전의 긴장 격화에 의해 특징지어진 10년이었다.

그 결과 우리는 해외에 있어서는 '인도인', '아프리카인', '아랍인' 등에 대해 우리 자신을 명확히 정의(定義)해야 하는 문제를 안게 되고, 국내에서는 정신분석학뿐 아니라 통속 사회학의 반사경(反射鏡)이 일약 각광을 받을 만큼 우리들은 '자아(自我)'와 '지위'에 사로잡히고 말았다. 이방인과의 교제에 있어서 또끄빌이 '끝없는 허영'이라고 불렀던 '극히 사소한 책망에도 안절부절하고, 시종 칭찬받고자 하는' 미국인 기질은 이제는 비난을 두려워하고 오로지 남의 비위 맞추기에 정신이 없으며 염려스럽기조차 한 열등감으로 바뀌어지고 말았다.

나는 미국인의 성격구조의 해명에 다시 하나의 어떤 공헌을 하려고 시도한 것은 아니었다. 또 미국적 경험의 특이성에 대해 혹은 미국정치의 특질에 대해 하나의 명제(命題)를 갖는 것도 아니다. 〈미국의 과거에의 제굴절(諸屈折)〉이라는 평론에서 말한 바와 같이 미국사회의 다양성과 복합성에 점을 맞추어 정확하게 파악할 수 있는 반사경의 단일 세트란 있을 수 없다고 생각한다. 여기서 강조하려는 것은 단순화에 따르는 허위성과 그러한 단순화가 가져올 이데올로기적 함정 등인데, 그러한 노력의 결과는 불가피하게 비판적으로 되지 않을 수 없다.

존 스튜어트 밀은 '벤담'에 관한 논평에서 평론가는 정신적 군주(君主) 중에서 최하위에 있다고 말한 바 있다. 그러기에 나는 가장 낮은 자리에서 위로 기어 올라가려는 것이다.

나는 제1부에서 많은 미국 사회론의 불충분성은 대부분 유럽 사회학의 유동적(流動的) 개념들을 미국사회의 전혀 다른 경험들에 무비판적으로 적용한 것에 있다고 주장한다. 그 가장 뚜렷한 예가 대중사회론(大衆社會論)인데, 이 개념은 미국의 사회생활에 관한 급진적이고도 귀족주의적인 비난의 그리고 미국정치를 엘리트적 관점에서 고찰하려는 시도의 주제로 되었다. 내 생각으로는 이러한 이론은 잘못되어 있다.

네오 마르크시즘적 발상의 재래식 미국사회의 계급이론과

대중이론은, 집단이해(集團利害)와 지위욕구가 정치의 조건이 되는 것에 의해 본질적으로 거짓임이 드러났다. 그러나 그것만이 아니라 최근 사회변동의 근원인 최근 10년간의 정치는 20년 전과 전혀 다른 충동에서 파생된다. 1930년대의 정치적 관점은 거의 국내 문제에 맞추어지고 있었으며, 그 시기의 사회적 분열은 거의 내부적인 사회·경제적 의미에 있어서의 계급분열이었다.

오늘날 이 계급분열은 거의 의미를 상실했을 뿐만 아니라 20년 전의 대세와 최근 10년간의 대세는 같은 것이 아니다. 오늘날의 정치는 국내적인 계급분열의 반영이 아니고 국제적인 여러 사건에 의해 이루어진다. 그리하여 정치의 표현인 외교정책은 여러 요인에 대한 반응이며, 그 가장 중요한 요인은 소련의 의도에 대한 예상이었다. 캐넌, 애치슨, 트루먼에 의해 시작되고 별다른 기본적 변화 없이 차기 정부가 이어받은 봉쇄의 필요성이라는 이 예상은 필연적으로 정치적·사회적 변동을 가져왔다. 즉 군사적 증강, 지역적 군사동맹, '이중경제(二重經濟)'의 창설, 과학과 과학자의 새로운 역할이 그것이며, 이 모두가 미국사회의 지도(地圖)의 색깔을 바꿔 놓은 것이다. 그러므로 미국의 사회와 정치에 관한 어떠한 이론도 도식주의(圖式主義)에 수반되기 쉬운 약간의 대담한 이론적 일반화를 시도하기에 앞서 면밀한 경험적 수준에서 시작하지 않으면 안 된다.

제1부의 여러 평론이 일반이론을 다룬 데 비해, 제2부는 거

의 미시적(微視的)으로 미국의 사회영역의 자세한 연구에 집중하고 있다. 문제의 범위로서는 미국의 사회생활의 복잡함을 예증하려고 시도하였다. 예를 들면 〈범죄와 미국적 생활양식〉이라는 제목의 평론은 도박의 사회조직에 관한 다분히 흥미있는 서술이지만, 동시에 인종집단과 사회적 이동과의 연관성에 대한 이론이기도 하며, 또 출세의 사다리를 올라가는 경계적(境界的)인 방법의 예시이기도 하다(아마 그런 의미에서 범죄는 사회에 있어서 필요하다는 뒤르껭의 역설적 논평의 예증이기도 하다).

노동조합에 관한 평론에서는 기성의 특권에 대해 제도적으로 보장된 도전이 '이데올로기' 요인과 지위(地位) 요인과의 상호작용을 통하여 어떻게 순응되어 가는가를 분석하고 있다. 이 책에서 가장 긴 노동에 대한 평론은, 능률의 관념이 산업의 기술적·사회적 조직화에 있어서 자명한 전제로서 받아들여진 것이 얼마나 노동자에게 유해한 결론을 가져오고 있는가를 나타내려 하였다. 이러한 몇 가지 평론의 중심점은 많은 분석상의 성과이고, 앞으로 여론분석에 있어서의 시장(市場)과 '이데올로기', 사회운동과 시장조합주의(市場組合主義), 인종집단의 존속과 사회적 이동, 신분정치와 이익집단 정치, 기술적·정책적 의사결정이라는 사회적 연구에 좋은 결과를 가져올 것을 나는 희망한다.

미국의 급진적 운동과 마르크스주의에 관한 제3부(이 책의 제2부—옮긴이주)는 정치에 있어서의 '이데올로기'의 역할과, 이데올로기와 지식인과의 관계에 대하여 몇 가지 핵심적 문제를 제기한다. 소련의 행동의 본질이 미국의 정책에 있어서 중요한 것이기 때문에 하나의 평론은 러시아의 의도에 관한 우리의 지식을 설명하려 하고 있다. 소외와 착취의 주제는 급진적 윤리가(倫理家)에겐 중심적인 것이므로, 이런 관념을 역사적으로 규명함으로써 마르크스주의의 극히 중대한 통찰과 실태를 극명하게 드러내려고 노력하였다.

저술가는 특히 사회분석적인 평론에 있어서 자기의 가치를 현재화(顯在化)하는 일을 피할 수 없다. 내가 채택하는 문제의 시각(時角)은 반이데올로기적이거나 보수적인 것은 아니다. 최근 10년 동안에 우리는 그 세계관의 진리를 주장할 수 있는 사상체계로서의 19세기의 여러 이데올로기, 특히 마르크스주의의 고갈을 목격해 왔다. 이러한 이데올로기에의 반동으로서, 즉 지성과 감성의 절대적 귀의(歸依)에 대한 강제에의 반동으로서 많은 지식인은 대중 내지 사회행동의 모든 형태를 두려워하기 시작했다. 이것이 신보수주의와 새로운 경험주의의 기반이다. 사람은 누구나 이러한 공포를 다소나마 갖지 않을 수 없다. 그러나 이데올로기를 부인하기 위해서는 다만 유토피아적 질서의 비판만이 아니라 동시에 현존사회의 비판이 이루어지지 않으면 안 된다.

비평가에게 맡겨져 있는 것은 소외의 냉엄함과 타자(他者)이고자 하는 감각이다. 회의(懷疑)의 주장이 신조(信條)의 주장에 선행하는 것이다. 그리고 헌신(獻身)이라는 것은 자기의 직업에 대하여 존재하는 것이다.

　소외는 니힐리즘(Nihilism : 허무주의)이 아니고 하나의 적극적 역할이다. 즉 어떤 주의, 주장에 빠지는 것을 방지하고 공동체의 어떠한 구체적 형태라도 최종적인 것으로서 받아들이지 않도록 하는, 어느 것에도 집착되지 않는 태도인 것이다. 비판적인 미국관을 반미적(反美的)이 되도록, 혹은 민주주의의 여러 가치를 거부하도록 아아(亞阿)지역의 지식인에게 영향을 미치는 것은 아닌가 하고 비공식 계통의 몇몇 이데올로그(Ideologue)들은 두려워하고 있다.

　그러나 이것은 사상생활(思想生活)에 관한 편협한 견해이다. 당파적인 사람들과 비평가가 사상과 경험의 검증인 끝없는 대화에 있어서 함께 정당하게 발언할 때 사회는 더욱더 활기에 넘치는 매력적으로 된다. 그 희망에 부푼 미래의 적대자가 되지 않고 모국(母國)의 비평가가 될 수 있는 것이다.

　이 책의 대부분의 평론은 원래 《코멘터리》와 《엔카운터》지(誌)에 발표되었다.

　그리고 세 편의 긴 평론은 처음에는 전체주의에 반대하는 지식인의 국제조직인 '문화자유회의' 주최의 회의에 연구보고서로서 제출되었다. 1956~57년 1년간(《포춘》지에서의 휴가 기간 중) 동 회의의 국제 세미나 간사로서 파리에서 보람찬 일을 할 수 있었다. 그 세미나의 기획위원회―레이모아롱, 마이클 폴라니, 에드워드 쉴즈―와의 토의에서 많은 것을 배웠는데, 이데올로기에 관한 몇 가지 평론은 그것을 반영하고 있다. 솔 레비터스와 그가 30년간 지도력을 발휘한 《뉴 리더》지에 나는 다른 기회에 경의를 표했다. 나의 초기 저작은 《뉴 리더》지에 게재되었다. 비록 어떠한 정치적 입장에 차이가 있다 하더라도 그곳은 언제나 사상적인 고향이었다.

나는 개인적·사상적 의미에 있어서 사상의 귀중성을 나에게 가르쳐 준 시드니 후크 교수에게 최대의 감사를 드리고 싶다. 그의 정통 제자는 아니었으나 공통의 연구과제에 있어서 협동작업의 귀중한 방법과, 격의 없이 의론 백출(議論百出)하는 격렬한 제사상(諸思想)의 교환에 대해 그에게서 배웠다. 나는 그의 정열에 대해서는 찬성할 수 없으나 그의 사상적 관심을 대부분 공유(共有)한다. 비록 인기 없는 주의, 주장이라도 논쟁으로부터 도피하지 않는, 그리고 친구를 못 본 체하거나 버리지 않는 것에 나타나는 개인적·사상적 용기를 나는 특히 칭찬하는 바이다. 그를 아는 모든 사람들이 인정하듯이 그는 동시대의 위대한 교사들 중의 한 사람인 것이다.

1959년 5월

제1부

현대의 미국−이론의 애매성

제1장

대중사회로서의 미국
- 하나의 비판

……사람들의 영혼을 내리누르는 음산한 우수(憂愁)…… 마치 이 시대만이 특별히 불행하기라도 한 것처럼, 그래서 폭력과 탐욕과 도덕적 증오의 기억만이 남아 있는 것처럼 가끔 그렇게 보일 것이다……. 일반적인 불안감은 전쟁에 따르기 쉬운 만성적 형태와 위험한 여러 계급간의 끊임없는 위협과 정의의 불신 등에 의해 한층 고조되었다……. 세상일과 인생을 드러내어 찬양하기에는 어울리지 않았다. 그리하여 괴로움과 불행만을 찾는 것, 퇴폐와 임박한 종말의 징후를 곳곳에서 발견하려는 것, 요컨대 시대를 비난하거나 경멸하는 것만이 유행했던 것이다.

— J. H. 호이징가의《중세의 가을》에서

지난 수십 년 동안 일어난 여러 가지 사건에 수반되는 생활의 근본적 비인간화의 감각이 마침내 '대중사회(mass society)' 이론을 낳게 되었다. 마르크스주의를 예외로 한다면 대중사회 이론은 오늘날 서방세계에서 아마 가장 영향력 있는 사회이론이라 해도 좋을 것이다. 자본주의 하에서 인간관계가 상품가치로 변형되는 것을 마르크스와 결부시키거나 또는 인간행동의 비합리적·무의식적 역할을 프로이트와 결부시키듯이 특정한 개인의 이름을 대중사회 이론에 결부시킬 수 있는 것은 아니지만, 이 이론은 현대사회의 중요한 귀족주의적, 카톨릭적 또는 실존주의적 비평가들의 사상의 핵심을 이루고 있다.

이 비평가들—오르테가 이 가세트, 폴 틸리히, 칼 야스퍼스, 가브리엘 마르셀, 에밀 레더러, 한나 아렌트와 그외 사람들—은 관심을 사회에 있어서의 자유의 일반적 조건보다도 개인의 자유와 어떤 소수인들이 현대의 기계화된 사회에서 개인적 자아감각을 실현할 수 있는 가능성 여부에 두고 있다. 그리고 이것이 그들의 매력의 원천인 것이다.

'대중사회'의 개념은 다음과 같이 요약될 수 있을 것이다. 즉 교통과 커뮤니케이션 혁명이 인간 상호간의 접촉을 보다 밀접하게 하고 새로운 방법으로 사람들을 연결시켰으며, 한편 사회적 분업은 상호의존성을 더한층 높였고, 이로 말미암아 사회의 일부에서 일어나는 진동은 사회 전반에 걸쳐 영향을 미치게 되었다. 그러나 이러한 상호의존이 증대했음에도 불구하고 개개인은 서로 더한층 소원해지게 되었다.

가족과 지역사회의 전통적인 제1차 집단의 유대는 단절되었으며, 낡은 교구(敎歐) 신앙이 의문시되고 있는데도 이에 대치될 통합적 가치는 거의 생겨나지 않고 있다. 더욱이 가장 중요한 것은 교육받은 엘리트의 판단기준이 이제는 더 이상 여론이나 분위기 형성에 도움을 주지 못한다는 사실이다. 그 결과 관습과 도덕은 끝없이 유동하여 개인간의 관계는 유기적이기보다는 이따금 접합하거나 아니면 단절되어 있다. 동시에 공간적·사회적인 변동의 증대에 따라 지위에 대한 관심이 강해졌다. 의복이나 직함이 상징하던 기성의 고정적 지위를 대신하여 각자는 다양한 역할을 연출하고 수시로 변화하는 새로운 생활 속에서 끝없이 자기 증명을 해 나가지 않으면 안 된다. 이런 여러 가지 이유 때문에 개인은 자아의 통일감각을 상실해 버렸다. 불안감은 증대하고 새로운 신조의 추구가 생겨난다. 이렇게 하여 현세의 구세주인 카리스마적 지도자의 등장무대가 설정되는 것이다. 그는 필요한 은총과 전인격성을 모든 사람들에게 부여하는 듯이 보여지게 된다. 이리하여 대중사회가 파괴되어 버린 낡은 통일적 신념의 대용품 역할을 하게 된다.

개인적 영예를 추구하는 고독한 군중의 세계에서는―모든 가치가 항상 경제적으로 환산되고 극한상황에서는 수치심이나 양심조차도 전혀 쓸모없게 되어 버리는―대중사회론이 현대사회의 유력한 현실적 묘사이며, 현대생활의 질(質)과 분위기의 정화한 반영인 듯 보인다. 그러나 대중사회론을 응용하려고 할 때 분석적으로는 극히 불충분한 것이 된다. 플라톤의 동굴 속의 그림처럼 이념형(理念型)은 일반적으로 윤곽 이상의 것을 주지 못한다. '대중사회론'의 경우도 역시 그러하다. 앞에서 기술한 대중사회론의 구성방법이 옳기도 하지만 반드시 거기에 구애받을 필요는 없다. 또 기술된 모든 조건이 언제 어느 곳에나 존재한다고 말할 수도 없다. 이보다는 오히려 '제가치(諸價値)'의 붕괴라는 일반적 개념을 빼고 나면, 이론의 개개의 구성요소를 논리적·역사적 방식으로 통일할 조직원리가 없어지게 된다. 이리하여 대중사회론자에 의한 '이론'의 사용방법을 검토하려 할 때 우리는 오히려 당황하게 된다.

용어 사용에 있어서의 애매성을 구분하고자 할 때 우리는 다섯 개의 서로 다른, 때때로 모순되는 용법을 볼 수 있다.

1. 미분화(未分化)된 무리로서의 대중

'매스 미디어'라는 용어에서 공통적으로 사용되고 있는 바와 같이 대중이란 뜻은 규격화된 내용이 '주민 전 집단에 획일적으로' 전달되는 것이다.[1] 사회학자에 의해 일반에게 이해되고 있는 것처럼 대중은 계급이나 혹은 특정지역의 비교적 동질적인 부분과는 반대로 이질적이고 미분화된 무리이다. 일부 사회학자들은 대중이란 말을 무척 경멸적인 용어로 쓰려고 한다. 왜냐하면 매스 미디어는 다양한 청중에게 일련의 공통된 문화적 소재를 제공하기 위해 개인이 직접적으로 반응하는 인격적이고 가치 있는 여러 경험들을 권외로 밀어내버리기 때문이다. 예를 들어 미국의 사회학자 허버트 블루머의 말처럼 영

---

1) 〈매스 미디어〉에서 '대중'의 개념을 공정하게 밝힌 것으로는 폴 F. 라자스펠드와 패트리커 켄달의 '미국 시민의 통신행위'를 들 수 있다. 이 글은 위버 슈람이 편집한 《매스 커뮤니케이션》(1949)에 실려 있다.

화의 관객들은 스크린을 바라보고 있는 개인들이 '분리되고 고립되어 익명적(匿名的)'이기 때문에 대중이다. 대중은 '어떠한 사회조직도, 어떠한 관습이나 전통의 속박도, 그리고 어떠한 기성의 규칙이나 의식(儀式)도, 또 어떠한 감정의 조직체나 지위 신분의 구조나 어떤 확립된 지도권까지도 갖고 있지 않다'는 것이다.[2] 대중의 일부가 되는 것은 자기 자신과 절연하는 것, 즉 자기로부터 소외되는 것을 의미한다. 그래서 사람들이 (여성과 아이들을 포함해서) 자신의 성충(成蟲, imago)으로서, 즉 이상상(理想像)과 욕구로서 선택하는 지배적인 사회가치를 투사(投射)하는 여러 매개체—텔레비전 · 라디오 · 영화—가 대중의 반응을 그 청중에게 부여하는 것이다.

2. 무능력자로 판단되는 대중

1931년 저 유명한 〈대중의 반역〉에서 오르테가 이 가세트(1883~1955: Ortefa y Gasset, J. 스페인 철학자)가 처음으로 소개한 것처럼 대중의 무리라든가 대중이란 용어는 매스미디어라는 용어가 의미하는 용법과 그 불쾌한 내포성과는 커다란 차이가 있다. 오르테가의 경우 '대중'이라는 말은 모든 개인의 집합체가 아니라—당시의 혁명운동은 대중과 노동자를 같은 위치에 놓고 있었지만, 대중은 결코 노동자가 아니었다—지난날의 교양

---

[2] 허버트 블루머, 〈집단행위〉를 참조. A. M. 리 편집의 《사회학 입문》에 실려 있다.

있는 엘리트였던 '중산계급의 사람들'이 차지하고 있던 지배적 지위를 상실함으로써 생겨난 현대문명의 저급한 질(質)을 가리키고 있다. 오르테가에 의하면 현대의 취향(趣向)은 무자격자에 의해서 판단된다는 것이다. 현대생활은 '모든 고전주의를 백지로 만든다.' 과거에 존재했던 그 어느 것도 어떤 모범이나 표준이 될 수 없는 것이다. 더구나 저 유명한 르네상스조차도 편협한 향토주의적 시대로 간주하고 그 정당성을 인정해 주지 않는다. 현대문화는 과거를 부인하고 '근원적 욕망의 자유로운 표현'을 추구한다. 따라서 현대문화란 '멋대로 변덕부리는' 자제하는 기준이 없는 한계 잃은 '어리광부리는 아이'와 비슷하다.[3] 오르테가는 모든 현대성에 대하여 통렬한 공격을 가한다. 그의 공격은 오늘날의 통속성에 대한 고전주의자의 경멸을 의미한다.

3. 기계화된 사회와 결부된 대중

독일의 낭만주의 속에, 그 자연과 전원의 이상화 속에 현대생활에 저항하는 주요한 원류가 있다. 이들 낭만주의 작가들에 있어서—시인이자 비평가인 에른스트 융거와 프리드리히 게오르그 융거를 전형으로 들 수 있다—비인간화의 요소는 기술이었다.[4] 대중사회는 기계적인 사회이다. 사회는 하나의 기

---

3) 호세 오르테가 이 가세트의 《대중의 반역》. 영역판은 뉴욕에서 1931년 간행. pp. 18~19, 39.
4) 프리드리히 게오르그 융거, 《기술의 패배(敗北)》(시카고, 1948).

계장치로 되었다. 기계는 그 양식(樣式)을 인간에게 강제하고 생활을 수학처럼 정확한 것으로 만든다. 생존은 가면과 같은 성격을 띠게 된다. 즉 강철로 만든 헬멧과 용접공의 쉴더는 기술적 기능 속으로의 개인의 소멸을 상징한다. 통제된 기능적 인간이 냉혹비정한 새로운 유형으로 테크놀로지라는 압착기의 톱니바퀴로서 출현하게 된다.

4. 관료제 사회와 결부된 대중

그렇게 낭만적인 것은 아니나 역시 비판되어야 할 것은 극단적 합리화와 극단적 관료제화—생활의 과도한 조직화—를 대중사회의 현저한 특징으로 생각하는 이론가들이다. '합리화의 관념'은 헤겔과 마르크스에까지 거슬러 올라가는 것으로 소원(疎遠)이나 소외(疎外), 그리고 물화(物化) 등으로서, 결국은 '상품의 물신성(物神性)'의 여러 개념에 이르게 된다. 이들 개념은 모두 근대사회에 있어서 인간은 물(物) 그 자체에, 즉 자기의 여러 욕망에 맞추어 생활을 개조할 수 있는 주체이기보다는 사회에 의해 조작되는 객체로 전화해 버렸다는 사상을 나타내고 있다. 현대에 있어서는 게오르그 짐멜, 막스 베버, 칼 만하임 등이 이들 개념을 발전시켜 보다 정밀한 것으로 만들었다. 만하임의 연구, 특히 《변혁기의 인간과 사회》에서는 그 다양한 개념들이 하나의 실묶음처럼 잘 연결되어 있다.

도식적으로 말한다면 만하임의 주장은 다음과 같다. 오로지 능률만을 지향하는 현대의 거대한 조직은 모든 결정을 정점에 집중시키는 위계제(位階制)를 만들어 냈다. 기술적 결정조차도 작업장에서 배제되고 노동과 직접적인 관련이 없는 전문가 집단에 집중되어 있다. 인간적 욕구의 충족보다도 능률에만 관심이 쏠리기 때문에 모든 문제의 해결은 모두 이 단일가치와의 관련에 있어서만 나타나게 된다. 만하임은 제반 인간사(人間事)에 이성이 적용되는 '참된 합리성'과 대비하여 이것을 '기능적 합리성', 즉 직접적인 수단과 목적관계의 합리성이라 부르고 있다.[5]

이 의사결정의 전문적인 집중화는 사람들에게 동조성(同調性)을 강요할 뿐만 아니라 복종자의 자발성을 방해하여 만족과 존중에의 인격적 욕구가 충족되지 않은 채 방치되어 버린다(사실 지나친 합리성에의 복종만을 요구하면 합리적으로, 즉 이성에 따라 행동하는 능력을 개인으로부터 빼앗는 결과가 된다. 이 욕구불만은 비합리적인 방법으로 배출구를 찾게 된다). 보통 일의 일상화가 욕구불만의 기세를 둔화시켜 얼마간의 안정감을 준다. 그러나 실업(失業)이 불안하게 다가오면 무력감은 더해지고 자존심이 위협받는다. 개개인이 욕구불만의 원천(즉 비인격적인 관료제 그 자체)을 이성적으로 해결

---

5) 칼 만하임, 《변혁기의 인간과 사회》 참조. 영역본은 런던 1940년 출간. pp. 53~67에서 인용. 만하임은 그의 이론을 펴나가며 몇 가지 다른 용어를 쓰고 있다. 그는 현대사회란 '기본적인 민주화'에 기초하고 있다고 했다. 이 말은 좀 분명치 못하나 오르테가의 '대중화' 개념과 가깝다. 이 '기본적 민주화'란, 곧 예를 들면 문화라는 것은 모든 사람들의 것으로 누구의 의견이든 훌륭한 것인바, 문화를 유지시켜 오던 '창조적인 엘리트'들은 기능적인 수단이 되지 못한다는 식이다.

할 수 없게 되면 이런 사정 하에서 그들은 속죄양을 찾게 되고 파시즘에 의존하게 된다.

5. 폭도(暴徒)로서의 대중

만하임과 네오 마르크스주의자의 경우 대중사회를 단일체제의 관료제 사회와 동일하게 보고 있으나, 에밀 레더러와 한나 아렌트는 상위점을 배제시키는 획일성과 목적상실·소외·통합의 결여를 대중사회의 정의로 내세우고 있다.

레더러의 견해에 의하면 사회는 기능과 자기이익에 의해 결합된 다수의 사회집단으로 구성되어 있는데, 그 목적은 합리적일 수도 있고 비합리적일 수도 있다는 것이다. 사회가 성층화(成層化)되어 있는 한, 이들 집단은 단지 부분적으로 통제를 강제받고 있는 데 불과하고 비합리적인 감정도 제약받게 된다. 그러나 사회집단들을 분할하는 경계선이 무너질 때, 대중의 무리는 지도자에 의해 조종되기 쉬운 변덕스럽고 열광적인 것으로 되고 만다.[6]

10여 년 늦게 집필한 한나 아렌트는 대중은 이미 이 경계선을 허문 것으로 생각했다. 대중은 무관심과 다만 다수라는 이유로 당이나 지방자치단체, 직업조직, 노동조합—요컨대 공동이익을 만족시키는 여러 조직—에 소속하지 않는 사람들이며, 그들은 정당에도 가입하지 않고, 거의 투표소에도 가지 않

---

6) 에밀 레더러, 《대중의 국가》(뉴욕, 1940), pp. 23~40.

으며, 중립적이고 정치적으로 무관심한 방대한 수의 사람들이 대부분을 이루고 있다.

이런 사람들은 이미 사회로부터 '국외자'인 것이다. 대중의 반역(The revolt of the masses)은 사회적 지위의 상실에 대한 반역으로서 '이것은 상식을 의미하는 공동체적 제관계의 뼈대가 무너지는 것을 뜻한다. 대중은 근본적으로 고향상실의 상태가 되어 현실의 우발적이고도 이해하기 어려운 여러 측면을 견디지 못하기 때문에 현실도피의 욕구에 사로잡히게 된다.'[7]

이렇게 하여 현대생활이 온갖 사회적 관계를 끊어 버리고, 이에 따라 현대 커뮤니케이션 기술의 선전에 의해 대중조작을 가능케 하는 수단을 완성하게 되면, 비로소 '대중의 시대'가 도래하였다고 할 수 있게 된다.

대중사회의 개념에 대한 이러한 다양한 용법에 대하여 무엇보다도 놀라게 되는 것은, 현실세계가 복잡해짐으로써 성층화된 사회관계를 거의 반영하고 있지 않거나 또는 이와 아무 관련도 없다는 사실이다. 서로가 분리되어 고립하고 있으며 익명적이라고 하는 블루머의 영화 관객의 예를 들어보자. 아마도 대부분의 개개인은 비슷한 경험을 겪게 되므로 개인간의 차이가 희미해지고, 따라서 공통의 심리적 현실을 공유하게 될 것이다. 이리하여 각자 이제는 '같은 비중'을 갖기 때문

---

7) 한나 아렌트, 《전체주의의 기원》(뉴욕, 1951), pp. 305, 341~342.

에 그러한 떨어져 있는 개인의 생각을 표본 추출하면 바로 '대중의 여론'이 형성된다는 사회학적 가설이 이루어진다. 그러나 정말로 그렇게 될 것인가? 모든 개인이 백지 상태는 아니다. 그들은 똑같은 경험 속에서도 각기 다른 사회적 개념을 끌어내고 서로 다른 반응을 가지고 돌아간다. 그들은 영화를 보고 있는 동안 침묵하고 서로 떨어진 채 고립되어 있으며, 이름없는 개인에 불과하겠지만 돌아가면 그 영화에 대해 친구들과 얘기하고 의견과 평가를 교환하게 된다. 그들은 다시 한 번 특정한 사회집단의 성원으로 된다. 그런데 가정에서 혼자 밤을 지새우는 수천, 수만의 사람들이 모두 같은 책을 읽으며, 따라서 그들이 '대중'을 형성한다고 감히 말할 수 있겠는가? 낭만적인 감정은 비판적인 판단을 흐리게 하는 까닭에 현대생활은 가끔 부당하게 심한 감정적인 비난의 대상이 된다. 예를 들면 가브리엘 마르셀은 '얼굴 없는' 대중상(大衆像)에 대해 다음과 같이 형이상학적으로 비꼬고 있다. '개인은 대중의 일원이 되기 위하여…… 그 자신의 본원적 개성과 맺어진 유대, 저 실체적 현실과의 관계를 스스로 포기하거나…… 포기하지 않으면 안 되었다……. 신문·영화·라디오의 믿기 어려운 붉길한 억할은 저 본원적인 실체를 평평하고 고르게 만들려고 높은 곳을 깎아 내리는 기계와 같다. 이렇게 해서 획일적인 개념들, 즉 실험의 주체인 본원적인 존재의 깊은 뿌리를 뽑아 내어

---

8) 가브리엘 마르셀, 《대중사회와 싸우는 인간》(시카고, 1952), pp. 101~103.

버리고 그 대신에 환상으로 대치시키는 것이다.[8] 아마도 '본원적 실체'라든가 '존재의 깊은 뿌리'와 같은 말은 경험주의적 입장에서는 파악할 수 없는 의미를 갖고 있다. 그러나 신문·라디오 등이 없다면—이것이 유일한 수단은 아니지만—모든 현장에 있지 않고서 어떤 방법으로 다른 장소에서 일어나는 여러 사건을 알 수가 있을 것인가? 그렇지 않으면 옛날의 행복한 무지의 시대로 되돌아가야 한다는 것인가? 대중사회에 있어서의 생활의 모습은 많은 비평가들에 의해 제시되고 있는 것처럼 희화(戲畵)에 가깝다. 에른스트 융거에 의하면 교통은 교통상의 통제를 필요로 하기 때문에 공중(公衆)은 자동기계가 되도록 조건지어지고 만다. 칼 야스퍼스는 '기술적 대중질서'에서 가정이란 한낱 소굴이나 잠자는 곳으로 변모한다고 지적했다. 현대의학에 대한 냉혹한 비판은 더욱 사람들을 당혹시킨다. '치료를 할 때 환자들은 합리화의 원칙에 따라 한꺼번에 처리된다. 즉 전문적 치료를 위해 진료소에 보내진 후 환자들은 몇 개의 그룹으로 나뉘어 각기의 전문분야로 돌려진다……. 이리하여 다른 모든 경우와 마찬가지로 의료사업도 일종의 상품으로 변해 버렸다고 하는 가정(假定)이 성립된다.[9]

대중사회에 대한 비난은 종종 과학 그 자체에 대한 공격으로까지 확대된다. 오르테가에 있어서는 '과학적 인간은 대중적 인간의 원형(原型)이 된다.' 왜냐하면 과학은 전문화로 말미암

---

9) 칼 야스퍼스, 《현대의 인간》(런던, 1951), p. 65.

아 장려되는 것이므로 과학자들은 '스스로의 한계 속에서 자기만족으로 은둔적이 되기' 때문이다. 여기에서 오르테가는 성급하게 다음과 같은 결론을 내린다. '이 균형이 깨진 전문화가 빚어 내는 가장 큰 직접적인 결과로 인하여 오늘날엔 1750년 경보다도 훨씬 많은 과학자가 있으나 더 많은 문화인은 없다.'[10]

그러나 1750년과 현대와의 비교를 어떻게 실증할 수 있을 것인가? 비록 비교 가능한 범주(範疇)를 정립할 수 있었다고 하더라도 확실히 오르테가는 누구보다도 통계적 비교방법을 피하려고 했을 것이다. 더욱이 전문분야에 몰두한다고 하여 그가 여가나 명상의 시간에 문화를 감상할 수 없다고 할 수 있을까? 그리고 '문화'란 대체 무엇인가? 오르테가는 오늘날의 우리가 1750년 당시보다도 세계에 관해 훨씬 많은 지식—자연에 관한 것만이 아니라 인간의 내적 생활에 관한 지식까지도—을 갖고 있다는 사실을 인정하지 않는 것인가? 지식은 문화로부터 분리될 수 있는 것인가, 아니면 '참된 문화'란 영원한 진리가 자리잡고 있는 고전적 학문의 좁은 영역에 불과한 것인가?

아마 이러한 반론을 제기할 수 있을 것이다. 내가 앞서 말한 책을 읽는 것과 영화를 감상하는 것은 질적으로 다른 것이라고. 그러나 이것은 대중사회 이론을 손상시키는 최초의 애매성에 대한 공격이다. 두 가지 모두 서로의 이론으로 혼동되어

---

10) 오르테가 이 가세트, 앞의 책, p. 124.

있다. 즉 하나는 현대적 경험의 질에 관한 판단이고—예민한 사람이라면 누구나 대체로 동의할 것이다—다른 하나는 산업화와 대중의 평등에 대한 요구가 낳은 사회 해체에 관한 과학적인 사고의 소산이다. 이 평론에서 필자가 다루고자 하는 것은 후자의 경우이다.

사회 해체에 관한 이론의 배후에는 과거의 낭만적인—그리고 얼마간 허위적인—관념이 깔려 있다. 즉 사회는 일찍이 사회학자의 술어로 게마인샤프트(Gemeinschaft : 공동사회)라 불리는 소규모의 유기적인 친밀감으로 묶인 공동체로 구성되어 있었는데, 산업주의와 근대적 생활이 이들 공동체를 파괴하여 공동체가 이룩해 놓았던 인간의 기본욕구의 충족과 충성심의 호응을 불가능하게 만들어 버렸다. 그 대신 거대한 비인격적인 원자적 사회—게젤샤프트(Gesellschagt : 이익사회)—가 만들어지게 되었다는 주장이다.[11] 어쨌든 이와 같은 구분은 가치판단의 관점에서 보면 수수께끼에 불과하다. 사람들은 누구나 원자적 사회(atomism)에 반대하며 유기적 생활에 찬성한다. 그러나 만일 교묘한 논리로써 '유기적'인 것을 '전체적'인 것으로, '원자

---

11) 독일 사회학자 퇴니스와 관련되어 있는 이와 같은 대치법은 근대사회 이론에서 중심적인 것이 되고 있다. 즉 베버의 전통적 행위와 합리적 행위의 이론, 뒤르껭의 기계적 유대와 유기적 유대의 이론, 레드필드의 민속사회와 도시사회 이론 등과 마찬가지의 대치이론이다. 이 구별은 가끔 역사적인 것으로 가정하여 현대와 그 이전의 좀 불명확한 과거와의 대치로써 사회를 기술하기도 한다. 때로는 역사와는 무관한 분석적인 구별로 사용하여 서로가 대조적인 두 이념형이 되기도 하는데, 이렇게 여러 가지로 쓴 결과 혼란만 더해진다.

적'인 것을 '개인주의적'인 것으로 말을 바꿔 놓으면 전체의 논리는 전적으로 달라진다. 어느 경우에 있어서나 대중사회론의 최대 약점은 역사적 지향성(志向性)의 결여이다. 대중사회로의 이행이 이룩된다고 하더라도 이것은 한 인간의 일생 동안에 갑자기 폭발적으로 수행되는 것이 아니라 몇 세대에 걸쳐 서서히 성숙되는 것이다. 사회학적 결정론은 그 가설(假說)로써 순응성과 창조성에 대한 인간의 능력과 새로운 사회형태를 형성하려는 창의력을 과소평가하고 있다. 그러한 새로운 형태의 사회는 하류층에서 지도자가 배출되는 노동조합일 수도 있으며—미국에는 독자적으로 작은 세계를 형성하는 5만의 노동조합 지부가 있다—혹은 새로운 상태에 놓여 있는 갖가지 인종적인 집단과의 유대 존속에서 나올 수도 있을 것이다.

  그러나 대중사회론에는 용법상의 단순한 모순이라든가 용어상의 애매성뿐만 아니라 역사감각의 결여까지도 포함되어 있다. 귀족주의적인 문화적 전통의 옹호—중요하면서도 소극적인 자유의 개념만을 가진—와 대다수의 사람들이 진실로 교양을 가지고 문화의 감상력을 획득할 수 있을 것인가 하는 의구심이 문제의 핵심이 된다. 그러므로 대중사회론은 종종 특권층의 보수적인 옹호로 된다. 이 옹호는 때때로 '문화'와 사회정의 간의 싸움을 불러일으킬 만큼 심해지기도 한다. 사회적 개량을 위한 어떤 시도도 문화를 해치게 된다는(매튜 아놀드의 《교양과 무질서》란 책을 상기해 보라) 주장도 나오게 된다. 여기에서 대중사회론은 부르주아 사회에도 반대하지만 동시에 급진주의적인 평등주의의 관념에도 공격을 가한다.

'대중'에 대한 공포는 서구 정치사상의 지배적인 보수적 전통에 뿌리박고 있다. 그 전통은 지금도 사회이론의 정치학적·사회학적 범주의 대부분—즉 리더십의 권위주의적 정의(定義)나 '어리석은 대중'이라는 이미지로—을 형성하고 있다. 오직 폭력과 과격으로 치닫는 대중의 모습은 아리스토텔레스의 정치학에까지 거슬러 올라가 찾아볼 수 있다. 그는 이 세 가지 유형론에서 민주주의를 중우정치(衆愚政治)와 동일시하여, 어리석은 대중은 선동적인 정치가에 의해 쉽게 지배되기 때문에 민주정치는 전제정치로 타락해 버린다고 하였다. 이와 같은 헬레니즘 시대에 발전된 대중에 대한 관념은 로마 공화정에 와서 평민과 귀족간의 투쟁 속에서 폭도들의 지지를 이용한 로마 황제의 노력으로 더한층 심화되었다. 그리하여 '빵과 서커스'에 의해서만 양육된 우둔한 폭도의 이미지가 역사에 깊이 새겨지게 되었다(예를 들면 셰익스피어의 비극 《코리오라누스》에서, 또 플루타크에서 이와 같은 모습을 볼 수 있다). 초기 그리스도교 이론은 이러한 대중에 대한 공포를 인간성에 관한 논리로 합리화시켰다. 아우구스티누스의 종교적인 발언에 의하면—그 후 홉스의 세속적 설명이 따르게 되지만—지상(地上) 국가에는 영원히 지워지지 않는 핏자국이 스며 있으며, 하나님의 나라에서는 사유재산도 정부도 존재하지 않는다고 한다. 그렇기 때문에 재산과 경찰은 인간 타락의 결과라고 한다. 이것은 인간 문명의 표지(標識)가 아니라 타락의 징표로서 인간을 억압하는 데 필요한 수단이라는 것이다.

그러나 '어리석은 대중'의 모습이 근대적인 의식으로 변모한 것은 프랑스 혁명 이후라고 볼 수 있다. 전통적인 가치(정치적·사회적·종교적 도그마 모두를 의미한다)를 파괴시키려고 했을 때 보수적인 카톨릭적 평론가들은 낡은 체제의 파괴와 '평등'을 함께 부르짖는 군중들 앞에서 보다 심한 공포를 느꼈다.[12] 또끄빌이나 액턴 같은 사람의 경우를 보면, 자유와 평등 사이에는 끝없는 싸움이 존재한다. 자유란 각자가 서로 별개로 존재할 것을 보증해야만 되는 반면, 평등은 최소의 공통분모로 '평준화'하는 것을 뜻한다. 오르테가는 물론이고 막스 쉘러의 경우도 대중사회란 비합리적인 모든 힘만을 방출시키는 '정감(情感)의 민주주의(democracy of the emotions)'를 뜻한다. 영국 교회파의 T. S. 엘리엇과 마찬가지로 카톨릭의 드 메스트르에게 있어서도 역시 평등이란 건전한 통합적인 사회에 필요한 조화와 권위의 파괴를 의미한다.[13] 이런 일련의 전통주의적 견해에 의하면 나

---

12) 서구의 사회이론 중에서 '이념이 없는 대중'이라는 관념의 근원에 대한 논의는 본인의 평론 〈전체주의자와 민주적 지도자들〉(굴드너 편, 《지도자론》[뉴욕, 1950] 소재)을 볼 것.

13) 훌륭한 글 〈맥일몽과 악몽 : 대중문화의 비평적 고찰〉(《스와니 리뷰》, 1957)이라는 곳에서 에드워드 쉴즈는 기묘하게도 대중문화를 공격하는 점에서 보수적 비평가와 신좌익 이론가들이 서로 접근하고 있음을 지적했다. 이 점에서 볼 때 급진주의자들은 지금 퇴폐해 버린 고급문화가 과거를 지배했다는 귀족주의적 견해를 비판 없이 받아들이고 있다 하겠다. 사실 쉴즈의 지적처럼 대부분의 사람들은 일상생활 속에서 뼈가 녹아나게 오랫동안 일을 하는 한편, 사회에서의 '대중'의 등장은 결국 지금까지 생각하지 못했던 문화—미

치즘은 민주주의에 대한 저항으로 일어난 것이 아니라 민주주의의 불가피한 귀결로 특징지어진다. 히틀러가 어리석은 대중을 지배하며 유럽의 전통문화에 대하여 허무주의적 반역을 꾀하게끔 만든 것은 마치 고전적 선동정치가의 복사판 같은 것이다.

이런 사고방식은 자유와 우아함의 의미와 관련지어 보면 중요한 것이지만, 인간의 잠재력에 대하여 너무 편협한 생각을 갖고 있음을 알 수 있다. 사회변천의 문제는 거대한 정치적 화폭을 배경 삼아 생각해야만 된다. 이미 칼 만하임이 지적한 것처럼 근대정치의 출발점은 종교개혁 이후가 된다. 이 무렵 종교적 사명감에 사로잡힌 천년왕국의 추구가 결국은 사회의 저변층이 가진 사회의 경제적 개량이라는 요구로 나타나 지상에서 천국을 이룩하고자 했었다.[14] 이로 인하여 현실에 대한 맹목적인 분노가 원리와 이성과 종말론적인 힘을 얻게 되어 보다 명백한 정치적 목표를 향하게 되었다. 모든 영혼의 평등은 급기야 모든 개인의 평등이 되고, 다시 진보적인 계시로 계몽되어 사회를 비판하는 만인의 권리로 발전하게 되었다.

근대 사회학의 아버지인 꽁트는 각 개인이 자기 의사를 나타내는 보편적인 권리의 사상에 대하여 무척 우려를 표시했다. 그는 어떤 공동체도 그 구성원 서로가 어느 정도의 신뢰를

술·음악·문학—의 보급을 이루어 냈다. 쉴즈 교수는 이 문제를 잘 다루고 있다.
14) 칼 만하임, 《이데올로기와 유토피아》(뉴욕, 1936), pp. 190~197.

갖지 못하면 존속할 수 없다고 썼다. 이어 그는 온당치 못할 때마다 사회적 기초를 논의할 수 있는 권리와 신뢰는 서로 양립할 수 없다고 했다. 자유로운 비판의 위험성을 환기시키기 위해 그는 이혼의 증가로 인한 공중도덕의 쇠퇴와 전통적 계급 구분의 소멸, 이에 따른 개인적 야심의 무분별성 등을 들어 증명했다. 사상의 보급과 사상적 자유의 무정부적 확대를 막는 것이 정부 기능의 일부라고 그는 생각했던 것이다.[15] 명백히 근대사회는 꽁트의 이와 같은 생각이 잘못임을 보여 주었다. 비록 특수층의 모든 기반은 정의의 이름으로 계속 도전받아 왔으나 사회는 붕괴하지 않았다. '인간 본연의 불가피한 법칙 때문에 일부 사람들은 궁핍에 처해 있다. 이들은 인생의 커다란 제비뽑기에서 허탕을 골라잡은 불행한 사람들이다'라고 언젠가 지적한 맬더스의 냉혹한 견해에 대하여 오늘의 도덕가들은 동조하지 않을 것이다.[16] 현대사회의 가장 두드러진 사실은—자본주의나 공산주의를 불구하고—사회적 변천에 대한 이데올로기적인 언급이다. 여기서 변천이란 물질적·경제적 개선을 위한 노력과, 한 개인이 자신의 재능을 보다 잘 발휘할 수 있는 더 많은 기회 그리고 보다 많은 대중에 의한 문화의 감상 등을 뜻한다. 그 어느 사회인들 이런 야망을 부인할 수 있겠는가?

---

15) A. 꽁트, 《실증철학론》(파리, 1864), 제4~5권.
16) 맬더스, 《인구론》(시카고 대학판), 제3권 2장.

지난날의 이상화된 봉건시대적 관점에서 잘못 내다보고 있는 이들 일부 '귀족주의적'인 비평은 교묘하게도 현대사회의 민주주의를 평등과 동일시하고 있다. 보통선거권과 함께 서구 민주주의 체제의 구성요인인 입헌주의와 법의 지배 역할을 경시하고 있다. 인기를 끌려는 취향에서 퇴폐해 버린 현대 문화의 양상—또한 문화의 일반적인 감상력이 상승된 모습—을 지나치게 과장하고 있기도 하다. 대중사회가 격리화·인간관계의 표층성(表層性)·익명성(匿名性)·무상함·전문화·공리성·경쟁화·이욕성(利慾性)·이동성, 그리고 출세욕·황폐함 따위의 속성을 가졌다고 인정한다면, 이와 반대로 사생활의 보장권, 친구와 직업 선택의 자유, 개인의 외부적인 명예보다는 능률 기준의 지위 획득, 단일의 지배집단에 따른 배타적이고 독점적인 사회통제가 아닌 다원적인 규범과 기준의 대두 등의 사실을 수긍해야 된다. 왜냐하면 헨리 메인 경이 말한 것처럼 근대사회가 신분에서 계약으로 변모했다는 관점에서 보면, 그 변모란 고정적인 위치에서 가능의 자유로 바뀌진 것이라고 말할 수 있기 때문이다.

대중사회론의 초기 이론가들(오르테가, 마르셀)은 주로 '우량한 것의 퇴화'에 주의를 집중시키고 있는 데 비해, 후기 이론가들(만하임, 레더러, 아렌트)은 지나친 조직화와 함께 사회적인 구성기구의 붕괴가 어떻게 해서 파시즘의 대두를 촉진시켰는가에 주의를 모으고 있다. 최근에는 공산주의의 성공에 비추어 대중사회가 효과적인 사회집단으로의 진정한 개인적인 참가를 마련할 수 없게 되었으므로 공산주의의 침투를 쉽게 받을 수 있다는 주장과, 대중조직이란 다루기 힘들기 때문에 유난히 공산주의에 의한 침투와 조직에 빠지기 쉽다는 주장이 나오게 되었다.[17] 사실 공산주의자들은 침투에서 엄청나게 대성공을 거두었고, 그들의 전위조직은 우리 시대가 이룩한 가장 위대한 정치적 창안으로 손꼽을 수 있다. 그러나 공산주의적 정치기술을 경시하는 것은 아니지만, 여기서 참된 문제는 (대중사회가 불만에 차 있는 지식인에게 현대문화를 공격할 구실을 제공한다는 점만 제외하면) '대중사회' 그 자체보다도 일단 사회변동이 진행될 때 생기는 사회적인 유동성과 함께 보다 높은 생활수준에의 요구를 충족시켜 줄 수 있는가, 아니면 그렇지 못한가 하는 것이다. 이것이야말로 어떤 급진적인 호소력도 방어할 수 있는 열쇠가 된다.

민중을 반항으로 이끄는 것은 본래 빈곤 그 자체는 아니다. 빈곤은 대개 숙명론과 절망을 유발하며 의식적(儀式的)·미신적인 모든 행위에 나타나 있는 것처럼 초자연적인 도움을 받고자 하는 외뢰심을 일으킬 뿐이다. '사회적인 긴장은 충족되지 못한 기대의 표현이다.' 급진주의가 기세를 부리는 것은 많은 기대가 제기되었을 때뿐이다. 급신적 세력(이런 경우는 공산주의적 호소력 역시 급진주의의 일반적인 호소의 한 변형으로 생각해야 될 것이다)은 계급차별의 각성이 깊어져 사회적 진보의 기대 가능성을 능가

---

17) 필립 셀즈니크, 《조직의 무기》(뉴욕, 1952), pp. 275~308.

하고, 기성문화가 열망하는 지식인들에게 활동의 여지를 주지 못하게 될 때 가장 강력하게 된다.

급진주의가 확대되는 것은 무관심한 농민들보다는 산업 노동자들에게서며(카라브리아보다 밀라노에 더 많듯이), 오랫동안 조합을 조직한 노동자들보다도 좌절감에 빠진 지식인들에게서다(예를 들면 인도의 경우처럼). 막스 쉘러가 지적한 것처럼 분노는 인간행위의 모든 동기 가운데서 가장 강력한 것이며, 이는 정치에도 그대로 적용된다. 과격주의적 정치가 큰 세력을 얻지 못하는 곳은 선진공업국인 미국을 비롯한 영국과 북서유럽의 여러 나라들로서, 대개 국민소득이 상승되어 그 증가분의 분배량이 기대한 것만큼 충족되고 사회적인 유동성이 보다 많은 사람들에게 영향을 주는 나라들이다. 작고한 조셉 슘페터가 비관적으로 믿었던 것처럼[18] 새로운 자각을 하게 된 아시아의 여러 나라에서는 중요한 사회계층, 특히 지식인의 성급한 제기대가 현실적으로 가능한 경제발전의 한계를 뛰어넘고 있기 때문에 대중들에게는 공산주의가 유일한 새로운 해결 방법처럼 보이게 된다.[19] 인도와 인도네시아는 이와 같은 정치적 문

---

18) 조셉 슘페터, 《자본주의 · 사회주의 · 민주주의》(뉴욕, 1942), pp. 145~156.
19) 모리스 와트니크가 선구적인 연구에서(시카고대학의 〈후진지역의 진보〉라는 학술 발표에서) 지적한 것처럼 아시아의 공산당은 완전히 그 나라의 지식인의 손으로 이룩된 것이었다. 창시자였던 이대교(李大釗)와 진독수(陳獨秀)로부터 그 후 지도자인 모택동과 유소기(劉少奇)에 이르는 중국 공산당사는 '실제로 지식인에 의해 통제받는 끊임없는 기록이다.' 이것은 인도에서도 마찬가지로 1943년엔 공산당의 139명의 대의원 중 86명이 전문적인 지식인 집단의 성

제의 격동이 매우 일어나기 쉬운 곳으로 앞으로 10년간의 귀추가 주목된다. 하지만 급진적인 호소력에 대해 강력한 반응을 불러일으키는 것은 단순한 대중사회가 아니고 성급한 대중들의 기대를 충족해 주지 못하는 그 사회의 무능력일 뿐이다.

대중사회의 가설(假說)적 관념에서 볼 때 미국은 불만을 조정하는 정치력이 매우 약하다. 미국에서는 도시화, 산업화 그리고 민주화로 인하여 사회사상 유례없는 규모로 낡은 일차적인 사회공동체의 산물을 깨끗이 벗어 버렸다. 그럼에도 불구하고 경제 대공황기 때에 유럽 나라들보다 더 심한 대규모의 실업사태를 빚었던 미국에서는 진정한 공산주의 운동이 뿌리박지도 않았고, 유럽의 경우처럼 파시스트 운동도 일어나지 않았다. 이런 사실을 어떻게 설명해야 좋을 것인가?

미국이란 나라는 고립해 있는 많은 거인으로 이루어진 '원자적'인 사회라고 한다. 흔히 농담 삼아 말하듯 미국인은 온갖 단체에 가입하는 미치광이들이라는 사실을 잊어서는 안 된다. 지금 미국에는 적어도 20만의 자발적인 조직·협회·그룹·사회단체·각종 단체의 지부·친목회가 있는데, 이 전회원 수는(물론 중복되지만) 남녀 합해 8천만이나 된다. 이것은 세계 어느 나라에서도 볼 수 없는 자발적인 지역사회 활동이다. 이것은 비록 이따금씩 쓸데없는 행사에 그치는 수도 있으나 역시 진

원이었다. 이와 비슷한 형태가 역시 '인도차이나, 타이, 미얀마, 말레이시아, 인도네시아의 공산당에도' 적용되며, '그 최고 지도층 인사 중에는 언론인, 법조계 인사, 교육계 인사가 압도적인 우위를 차지하고 있다'는 것이다.

정한 욕구를 충족시키는 역할도 해준다.[20]

군나르 뮈르달은 이렇게 쓴다. '무엇인가 부정이 눈에 띄면 정상적인 미국인들은 그걸 방지하기 위하여 법률이 있어야 한다고만 생각하지 않고 어떤 조직을 만들어 그 부정과 싸우고자 한다'[21]고. 많은 단체 중 일부는 압력단체―경영자·농민·노동자·재향군인·동업(同業)조합·노인 등―이며, 전국유색인종향상협회, 미국시민자유연맹, 부인유권자동맹, 미국유태인위원회, PAT, 지역사회개선단체 등과 같은 수천을 넘는 단체들이 각기 수많은 사람들에게 정서적 공감을 나눠주는 구체적 활동을 하고 있다.

이와 마찬가지로 놀랄 만한 사실은 미국에 있는 여러 가지 문화적·사회적·정치적 활동을 계속하고 있는 여러 민족집단 조직의 숫자이다. 아일란드계·유태계·폴란드계·체코

---

20) 미국의 8천만 가입자 중 3~4천만은 자발적인 일에 종사한다. 1950년엔 2백만 명이나 되는 독지봉사자들이 공동모금운동(지방병원이나 사회봉사기관을 위한 각 지역사회의 기금 모집과 교부를 하는 여러 단체)을 위해 길거리를 활발히 다니며 2억 달러나 모았다. 이 외에도 유태인소청(訴請)연맹을 위해 1억 달러 이상, 적십자사를 위해 6천 7백만 달러, 전미국소아마비재단을 위해 3천만 달러, 결핵협회에 2천만 달러, 암학회에 1천 3백 60만 달러 등으로 자선을 위하여 모금된 금액이 모두 연 10억 달러나 된다. 1950년에 미국에서 개최된 대회―지구나 지방 정도의 것은 포함하지 않고 전국 및 주 정도의 모임만 해서―가 1만 7천에 이르며, 1천만 명이나 참석했다. 유명한 해수욕장인 아틀랜틱 시티에서는 미국전화개척자의 모임, 미국치근막(齒根膜)학회 등 272개의 대회에 24만 4천여 명이나 출석했다(이상 숫자는 잡지 《포춘》의 연구진에 의한 것임).
21) 군나르 뮈르달, 《미국의 고뇌》(뉴욕, 1944).

계・핀란드계・불가리아계・베사라비아계 등 많은 인종집단과 이들의 수많은 친목단체, 지역단체, 정치단체들은 저마다 미국생활에서 특정한 역할을 담당하고 있다.[22]

미국에서도 비록 익명성(匿名性)이 현저하게 널리 퍼져 있다고 생각되는 도시에서조차도 지역적인 유대관계는 놀라울 만큼 강하다. 예를 들면 시카고 시내에만도 1주일간의 총발행부수가 백만 부가 되는 82개의 지방지(地方紙)가 있으며, 이보다 더 넓은 시카고 위성도시 전역에는 181개의 신문이 있다. 일반적인 사회학 이론에 의하면 이와 같은 지방지의 보도와 화젯거리 제공은 전국적인 매체의 압력으로 점점 감소되어 간다고 한다. 그러나 사실은 그 반대이다. 시카고의 경우 이런 신문은 1910년 이래 165%나 증가했으며, 최근 40년간엔 발행부수가 770%나 뛰어올랐다. 이런 지방지를 연구한 사회학자 모리스 자노위츠는 다음과 같이 말한다. '게마인샤프트에서 게젤샤프트로의 방향전환으로 말미암아 흔히들 주장하는 것처럼

---

22) 예를 들면 1954년 12월 키프로스 문제가 처음으로 UN에서 제기되었을 때, 키프로스옹호위원회(그 성명에 의하면 미국 시민단체라고 함)에서는 작은 섬나라의 자결권을 변호하기 위해《뉴욕 타임스》(12월 15일자)에다 전면광고를 냈다. 키브쏘스옹호위원회가 내세운 각 단체들은 대략 다음과 같다. 아헤파 질서회, 페넬로페의딸협회, 범라코니아연맹, 크레타연맹, 범메시아연맹, 범이카리아연맹, 범에리아 미국연맹, 미국도데카네시아협의회 등등. 만약 자유세계에서 루테니아의 영토 지속 문제를 UN에 제기한다면 수십여 헝가리계・루마니아계・우크라이나계・슬로바키아계・체코계의 미국 시민단체들이 각기 자기 모국의 루테니아 소유 권리 주장을 정당화하기 위한 변호를 열심히 신문에 내세울 것이 분명하다.

사회가 비인격적이며 자기중심적이고 불모지가 되었는 데 비하여, 사회과학이 설명하는 범죄, 사회 해체, 정신병리는 (지금 생각하는 것만큼은) 놀라울 정도로 높은 수준에 있지 않고 오히려 낮은 편이라고 볼 수 있다'고.[23] 혹 이와 같은 자발적인 결사의 많은 망이 쳐져 있어도 그나라의 문화수준과는 아무런 관계가 없는 것이 아닌가 하는 반론이 제기될 수도 있다. 오르테가의 주장처럼 세계의 문화수준이 저하되고 있다(건축·의복·디자인 등 모든 것이 다 그럴까?)고 할지 모른다. 그렇지만 오늘날 민중의 대부분은 가치 있는 문화적 활동에 참가하고 있다. 이것은 최근 50년간 미국 생활수준의—문자 그대로—배증(倍增)에 따른 불

---

23) 모리스 자노위츠, 《도시 지역사회의 언론》(1952). 특히 영국 사회학자들에 의한 보다 최근의 연구에선 현대사회가 제1차적 유대를 깨뜨리는 것이 불가피하다는 데 대하여 의문을 갖는다. 피터 월모트는 간략하게 이렇게 말한다. '사회학자들 사이에서도 판에 박힌 생각이 그칠 사이가 없다. 퇴니스와 뒤르껭이 가족 쇠퇴를 선언한 후 도시산업사회에서는 가족이 뿌리를 잃고 원자화되어 양친과 이에 따른 아이들에 국한될 뿐, 친척들과는 고립된다는 견해가 존속해 왔다. 그러나 근래의 런던이나 영국의 여러 도시를 비롯한 디트로이트, 샌프란시스코 등지의 현지 조사에 의하면 이와 같은 고정관념은 도전받고 있다는 것이 밝혀진다. 혈연관계가 현대도시의 중심부에서 서로 얽혀 지탱하고 있음의 중요한 원천임을 이들 조사는 시사해 준다'(《영국 사회학》지 1958년 6월호의 〈친족과 사회법〉 참조). 이에 대한 영국에서의 주된 연구는 《동부 런던의 가족과 친족》(런던, 1957)이라는 것으로 마이클 영과 월모트가 쓴 것이 있다. 또 마이클 영이 주재하는 지역사회연구소에서 피터 타운젠트가 낸 《고대인의 가정생활》(런던, 1957)이 있다. 월모트가 인용한 미국측 연구엔 다음과 같은 것이 있다. 《디트로이트의 사회양상》(1956), 모리스 악셀로드의 〈도시구조와 사회참여〉(《미국 사회학》지 1956년 2월호), 웬델 벨과 M. 보어의 〈도시 인근 주민과 비정형적인 사회관계〉(《미국 사회학》지 1957년 1월호).
24) 미국 생활수준에 대한 학구적 연구를 간략히 쓴 것으로는 윌리엄 필딩 오그

가피한 현상이다.[24]

교육수준의 향상은 문화 감상력의 상승을 뜻한다. 미국의 경우 야구보다는 고전음악 연구에 더 많은 경비를 소비한다. 지난 10년 동안 서적 판매는 배나 증가했다.[25] 오늘날 미국엔 1천을 넘는 교향악단이 있고, 수백의 박물관과 연구소, 대학이 예술작품을 사들이고 있다.

거대한 중류사회의 성장을 나타내는 표지를 이 밖에 얼마든지 들 수 있다. 그리하여 착실하게 증대하는 생산성과 여가로 말미암아 앞으로 미국인들은 지금보다 더욱 적극적인 문화의 '소비자'가 될 것이다.

흔히들 미국의 대중사회는 너무 그 구성인에게 지나친 동조성을 강요한다고 한다. 그렇지만 사실은 누가 무엇을 강요하는지 구별하기가 어렵다. 《뉴 리퍼블릭》지는 "광고업자들은 문화를 당의화(糖衣化)한다"고 주장한다. '급진적 우익'기관인 《내셔널 리뷰》지는 '자유주의자'들에 의해 형성되는 미국사회의 지배적인 여론에 반대하여 우상파괴의 기치를 내세운다.

번, 〈미국의 기술과 생활수준〉《미국 사회학》지 1955년 1월). 문화의 참가에 대한 자료로는 F. B. 투레크의 《미국의 폭발》(1952) 등이 있다.

25) 말콤 카우리는 〈백만인을 위한 염가본〉이란 글에서 서적 출판업의 광범위한 조사가 실시된 1931년엔 서적 클럽이 거의 없었으나 1953년에 와서는 성인에게 서적을 추천하는 74개의 클럽이 생겼다고 지적했다. "클럽이 미국 공중의 취미에 대해 일반적으로 획일성을 조장하지 않느냐는 우려와는 달리 오히려 어느 정도 다양성을 낳게 했다"고 그는 쓰고 있다. 카우리의 《문학적 상황》(뉴욕, 1955), p. 101.

《포춘》지는 '조직화된 인간'의 성장을 비방한다. 이 모든 일들은 언제나 있었던 것이지만, 역사적인 관점에서 보면 지난 반세기 동안 미국에서는 오늘과 같이 모든 행동 양식이 동일화되지 않았던 때가 없었다. 사실 20년대보다 보헤미안주의는 줄어들었으며 성(性)에 대한 관용은 늘어났으나 30년대에 비해 정치적인 진보주의도 적어졌다(뉴딜이 철저하게 모든 개혁을 실행했지만). 그러나 정치에서의 정체 상태가 곧 모든 사회 규범의 정체를 의미한다고 할 수 있을까? 그렇지만은 않다. 30년 전에 시가지 변화가를 걸어가던 사람들은 거의 비슷한 모습을 하고 있었으나 오늘날엔 누구에게나 그것을 강요할 수 없다. 교육 수준의 향상은 보다 다양한 취미를 누릴 수 있는 인간을 낳게 했다(레코드 판매원은 이렇게 보고한다. "20년 전에는 뉴욕에서나 베토벤을 팔 수 있었으나 오늘날은 팔레스트리나, 몬테베르디, 가브리엘리 그리고 르네상스와 바로크 시대의 음악까지도 많이 팔리고 있다"고).

이상스럽게도 미국에서는 누구도 동조성을 옹호하지 않는다. 모두가 여기엔 반대해 왔고 지금도 그렇다. 35년 전까지만 해도 우리는 훌륭한 사업가라는 점만으로 미국 중산층 사람 누구나에게 자랑할 수 있었다. 그러나 오늘날은 이런 사람들에게 너무 평범한 도식성(圖式性)을 가졌다고 비난함으로써 자랑할 수 있게 되었다. 문제의 핵심은 누가 누구를 비난하느냐는 것이다. 1958년 12월 《리더스 다이제스트》지는 《우먼스 데이》지가 실었던 〈지나친 순응주의의 위험성〉이란 글을 다시 게재했다. 이 글의 요지는 위대한 사람들은 결코 순응하지 않았다는 것과 한 정신분석학자의 다음과 같은 말을 인용했다. "'우리는 이제 순응을 종교화해 버렸다.' 모든 어린이는 각기 다르다는 것을 기억할 필요가 있으며, 또 '그래야만 된다'"고.

　이런 인용은 결코 중간층에게 동조성이 없다는 것을 증명하는 것은 아니다. 그러나 중산층에게 동조성이 있는 반면에 이에 대한 엄청난 불안과 비난도 있다는 것을 알려 준다. 분명히 사회 한 윗부분을 차지하고 있는 사람들은—그들의 생활양식이 문화양식이 되는 상류층 보헤미안—그들 자신의 비동조성을 강조하고자 필사적으로 온갖 노력을 다한다. 20년대의 헐리우드 일부에서는 유럽 군주를 흉내냈다(그들의 저택은 루이 14세풍의 장중한 것으로 마치 서커스 공연장 같았다).《라이프》지(2천 5백만 독자를 가진 이 잡지의 1958년 12월 22일 오락 대특집호에서)는 이렇게 썼다. "비동조성은 오늘날 사회에서 중요한 요체가 되어 저 분노한 중년신사 프랭크 시나트라가 바로 그 선각자가 되어 사회적인 군주로 군림하고 있다"고. 시나트라 일당들이 고의적으로 헐리우드의 금기를 깨뜨리자 열심히 비동조성을 추구하던 무리들이 곧 이를 흉내내게 되었다고《라이프》지는 지적했다. 여기서《라이프》지가 지적하지 못하고 넘겨 버린 점은, 시나트라나 딘 마틴, 새미 데이비스 주니어 같은 사회적인 기수들은 모두가 소수집단 출신으로 비정상적인 측면에서 나온 사람들이란 것이다. 시나트라와 마틴은 이탈리아계 미국인이며, 데이비스는 흑인이다. 일찍이 이들 소수집단들은 미국생활 속에서 그 지역사회의 기성예법과 풍습을 본받고자 애쓰는 것이 통례였다. 그런데 할리우드에서 옛 신분적 위계제를 부숴 버리고 허풍떠는 낡은 예절을 비웃으며 새 풍습의 승리를 축하했던 것이다.

비트족은 문화적 분야에 속하는 다른 하나의 사회현상이다. 그들은 격앙되고 열정적이면서도 사회에서 버림받았다고 자처하는 집단으로 '미국 문화생활 주위를 묶고 있는 단단한 껍질인 새로운 반문예부흥(反文藝復興)주의파의 고도로 조직화된 학술적인 문학운동의 직업소개소'에 저항한 것이다. 그러나 델모어 슈왈츠가 최근 논한 것처럼 이상하게도 이들 비트족은 공상적인 반항자인 것이다. "왜냐하면 그들 작품의 실체는 그들이 이미 간직하고 있는 비동조주의를 격렬하게 주장하는 것이며…… 거의 모든 종류의 비동조주의가 누구에게나 주어질 수 있도록 이미 훌륭하게 만들어져 있기 때문이다. 서적의 검열, 금주, 경찰에 의한 나쁜 품행의 강제조사 등 다양한 형태로 나타났던 명문사회의 지배적인 퓨리터니즘과 빅토리아식 풍조를 공격해야만 되었던 지난날의 보헤미안주의와는 달리 새로운 비동조주의자에겐 참된 적이 없다. 그러기에 새로운 반항자들은 링 안에 실재하지 않는 적을 때려 눕히려는 권투시합의 선수와 너무나 닮았다."[26] 역설적으로 회색 플란넬을 입은 비트족이 겨냥하고 있는 것은 러셀 리네스가 지적하듯이 그들 자신의 상류층 보헤미안들이다. 그들이 광고업이나 오락

---

26) 델모어 슈왈츠, 〈시의 현대적 상태〉(1958년에 간행한 《현대 미국시》 소재).

기관에 종사하면 더욱 이런 사실이 분명히 밝혀진다.

의복·음식·여행 등 그들 혼자만의 특이한 취미를 보이고 과시하기 위해서는 수입을 올려야 하며, 그 수단으로 직업은 무엇이나 용인된다. 이들에겐 동조성보다 신기성(新奇性)이 문제가 된다.

또 다른 하나의 역설을 첨가하면 초기 대중사회론자(예컨대 짐멜)들이 광대한 대도시의 벌집 모양의 생활에서 민중은 서로가 고립하여 덧없고 익명적으로 되어 버렸다는 이유로 대중사회를 비난한 것을 들 수 있다. 미국인은 남의 비판에 민감하므로 이 비난을 염려하여 전후엔 교외 주택에서 우애성·지역사회성·공동성을 만들고자 애썼다. 그런데 결과는 동조성의 비난으로 되고 말았다. 도시로 다시 복귀하려는 사람들의 최근 새로운 경향은 분명히 여기에 대한 반작용으로서 사람들은 이제 일제히 담을 쌓고 있기에 다시 유럽 사회학자들이 주장한 것처럼 익명성·고립성·정신의 상실 등, 요컨대 사회적 무질서(anomie) 현상이라는 비난을 받게 된다.

이혼·범죄·폭력은 미국에 만연되어 있는 사회 해체를 증명한다고도 한다. 그러나 실제로 이혼의 증가는 가족의 붕괴보다는 개인적인 선택기준의 사유화와 '동지적'인 결혼의 대두를 나타내는 것이다. 또 범죄만 하더라도 75년 전보다는 실질적으로 훨씬 적은 범죄와 폭력(비록 영화나 TV를 통한 대상적[代償的]인 폭력과 신문을 통한 범죄의 '창문'은 전보다 더 많아졌으나)이 일어나고 있다고 나는 증명할 수 있다. 아마 당시의 뉴욕, 시카고, 샌프란시스코는 난폭하고 거칠은 도시였음이 틀림없다. 그러나 난폭한 범죄는 대개 하류층의 현상으로 당시 빈민가의 생태학적인 테두리를 벗어나지 못했다. 그러기에 범죄 해방 지역인 조용한 가로수가 늘어선 곳에선 예나 지금이나 인생행로의 평온함을 느낄 수 있는 것이다. 그러나 당시의 기사―샌프란시스코의 바바리 해안, 뉴욕의 파이브 포인트, 혹은 시카고의 제1지구에서 벌어졌던 갱들의 싸움과 매음굴, 시가전의 모든 기록―를 조금만 봐도 이들 도시에서의 현실생활이 그 때 얼마나 폭력으로 만연되어 있었던가를 알 수 있다.

이런 관점에서 보면 사회 해체와 쇠퇴라는 실질적인 진단을 포함한 대중사회라는 대규모적인 추상적 개념은 비교할 기준을 갖고 있지 못하면 거의 무의미하게 된다. 사회적·문화적 변화는 다른 그 어느 나라보다 미국에서 오늘날 가장 크고 급속하게 나타나고 있다. 그렇다고 사회적 혼란과 아노미 현상이 불가피하게 이런 변동에서 나타난다는 가설은 미국의 경우 증명되지 않는 것이다.

그 이유인즉 미국이란 변화와 혁신을 문화로 일으켜 세운 사상 최초의 거대한 사회이기 때문인지 모른다. 언제나 그랬었고 지금 역시 그렇듯이 거의 모든 인간 사회에서 전통주의자나 이에 만성화된 사람들은 변화에 저항하고자 한다. 저개발국가에서의 공업화 시도와 유럽에서의 노동자 이동의 증대, 그리고 생산성과 생활수준의 향상에 필요한 시장 확대를 위한 온갖 노력들이 수없이 변화에 대한 뿌리깊은 저항으로 좌절되

곤 한다. 이래서 아예 러시아에선 오직 전면적인 강제로만 변동을 시도한다. 미국의 경우는 봉건적 전통이 없고, 제퍼슨이 언명한 것처럼 신을 노동자로 간주하는 실용주의적인 기질을 가진 데다 자원이 풍부한 거대한 국토를 가진 자연적인 여러 조건으로 이룩된 무한한 낙천주의와 새로운 것을 정복하려는 열렬한 갈망으로 얻어진 문화 덕분에 변동과 변동에 대한 적응성이 한 규범으로 되었다. 사실 이 점이야말로 유럽의 많은 예를 바탕으로 한 이론가들에 의하여 예언된 변동 결과가 거의 확증되지 못하는 이유일지도 모른다.

대중사회란 변동의 소산이며 또 변동 그 자체이다. 대중사회는 사회에서 배제당한 '대중'을 사회 속으로 이끌어 들인다. 그러나 대중사회의 이론은 변동의 모든 원인을 규명하거나 사회 각 부분의 상호관련성에 대한 전망을 분명히 제공해 주지는 못하고 있다. 대중사회론을 대신할 이론을 말하기엔 아직 충분한 자료를 갖고 있지 못하다. 그러나 미국에선 약간의 중요한 요인들이 지난날보다 더 면밀히 검토될 가치가 있는 일들을 낳고 있다고 나는 본다. 즉 지난날의 근면한 절약과 저축을 일삼던 사회로부터 이젠 놀라울 만큼 소비를 강제하는 사회로의 변화, 회사조직과 정치권력에의 불가피적인 충격을 동반한 가족자본주의의 붕괴, 국가의 정치적 의사결정과 대기업집단에서의 경제적 의사결정이 중앙집권화된 것, 모든 특수한 이해집단을 대신해 줄 지위를 가진 상징적인 집단의 대두 등 이것들이 새로운 사회형태를 형성하고 있으며, 이와 함께 대중사회에서의 생활양상에 지금보다 더 큰 많은 변화가 일어날 것임을 보여 주고 있다. 이에 따라 새로운 신분적 불안―전쟁의 위협으로 악화되는 것, 성격 구조의 변화, 그리고 새 도덕적 기질도 생기게 된다.

도덕가는 태도를 보류해도 좋고 시인해도 좋을 것이다. 즉 일부 도덕가들은 가족의 붕괴를 본질적인 가치의 원천을 상실한 것이라고 생각할 것이며, 다른 일부 사람은 보다 자유로운 결혼을 친밀한 교제보다 건강한 형태라고 여길 것이다. 그러나 지난 2백 년에 걸쳐 서구의―그리고 지금은 전세계의―사회에 제기된 커다란 도전, 즉 자유라는 울타리에서 절대다수 민중들의 생활수준을 향상시키는 일, 동시에 문화수준을 유지 또는 향상시키는 방법에 대한 해답을 지금 제시해야 될 입장에서 이와 같은 변동이 나타난다는 것은 특이한 사실이다. 그렇기에 대중사회론은 이제 유럽과 미국사회에 대한 기술(記述)이 아니라 현대생활에 대한 낭만적인 항의의 이데올로기가 아닐까?

제2장
가족자본주의의 붕괴
― 미국에 있어서의 계급의 변동

'마르크스'가 생각한 것처럼 자본주의란 엄밀한 경제적 궤도에 기초하여 형성된 고용주의와 노동자 관계 및 계급에 의한 경제제도만은 아니다. 그러나 자본주의는 권력이 대대로 가족에 인계되고, 그 영리 목적의 기업이 가명(家名)에 따라 알려졌기 때문에 가명이 소유권에 수반되는 만족감의 일부로된 사회제도이기도 하다.

가족의 사회조직은 주로 재산과 왕조적(王朝的) 결혼이라는 두 가지 제도에 의해 유지되어 왔다. 법률에 의해 인정되고 국가의 강제력에 의해 보강되는 재산은 권력을 의미하며, 왕조적 결혼은 재산을 보존하고 상속법에 의해 재산을 자손에게 전하는 수단이며, 따라서 임기응변으로 가족기업의 지속을 유지하는 수단이었다.

재산과 가족구조와의 관련성은 토지에 관한 로마법에까지 멀리 거슬러 올라가는 서구사회에 있어서 가장 오래된 제도 중의 하나다. 역사적으로 말하면 토지는 재산과 권력의 가장 오래되고 가장 기초적인 형태였다. 로마법에 있어서는 재산은 특정 개인인 가장에 속하는 것이 아니고 상속인에 속했다. 그리하여 상속인이 가장이 되었을 때 재산은 이젠 그에게 속하는 것이 아니라 그의 상속인에게 속하였다. 헨리 메인 경이 허구라고 부른 바와 같이 재산소유에 관한 이 허구는 불양도성(不讓渡性), 즉 재산은 임의로 자유 처분할 수 없다는 것을 유지하는 데 필요하였다. 토지를 양도 가능한 것으로 하기 위해 모든 장자(長子)상속, 계승적인 부동산 처분의 엄격성, 남자상속권 등을 제거하여 토지의 자유처분을 이룩하려는 노력은 재산을 자유상품으로 하려는 노력의 일단이었다. 영국의 법률에서 재산양도에 대한 온갖 장애가 완전히 제거된 것은 사실상 1925년에 이르러서였다.

철학적으로 표현하면 재산과 가족의 연계적 제도는 기성사회에 필요한 전제조건이라고 늘 생각되었다.

고드윈과 꽁도르세가 19세기에 임박해서 진보와 자유는 결혼의 제약을 깨뜨리고 모든 재산을 공유하는 경우에만 존재한다고 주장하였을 때, 맬더스는 부르주아 사회를 대표하여 그들에게 응수하였다. 즉 맬더스는 가족과 재산을 억제하지 않으면 육욕과 음란의 자연적 본능이 그대로 발현하기 때문에, 인구는 모든 한계를 깨뜨리고 자원은 고갈되어 대다수 사람들은 행복하기보다는 궁핍과 비참에 휩싸이고 말 것이라고 주장하였다.

실제로 《인구론》은 인구통계학 논문이 아니라 윤리상의 설교였다. 그러나 가족제도와 재산제도와의 연계에는 경제적·도덕적 고찰 이상의 것이 포함되어 있었다. 이 양제도의 융합에 의하여 계급제도가 유지됐던 것이다. 즉 사람들은 같은 사회수준의 사람들과 교제하고 그 재산에 알맞은 공통의 학교에서 교육받으며 같은 풍습과 도덕을 공유하고 같은 책을 읽고 같은 편견을 품고 같은 환경에서 사귀었다. 요컨대 사람들은 특색 있는 생활양식을 창조하고 공유하였던 것이다.

맬더스가 사회의 기본법을 표상(表象)한다고 주장한 재산과 가족 두 제도의 낡은 관계가 과거 75년간에 붕괴한 것이야말로 특이한 사실인 것이다. 이 붕괴의 명확한 이유는 극히 복잡하나 그 과정은 명백하다. 부르주아 사회에 있어서는 결혼은 성관계가 정상궤도를 벗어나지 못하게 하기 위한 수단에 불과했다. 부르주아 사회의 결혼에서는 모든 여성은 한 사람의 남편만을 갖거나 한 사람의 애인만을 바랐다. 톨스토이의 《안나 카레니나》, 플로베르의 《보바리 부인》을 비롯한 19세기 유럽대륙의 위대한 소설들은 간통의 기하학에 의해 이 패러독스를 예리하게 지적하였다. 로맨티스즘의 성장, 개인의 애정과 자유선택을 크게 장려하는 일, 정열을 세속적·육체적인 것으로 표현하는 일—이 모든 것이 왕조적 결혼제도를 반대하는 방향으로 작용했다. 여성의 해방은 어느 점에서는 부르주아 사회의 안정된 여러 측면의 하나가 소멸한 것을 의미한다.

여성이 원하는 대로 계급의 경계선을 넘어서 자유롭게 결혼할 수 있다면 이미 경제기업과 왕조적 결혼과의 유대는 그 내

구력을 잃고 만다.

그러나 가족자본주의 양식이 쇠퇴하여 버린 이유에는 경제제도의 본질인 특수한 다른 이유가 있다. 몇 개의 일반적 이유로는 확장가족(擴張家族) 내지 일족의 쇠퇴가 기업을 경영할 유능한 후계자의 선택 범위를 좁히게 되어, 전문적인 기술 증대의 중요성이 혈연관계보다도 기능을 높이 평가하게끔 한 것 등이 있다. 이러한 이유는 미국의 경우 대부분 적중되어 경영기술상의 기능 때문에 단순한 가족적 지배기관이기를 거부하고 자기의 정당한 권리로써 이끌고 나가기를 바라는 회사 부문의 경우 전적으로 맞아 떨어진다.

그러나 데이비드 란데스의 말처럼 유럽에서는 가족기업의 계속성이 현저하다.[1] 또 신중하고 보수주의적이며 외부 자본에 의한 내부 간섭에 공포를 갖는 이러한 가족기업의 계속적 존재야말로 오늘날에 이르기까지 유럽 대륙의 경제성장이 원만한 정도로 유지되는 이유의 하나라고 데이비드 란데스는 논한 적이 있다.

미국의 경우는 처음부터 얼마간 다른 점이 있었다. 한 가지 중요한 이유는, 미국의 토지소유권은 유럽의 경우처럼 장자상속 부동산권이라기보다는 무조건적인 상속 부동산권으로서 보유되어, 가장이라 하더라도 재산의 보유에 관해 스스로 원

---

[1] 데이비드 란데스, 〈프랑스 기업과 기업인의 사회적·문화적 분석〉(에드워드 미드 이어르가 편집한 《현대 프랑스》[프린스턴, 1951] 소재).

하는 자손에게 물려주는 일이 비교적 불가능하였다는 점이다. 또 하나의 이유는 다양하고 복잡한 이유에 의하여 아들은 부친의 뒤를 계승하는 것이 아니라 자기 힘으로 출발한다는 전통―혹은 최소한도 신화―이 미국에 존재해 왔다는 사실이다. 이들 두 가지의 역사적 및 사회 심리적 요인이 미국에 있어서 완전한 가족자본주의 제도의 발달을 방해한 특수한 요소였다.

그러나 그와 같은 제도를 창설하려는 노력은 끝없이 기도되고 있었다. 버나드 베일린이 17세기 미국 상인 연구에서 지적한 것처럼 미국의 영리기업의 융성은 개인의 기업심이 아니라 가족적 연대에 기인하였다.[2] 가족은 최초의 자금원이고, 나아가 확장가족에서 기업의 성장에 필요한 다양한 여러 기능을 끌어낼 수가 있었다. 가족기업은 식민지 시대 이후에 동해안을 따라―특히 보스턴·필라델피아·뉴욕 등의 주요 도시―주로 성행했는데 사교계(社交界) 역시 이들 이름 있는 가족 일문으로 구성되어 있었다. 끝없는 서진(西進), 격렬한 경제적 동요 등 이 모든 것이 가족기업의 붕괴 요인으로 작용했다.[3]

남북전쟁 후의 급속한 산업화와 함께 새로운 기업이 종종 가

---

2) 버나드 베일린, 《17세기 뉴잉글랜드의 상인들》(케임브리지, 1955).
3) 로버트 K. 램, 〈기업인과 지역사회〉(윌리엄 밀러 편집의 《사업가》[케임브리지, 1951] 소재). 이 평론에서 전개된 견해와 약간 다른 것, 즉 자본주의 아래서의 가족과 기업의 융합을 특수한 사례라고 본 견해는 탈코트 파슨즈와 닐 스멜저의 《경제와 사회》(런던, 1956), pp. 285~290.

족집단으로 시작되었다. 자본주의 사회에서는 자본 형성의 원천인 화폐와 신용의 지배가 권력의 갈림길이었다. 설립된 회사는 거의가 공공회사가 아니었다. 이들은 가족이 갖고 있는 재산에서 자본을 조달하고 자기 융자에 의해 확대해 나갔다. 중간형 산업은 미국에 있어서 대부분 전형적인 가족기업이었다. 그 가장 좋은 예가 직물업과 양조업이었는데, 그 밖의 것도 그와 비슷했다. 국제적 은행업은 가족적 업무를 특징으로 하였다. 왜냐하면 그 업무의 대부분이 성질상 비밀적인 성격을 가진 것이기에 신뢰할 수 있는 인물만을 세계 곳곳에 배치할 필요가 있었기 때문이다. 같은 이유가 해운업에도 적용된다. 역사적인 여러 이유에서 정육출하업(精肉出荷業)이나 화학공업·비누제조업·신문업 역시 친밀하게 결합된 가족기업이었다.

오늘날 역시 대부분의 주요 신문은 주식시장에 상장되는 공개회사이기보다는 가족 소유이다.

가족기업 제도는 동시에 사회적 대응물을 갖고 있었다. 즉 유력한 일족이 그 가족기업이 존재하였던 지방을 지배하였다. 그리하여 최소한 19세기 후반에서 20세기 초기에 걸쳐서 많은 생산기업은 하천 유역 지대(流域地帶)에 있었으므로 사회적 성층(成層) 또한 지정학적(地政學的) 연관을 갖고 있었다. 즉 공장의 입지 조건 때문에 노동자는 유역에 거주하고, 가족기업 소유자는 그 멋진 조망 때문에 언덕에서 생활했다.

비록 얼마만큼 가족자본주의가 많은 소형기업에서 기반을 굳히고 많은 도시에 흔적을 남겼다 하더라도 거대자본을 필요로 하는 산업의 영역에서는 그 주도권을 확립하는 데 결코 성공하지 못했다. 이 이유를 밝히기 위해선 미국 자본주의의 중요 시기인 1890년부터 1910년 시기를 특징짓는 일련의 특수한 경제적 사건에 주목하지 않으면 안 된다.

가족자본주의의 붕괴는 대체적으로 20세기에 들어서면서 시작되었다. 그 때 미국 산업은 과도하게 확대되어서 위기의 연속에 직면했다. 이 때 통화와 신용시장을 통제하고 있던 은행업자가 개입하여 미국의 주요 기업 대부분을 재편성하고 지배하게 된 것이다. 'US 스틸'사의 설립에서 전형적으로 보여지는 20세기 초두의 대합동(大合同)은 미국에 있어서의 금융자본주의의 출현을 기록했다.

투자은행업(投資銀行業)은 이와 같은 개입에 의하여 사실상 자본주의 질서의 사회적 기초를 깨뜨려 버렸다. 스스로 기업에 어떤 재산상의 이해를 갖지 않기 때문에 그 권한을 자동적으로 자식에게 양도할 수가 없게 되어, 외부의 통제자에 대하여 책임을 지는 전문적 경영자를 임명함으로써 은행업자는 재산과 가족과의 근본적 분리를 수행하였다. 근대적 회사의 설립자는 가족기업가(家族企業家)가 아니었다. 또 그들은 일련의 기성의 틀에 박혀 일을 하는 단순한 관료적 경영자도 아니었다. 회사의 조직자는 종종 기술자라고 하는 특수한 사람들이었다. 그들의 자각적 과제는 새로운 경제형태를 구축하는 것이고, 그들의 중요한 보수는 돈이 아니라 지위의 달성이며, 궁극적으로 어떤 고유한 독립권한을 얻는 것이었다.

그들에 이어 하버드대학 경영학부를 졸업한 '지방 출신의 젊은 일꾼'들이 오늘날 높은 경제적·사회적 지위로 승진하는 기회를 얻게 되었다. 이렇게 하여 가족자본주의는 사회적 이동에 굴복하고 말았다.

그러나 결국 은행업자의 권력도 쇠퇴하고 말았다. 왜냐하면 특히 최근 30년간에 있어서 경영자는 금융상의 지배를 이탈하여 각자의 기업에서 독립된 권한을 획득할 수 있게 되었기 때문이다. 몇 가지 사례의 경우 이들 회사의 기술자들은 실력자였기 때문에 이것을 수행할 수 있었으며, 그것 이상으로 중요한 것은 뉴딜 정책에 의한 투자와 은행 사무와의 기능상의 강제적 분리로, 이로 말미암아 투자은행업자에 의한 금융시장의 지배는 제한되고 말았던 것이다. 그러나 무엇보다 중요한 것은 아마 미국의 많은 회사들의 눈부신 성장에 의하여 금융시장으로부터의 차입에 의하지 않고 자기 수익으로 기업 확대의 자금을 충당하는 일이 가능하게 되었다는 사실일 것이다.

가족자본의 붕괴가 현대 미국 자본주의의 다이내믹한 성질을 부분적으로 설명해 줄지도 모른다. 왜냐하면 독립된 경영상 관리의 확립이 새로운 자극과 새로운 유인을 갖다 주었기 때문이다. 예를 들면 앤드루 카네기는 그의 제강회사로부터 거액의 부를 빼내 올 수가 없게 되자 경영자들의 주요한 지위 승진 이유를 기업의 실적과 성장에서 찾았다. 그러한 목표는 세법 개정과 결부되어 수익의 고도의 항상적 재투자를 자극하였다. 1929년에는 회사 수익의 30%가 재투자된 데 지나지 않았으나, 전후(戰後)에는 회사 수익의 약 70%가 기업 확대를 위해 투자되었다.

새로운 경영자들은 전통에 의지하는 계급적 지위가 결여되어 있었기 때문에 그들의 권력과 위신을 정당화할 이데올로기의 필요성을 통감케 되었다. 다른 어떤 자본주의 체제에 있어서도 미국에 있었던 만큼 이 이데올로기에의 요구가 이처럼 강박적으로 강요된 곳은 없었다. 미국 이외의 사회에서는 그럴 필요가 없었다. 사유재산은 철학적으로 늘 자연권의 체계와 결부되어, 그 결과 재산은 그 자신의 도덕적 정당성을 마련해 주고 있었다. 그러나 특히 미국에 있어서는 사적인 생산적 재산은 대부분 허구로서 회사 경영자 권력의 도덕적 원천으로서 논의되는 일이 거의 없게 되었다. 소유에서 경영적 관리로의 고전적 이행이 회사에 일어난 것과 같이 권력의 정당성도 '사유재산'에서 '기업'으로의 이행에 따르게 되었다. 그리하여 모든 이데올로기의 경우와 같이 심볼 그 자체가 때로는 추진력이 되어 실적제일주의가 미국 회사 간부의 활동적 동기가 되었다.

사회학적으로 말하면 가족사본주의의 붕괴는 구미사회 전체에 있어서 일련의 권력이행과 관련이 있다. 미국의 '60 가족' 혹은 프랑스의 '2백 가족'조차도 이젠 존재하지 않는다. 가족자본주의는 경제적 지배만이 아니라 사회적·정치적 지배를 의미하였으나 이젠 그렇지 않다. 많은 중소기업은 지금도 아직 가족적 소유로 자식이 부친의 뒤를 계승하고 있고(예를 들면 양조업), 그리하여 세인트루이스나 신시내티와 같은 많은 도시는 지금도 낡은 가족지배 체제의 특징을 나타내고 있다. 그러나 전반적으론 가족지배 체제는 끝난 것이다.

현대사회에 있어서 권력과 계급지위와의 관계를 둘러싸고 두 개의 '조용한' 혁명이 진행되고 있는 것을 우리는 알고 있다. 이미 상속만이 모든 것을 결정하지 못하게 되자, 권력에의 접근양식에 따른 변화가 일어나고, 또 재산보다 기술적 기능, 부모보다도 정치적 신분이 권력행사의 기반으로 되어 버린 점에서 권력 소유 그 자체의 본질에 변화를 가져오게 되었다.

이 두 개의 혁명은 동시에 진행된다. 정치적으로 봐서 주요한 결과는 지배계급의 붕괴이다. 지배계급이란 확립된 이익의 공통성과 이익의 계속성을 갖는 권력유지 집단이라 정의할 수 있을 것이다. 오늘날에는 상류계급과 지배계급이 존재한다. 상류계급의 일원이라는 것(즉 차별적 여러 특권을 갖고 이런 특권을 자기가 택한 자에게 양도할 수 있는 것)은 동시에 지배집단의 일원이라는 것을 이젠 의미하지 않는다. 왜냐하면 지배는 이제 재산이라는 전통적 기준 이외의 것에 기초를 두기 때문이다. 현대의 지배집단은 본질적으로 연합체이며, 그들이 소유하는 권력의 이양수단 내지 권력에의 특정한 접근양식의 제도화―정치적 루트이든, 혹은 군대의 계급이든―는 아직껏 명확화되지 않고 또 확립되어 있지도 않다.

제3장

미국에 지배계급이 있는가
― 권력 엘리트의 재고찰

 권력이란 어려운 주제이다. 그 결과가 그 원인보다 눈에 띄기 쉽고, 권력을 행사하는 사람들조차도 어떠한 요인이 그들의 결정을 형성하였는지 잘 모르는 경우가 많다. 그 결과는 인간행동의 다른 어떤 형태보다도 제어―혹은 예측―가 잘되지 않는다.
 C. 라이트 밀즈의《권력 엘리트》는 권력의 원천이 확인 가능한 엘리트의 배치상황에 있다는 것을 알아내려고 노력하고 있기에, 단순한 기술이나 방법론의 논의가 아닌 인과관계의 세계를 취급하는 현대 사회학의 진귀한 저서들 중의 하나다.
 게다가 그 애매한 구성과 권력에 관한 수사(修辭) 때문에 독자들이 개인적 정동(情動)을 읽고 납득할 수 있는 정치적 성격을 갖는 책이다. 영국의 젊은 네오 마르크스주의자나 폴란드의 낡은 정통적 마르크스주의자에겐《권력 엘리트》는 미국의 정책과 동기를 이해하기 위한 입문서로 되어 있다.
 이는 기묘한 일이다. 왜냐하면 밀즈는 마르크스주의자가 아니며 그의 방법과 결론은 반마르크스주의적이기 때문이다. 그러나 그 책은 권력에 관한 소박한 포퓰리스트적 환상의 '가면을 벗긴다'는 이유에서 급진주의자간에 즉각적인 반향을 불러일으켰던 것이다.

무드와 의도(意圖)

이 밀즈의 책에 충만되어 있는 '무드'를 해명함으로써 그와 같은 반향을 푸는 얼마간의 단서를 얻을 수 있다. 노동자 계급, '화이트 칼라' 계급 그리고 지금 권력 '엘리트'라고 말한 사회의 계급분포 범위에 관한 저술에 있어서 밀즈는 발자크를 본따서 발자크가 풍속 연구라고 부른 사회풍속의 희극을 쓰고 있다. 발자크는 우리들의 시대와 상당히 닮은 시대에 살고 있었다. 그 당시는 낡은 도덕을 회의하기 시작한 대변동기이고 개인의 사회적 이동이 가능하기 시작한 계급변동의 시기였다. 발자크가 묘사한 여러 주인공들은 사회적 지위를 찾아 헤매는 이동성의 인간으로서 출발한다. 마지막에는 그들은 그들이 발견하는 부르주아 사회를 증오하게 된다. 그들의 자세는 국외자의 자세이고, 그들의 세계는 공공도덕과 그 습관과 이상은 모두 기만(欺瞞)이라는 전제 위에 이루어져 있다. 모든 재산의 그늘에 범죄가 있다는 발자크의 단언에 밀즈가 찬의(贊意)를 갖고 인용하고 오늘날에 있어서도 역시 맞는 판단이라고 생각하고 있음이 흥미를 끈다. 왜냐하면 '밀즈' 역시 국외자이기 때문이다.

그러나 그 최초의 정동적(情動的) 충동이 무엇이든 간에 밀즈의 책은 지적 선구자를 모범 삼아 쓰여져 있다. 즉 베블렌에게서는 수사법(修辭法)과 아이러니를 배우고, 계급이 아닌 상하질서 혹은 신분의 사회구조의 서술에 대하여는 베버에게서 배웠다. 그리고 가장 결정적인 것은 파레토에게서 배웠는데, 그것은 엘리트의 정의가 아니라―그 정의는 밀즈의 것과는 상당히 다르다―그 방법이었다. 베블렌과 베버에의 부채(負債)는 의식적인 것이나 파레토에의 부채는 그렇지 않다. 그럼에도 불구하고 사상에 대한 동일한 경멸이 있고, 이데올로기가 권력의 행사에 있어서 실직적 의미를 갖는 것이 부인되고 있다. 그리고 밀즈는 권력을 기저적(基底的)인 질서의 결합이라고 간주함으로써 방법적으로 사회의 여러 집단을 잔기(殘基)의 결합이라고 생각한 파레토의 시도에 대응한다.

나는 이 때문에 수사법상의 동태성(動態性)에도 불구하고 정태적(情態的)·비역사적 어프로치로 되는 것이라고 생각한다. 즉 다수의 독자들은 그 예증 때문에 잘못 생각했던 것이나, 《권력 엘리트》는 미국 권력의 경험적 분석이 아니라 권력 분석을 위한 하나의 도식(圖式)인 것이다. 그리고 이 논리를 엄밀하게 읽으면 이 도식이 얼마나 혼란하고 불만족스러운 것인가를 알게 될 것이라고 생각한다.

논리 전개

밀즈는 오늘날 미국사회에 있어서 중요한 국가권력은 경제적·정치적 및 군사적 영역에 존재한다고 말한다. "미국 엘리트의 권력을 이해하는 길은 다만 여러 사건의 역사적 규모의 인식에 있는 것이 아니고, 결정을 내리고 있는 사람들의 개인적인 의식을 그대로 믿는 데 있는 것도 아니다. 이러한 사람들이나 역사적 사건의 배후에는 현대사회의 기본제도가 존재하며 이것이 이 양자를 결합시키고 있는 것이다. 국가, 기업, 군부(軍部)의 위계제야말로 권력의 수단을 구성한다. 권력의 수단으로서 그것은 인류 역사상 지금껏 볼 수 없었던 중요성을 가지며, 그 정점(頂點)에는 현대사회를 지배하는 지위가 있다. 미국의 최상층부의 역할을 이해하는 사회학적 열쇠가 여기에 있다."

이렇게 하여 권력이 권력일 수 있기 위해서는 권력의 제도를 지배해야 한다.

밀즈는 계속해서 말한다.

"권력 있는 사람이라고 하는 경우, 이것은 말할 것도 없이 타인의 반항을 배제하여 자기의 의지를 실현시키는 사람들을 가리켜 말하고 있는 것이다. 따라서 주요 제도의 지배권에 접근할 수 있는 경우가 아닌 한, 참으로 권력 있는 인간이 될 수는 없다. 그 이유는 참으로 권력 있는 인간은 무엇보다도 먼저 권력의 제도적 수단에 의하여 그 힘을 발휘하는 사람이기 때문이다.

  권력 엘리트란 상호 중복되고 복잡한 관계에 있는 일군의 파벌로서 최소한도 국가적 영향을 미치는 그런 결정에 참여하고 있는 정치적·경제적·군사적 그룹을 말한다. 국가적 사건의 결정에 관한 한, 권력 엘리트는 그것을 결정하는 사람들이다."

  그러나 이런 사람들은 중요한 결정을 하지만 그들은 현대의 역사 형성자는 아니다.

  밀즈는 말한다. 권력 엘리트는 역사 이론은 아니다. 왜냐하면 역사는 의도적 결정과 의도하지 않는 결정이 엇갈려 만드는 그물이기 때문이라고.

  "권력 엘리트라는 사고방식은 정책 결정 과정 그 자체에 대해서는 아무런 언급도 하지 않는다. 단지 그 성질이 어떻든 이러한 과정이 어느 사회영역에서 진행되는 것인가를 분명히 하려는 시도에 불과하다. 그것은 누가 이 과정에 관계하고 있는가에 관한 관념인 것이다."

  그러나 역사적 결정은 행해진다.

  "현대에서는 소수 그룹의 사람들이 결정을 내리는 것 같은 중요한 순간이라는 것이 존재한다. 어느 경우이든 그들은 권력 엘리트인 것이다."

  그러면 엘리트는 대체 역사를 형성하는 것일까? 맡은 임무를 따를 경우도 있고 스스로 수행할 역할을 결정할 때도 있다. 밀즈는 분명히 모순된 입장과 고투하고 있다. 왜냐하면 권력 엘리트가 역사의 형성자가 아니면 우려할 일이 없고, 그것이 아니고 역사의 형성자라고 하면 순진한 역사 이론이 유도되는 것으로 생각되기 때문이다. 최종적으로 밀즈는 이 문제를 다음과 같이 해석하고 있다.

"히로시마(廣島)에 대한 원자폭탄의 투하를 결정한 것은 역사적 필연이 아니라 트루먼이라는 이름의 사나이와 몇 명의 인간들이었다. '디엔비엔푸' 함락 이전에 인도차이나에 군대를 파견해야 한다는 레드퍼드 대장의 제안을 물리친 것도 역사적 필연이 아니라 소수 그룹의 토론이었다."

이 모든 것에서 소위 잔재(殘滓)를 증류하여 끄집어 내면 이전보다도 더욱 소수의 사람들이 정계 · 경제계 · 군부에서 일찍이 없었던 중대한 결과를 가져올 일련의 책임과 정책 결정상의 권력을 갖고 있다는 사실이다. 그러나 이 사실 자체는 별로 참고가 되지 않는다.

반향을 일으킨 것은 논리 그것보다도 수사술(修辭術)이며, 제도, 권력, 지휘중추, 중대한 결정이라는 일련의 조작적 용어야말로 밀즈의 책에서 극히 중요하다. 이들 용어의 정치적 용법 때문에 이 책은 설득력을 갖고 있는 것이다.

용어(用語)

(A) 엘리트

이 책 전체를 통하여 엘리트란 용어는 다양하게 사용되고 있다. 때에 따라서 그 용어는 '파벌 집단의 멤버라는 사실'이라든가, '어떤 종류의 퍼스낼리티 타입의 도덕성'이라든가, '선택된 가치의 통계적 관념'이라든가를 나타내고 있다. 그는 '제도적 지위'에 기초하여 엘리트를 정의한다고 말한다.

(B) 제도 · 영역

인간과 사건의 배후에 군부 · 정계 · 경제계라고 하는 사회의 중요한 제도가 존재하여 양자를 결부시키고 있다고 밀즈는 말한다. 그러나 밀즈가 사용하고 있는 것과 같은 군부 · 경제계 · 정계 등은 실제로는 제도가 아니고 사회의 제영역, 혹은 베버의 이른바 질서 혹은 각각 경계가 분명한 성층을 갖는 사회의 수직적 위계제이다. 이 영역 내지 질서가 저 영역이나 질서보다 중요하다고 말함으로써 지식이 대략적으로 구획정리(區劃整理)될 수 있다.

'군부', '정치간부회(政治幹部會)' 등의 용법은 놀라울 만큼 근거가 희박한 것이다. 이것들을 제도로서 특징짓기란 곤란하다. 제도라는 것은 특정의 확립된 행동규범에서 파생하고, 그 행동규범은 특정집단 사람들의 행동을 형성하며, 그들은 그 규범에 대한 충성심을 잠재적 내지 현재적(顯在的)으로 품으며 동시에 그 규범을 위반할 때는 통제(불안 · 죄 · 수치 · 추방 등)에 복종하게 된다. 권력에 대한 중요한 고찰이 사람들이 어디에서 권력을 끌어내는가에 있다면, 제도적 질서, 영역, 밀접하게 결합된 사람들보다는 그 집단형태를 파악하는 특수한 방법을 알아내지 않으면 안 된다.

(C) 권력

밀즈의 책 전체를 통해서 기묘하게도 권력이라는 말에 대한 정의가 없다. 실제로는 두 번쯤 일련의 한정된 의미가 그 용어에 덧붙여져 있다.

"권력있는 사람이라고 하는 경우, 이것은 말할 것도 없이 타인의 반항을 배제하여 자기의 의지를 실현시키는 사람들을 가리켜 말하고 있다."

"모든 정치는 권력을 위한 투쟁이다. 권력의 최종적인 것은 폭력이다."

베버가 말한 바와 같이 폭력이 권력의 최종 제재(制裁)라는 것은 전적으로 옳으며, 극한상황에 있어서(예를 들면 스페인 내란) 폭력수단에 의한 지배권력의 탈취 내지 장악에 있어서는 결정적일 것이다. 그러나 권력이란 밀즈나 기타 사람들이 규정하고 있는 것처럼 냉혹 무정하여 무자비한 암석(岩石)과 같은 폭력은 아니다("정치에 있어서도 섹스에 있어서도 폭력이 불가항력이라는 증거는 없다"고 메리엄은 일찍이 말한 적이 있다). 그리고 모든 정치는 권력투쟁이라고 한 말은 과연 진실일까? 목표로서의 이상은 존재하지 않는 것인가?

밀즈의 용어에 있어서 권력은 지배이다. 그러니 이 권력관은 문제에 답하기보다는 문제를 회피하고 있는 것임을 알 수 있다. 폭력으로서의 권력이라는 외면적 영역에서 밀즈가 다른 제도화된 권력으로 한번 이행하면 더욱 그러하다.

왜냐하면 사회에 있어서—특히 입헌제의 경우—그리고 폭

력이 일반적인 규정이 아닌 결사(結社)의 내부에서는 우리는 규범·가치·전통·정통성·합의·지도·일체화의 세계에 있기 때문이다. 즉 지배와 권위의 모든 양식과 메카니즘이 구비되어 있어서 폭력을 수반하지 않고 그것을 인정하거나 부정함으로써도 일상세계의 행동이 형성된다. 밀즈는 권력의 이러한 측면을 피하고 말았다.

(D) 지휘중추(指揮中樞)

폭력이라는 밀즈의 권력관과 정치관 하에서 권력을 잡고 있는 사람들이 군사적인 은유(隱喩)로써 서술되고 있는 것 또한 상당히 인상적이다. 그러나 은유 이외에는 별것이 없으며, 어떻게 해서 권력을 잡고 있는가에 대해서는 거의 아무것도 밝히지 않고 있다. "권력을 장악하고 있는 사람들은 권력이 갖추어진 조직 내지 영역을 경영하고 있는 사람들이다"라고 그는 말한다. 그러나 어떻게 해서 그들이 권력을 잡고 있는가를, 혹은 어떤 권력을 잡고 있는가를 알 것인가? (1) 조직 내지 제도에는 권력이 갖추어져 있다. (2) 조직상·제도상의 지위에는 권력이 갖추어져 있다는 가정을 밀즈는 단순히 생각하고 있다. 어떻게 하면 안 것인가? 실제로는 권력을 갖는 사람들이 그 권력을 어떻게 행사하는가에 의해서만 우리는 권력의 존부(存否)를 알 수가 있다. 사람들이 어떤 권력을 갖고 어떤 결정을 어떻게 행히는가, 그런 결정에 있어서 어떤 요인을 넣지 않으면 안 되는가, 이런 모든 것은 지위가 권력으로 전이(轉移)될 수 있는가 없는가의 문제에 달려 있다. 그러나 밀즈는 다음과 같이 말하였다.

"권력 엘리트라는 사고방식은 정책 결정 과정 그 자체에 대해서는 아무런 언급도 하지 않는다. 다만 그 성질이 어떻든 이러한 과정이 어느 사회영역에서 진행되는가를 분명히 하려는 시도에 불과하다. 그것은 누가 이 과정에 관계하고 있는가에 관한 관념인 것이다."

밀즈가 때때로 시사하는 바와 같이 권력 엘리트가 역사의 형성자가 아니라면 권력 엘리트의 멤버로서 그들의 지위가 갖는 의의는 대체 어떤 것일까? 권력 엘리트란 유효한 결정을 행할 수 있는가 없는가?

(E) 중대한 결정

권력 엘리트로서 정당하게 인정되는가 안 되는가는 '중대한 결정'을 행할 수 있는지의 여부에 달려 있다. 사실 이것은 엘리트의 권력의 정의에 암암리에 포함되어 있다. 즉 엘리트만이 '중대한 결정'을 할 수 있다는. 밀즈는 새로운 사회균형이라든가, 다원론이라든가, 혹은 노동자 계급의 대두에 대하여 이야기하는 사람들은 권력의 '중간수준'에 대하여 이야기하고 있다 해도 조금도 틀린 것이 아니라고 말한다. 그들은 중대한 결정을 간과하고 있는 것이다.

그러나 기묘하게도 몇 가지 실례를 제외하면 밀즈는 중대한 결정이란 것을 명기하고 있지 않다. 그 실례는 모두 다섯 개이나 그러한 결정이 실제로 어떻게 행해졌었는지, 혹은 그러한 결정을 내린 것은 누구인가에 대하여는 전혀 분석되어 있지 않다. 이 다섯 개의 실례란 제2차 대전에 개입하기에 이르게 된 과정, 히로시마(廣島) 및 나가사키(長崎)에의 원자탄 투하 결정, 한국에 있어서의 선전포고, 1955년에 있어서의 금문(金門)·마조(馬祖)를 둘러싼 우유부단, 디엔비엔푸 함락 직전의 인도차이나 개입을 둘러싼 우유부단 등이다.

미국의 제도에 있어서 이러한 결정권은 그 선택에 대해 책임을 지지 않으면 안 되는 사람, 즉 대통령에게 헌법상 부여되어 있다. 물론 대통령은 다른 사람들의 의견을 들을 것이다. 그리고 밀즈가 인용한 여러 실례의 경우 대통령은 실제로 그렇게 했었다.

이해관계의 문제

지금까지 우리는 '지휘중추'와 '권력 엘리트'라는 용어를 밀즈 자신이 용법에 따라 인용해 왔다. 그러나 이제 권력 엘리트를 구성하는 것은 누구냐의 문제만이 아니라 권력 엘리트에게는 어느 정도의 응집성이 있느냐의 문제를 에워싸고 혼란이 일어나게 된다. 밀즈는 음모설을 믿지 않는다고 주장하고 있으나, 엘리트 권력의 집중화에 관한 그의 산만한 설명은 음모설에 가깝다고 의심받지 않을 수 없다.

그러나 우리는 권력자가 그 권력을 어떻게 행사하는가에 의해서만 권력의 집중화의 의의를 평가할 수 있다. 그들을 결합시키는 것은 무엇인가? 무엇이 그들을 분열시키는가? 그리하여 이것은 이해관계의 정의에 관계되게 된다.

권력은 권력 엘리트에게 있어 목적 그 자체라고 하는 것은 무엇을 의미하는가? 엘리트가 응집성(凝集性)을 갖고 다른 권력집단과 대항하면 권력의 유지는 목적 그 자체로 될지 모른다. 그러나 '엘리트'에게 응집성이 있을까? 먼저 이해관계의 문제로 되돌아가지 않으면 이것은 알 수 없다. 그리고 이해관계의 본질은 어느 집단 일부 사람들에 의해 이루어지는 타자에 대한 가치의 선택을 의미하며, 이것은 나아가 고유의 특권의 정의에 이른다는 식으로 발전해 간다.

확실히 이해관계의 공통성 없이는 권력 엘리트 내지 지배계급은 존재하지 않는다. 밀즈는 이에 대해 엘리트의 이해는 하나의 제도로서 자본주의 체제의 유지에 있다고 말하고 있다. 그러나 이 점은 자본주의의 의의, 정치적 지배가 사회에 미치는 충격, 혹은 최근 25년간의 자본주의의 변화라는 관점에서 논의되거나 분석되어 있지 않다.

밀즈의 초점은 누가 권력을 잡고 있는가에 있기 때문에 정점에 위치한 사람들의 사회적 출신을 알아내는 데 상당한 노력을 기울이고 있다. 그러나 저서의 마지막 부분에 가까워지면 부정적으로 되어 권력 엘리트의 개념은 공통의 사회적 출신(이 주제는 계급의 성쇠에 관한 슘페터의 개념의 기초이다), 혹은 개인적 우정에 기인하는 것이 아니라 그들의 '제도적 지위'에 기인한다고 밀즈는 말한다. 그러나 이러한 주장은 권력 보유자의 사이에 있어서의 조정의 메카니즘이라는 가장 중요한 문제에 대해서는 답하고 있지 않다.

가장 결정적인 권력영역인 미국의 외교정책에 대하여 놀라게 되는 사실은 군부의 고관과 외교정책 관료와의 조정활동의 결여며, 어느 것도 정치적 관점과 사고가 결여되어 왔다는 것이다. 이 사실은 제2차 대전 종료시의 연락활동의 결여와 전후 유럽에 있어서의 힘의 균형에 말할 수 없는 영향을 미친 미국 장군들이 행한 비정치적 여러 결정에서 예증되고 있다. 소련과는 달리 미국은 모든 정치문제를 즉각적으로 군사 목적에 종속시켰다. 영국은 소련에 의한 전후 유럽의 지배를 두려워하여 전쟁이 끝나기 수개월 내에 가능한 한 빨리 연합군이 북부 독일 평야를 횡단하여 베를린에 진격하기를 바라고 있었다.

그러나 미국의 참모총장에겐 베를린은 제이의(第二義)적인 것에 불과했다. 통합참모본부 의장 마샬 장군도 다음과 같이 말하였다.

"소련군보다 먼저 베를린을 공략하는 것으로부터 일어날 심리적·정치적 이익에 의한 엄연한 군사적 고려—우리의 생각으로는 그것은 독일 군내의 파괴와 해체에 있다—를 짓밟아서는 안 된다."

이렇게 하여 미국의 외교정책의 냉정한 정치적 두뇌라고 일반적으로 간주되고 있는 국방성은 베를린 점령에 관한 외교절충에 있어서 서독에서 베를린으로 통하는 전육상회랑(全陸上

回廊)에 대한 영국의 제안을, 소련은 연합국이므로 그러한 회랑은 불필요하다는 이유로 거부하였던 것이다.

유럽적 이미지

고정된 사회적 지위를 차지하고 있는 사람들로 이루어진 자기의지적 집단의 의도에 기초하여 묘사되고 있는 권력관과 정책관은 어떻게 설명해야 될 것인가? 묘하게도 밀즈가 사용한 실례는 미국의 실생활에서 인용되고 있지만, 기본적 개념은 유럽의 경험에서 끄집어 낼 수가 있다.

그리하여 이 사실이 권력 엘리트 개념이 갖는 매력과 함께 그 개념적 혼란의 원인이 되고 있다고 생각한다.

예를 들면 폭력이라는 궁극적 제재의 관점에서 정치와 권력을 정의한 후 밀즈는 다음과 같은 도발적인 문제를 제기하고 있다. 즉 폭력수단의 소유자인 군부는 왜 서구에 있어서와 같이 보다 큰 권력의 자리를 확립하지 못했는가? 왜 군부 독재가 가장 전형적인(normal) 통치형태가 되지 못했는가?

밀즈는 지위의 역할을 지적하였다. '명예라고 말해도 좋을 명성과 그에 수반되는 모든 것이야말로 군인이 정치적 권력을 포기하는 데 대해 주어진 대가인 것이다.' 그런데 이것이 진실인 한, 이 사실은 주로 유럽의 현실에 적용된다. 유럽에서는 군인들은 명예규범을 만들고 이것에 의해 살아가려고 했다. 많은 유럽의 문학작품이 이 규범을 다루고 많은 희곡이 이

규범을 풍자하였다. 그런데 그 생각이 미국에도 적합한 것인가? 미국의 군인들도 명예에 의해 억제되어 왔던 것인가? 군인들이 미국사회에서 권력이나 지위를 갖지 않았던 것은 그와 크게 다른 다양한 이유 때문이었다. 즉 민중의 군대라고 하는 그 군대관과 종종 '영웅'이라고 간주되는 포퓰리스트적 군인관과 육군사관학교의 민주적인 징모(徵募), 징병을 승낙하기 싫어하는 기분, 병역에 대한 돈벌이로서의 낮은 평가, 시민 생활의 전통 등 때문이었다.

밀즈는 또 말하기를 "미국에서 성공을 거두면 그 사람은 출신계층이 무엇이든, 활동의 분야가 어디이든 거의 대부분의 경우 유명인의 세계에 끌려 들어간다." 그리고 다시 주장하기를 "경제의 조직화·군사화의 우위, 국가기능의 확대와 중앙집권화에 수반하여 전국적 규모의 엘리트가 출현하였다. 그들은 지휘중추를 차지하는 것만으로도 자기선전이 되었고 공보(公報)의 각광을 받았으며 열렬한 존경의 대상이 되었다." 그리고 이어 "권력 엘리트를 구성하는 사람들은 그들이 차지하고 있는 지위와 그들이 내리는 결정 때문에 유명인이 된다"고 했다.

밀즈에 의하면 유명인이란 신원을 밝힐 필요가 없는 '이름'이라는 의미이다. 그러므로 명성과 매력은 미국사회에 존재하는 것이나, 이것은 '엘리트'가 아니라 대중소비사회의 부산물 내지 필요구성요소인 것이다.

대중소비사회에서 명성과 매력, 그리고 위신 및 권력과 같은 재개념이 밀즈가 시사한 것과 같은 내포와 관련성을 갖는다고 한다면 그것은 의심스러운 것이다.

역사와 사상

권력의 원천과 양식의 변화, 혹은 권력의 통합화와 중앙집권화의 문제에 관심을 갖는다면, 그 문제는 역사적으로 검토되지 않으면 안 될 것이다. 그러나 한두 개의 경우를 제외하곤 밀즈는 역사적 차원을 무시하고 있다. 그는 한 곳에서—역사적 관점에서의 사회변동에 관한 유일한 구체적 논의이나—다음과 같은 흥미있는 통계를 인용하고 있다.

"19세기 중엽—1865년에서 1881년까지—에는 정부의 최고간부 중 전국적 레벨에서 단번에 그 정치적 경력을 시작한 사람은 불과 19%에 불과했다. 이에 비해 1901년에서 1953년 사이에는 정치 엘리트의 약 3분의 1이 전국적 레벨에서 출발하였고, 아이젠하워 정부에서는 그러한 사람이 42%에 이르러 미국의 정치사를 통하여 최고의 숫자를 나타내고 있다."

제2차 세계대전 중 국가 통일과 전문가에 대한 요구가 높아져서 직업정치가가 아닌 사람들이 이전보다 많이 각료나 행정부에 선임되었다. 그리하여 1952년 공화당은 20년간 정권에서 멀어져 있어서 각료 경험을 가진 사람이 적었기 때문에 그러한 사람들이 높은 비율을 차지하게 되었을 것이라고 생각된다.

밀즈는 권력 엘리트에 있어서 전혀 사상과 쟁점에 관심을 갖고 있지 않다. 그가 흥미를 가진 정치문제는 전략적 지위가 어떻게 변동했는가, 그리고 어느 지위가 지도적 입장에 서게 되었는가 등이다. 밀즈에 있어서 권력상의 변동은 주로 상이한 지위의 계승방법이었다. 상이한 구조적 내지 제도적 지위(즉 군사·경제·정치)의 결합방법에 의해 권력의 내용이 달라진다. '모든 잔기(殘基)'의 상이로 인한 집단구성의 변동을 의미한 파레토의 주류는 여기에선 제도적 지위의 계승으로 변형되어 있다.

밀즈에 있어서는 권력의 변동은 헌법상의 지위결합의 변화이며, 이것만이 유일하고 의미있는 현실인 것이다.

"실패로 끝난 그 남부의 반란을 제외하고는 미국의 권력체계에 있어서의 변동은 그 체계의 정통성을 정면에서 부정하는 그런 중대한 도전을 수반한 일이 없다. 전미국의 권력구조의 변동은 일반적으로 말하면 정치·경제·군사의 각 질서의 상대적인 지위의 제도적 변화에 의하여 초래된 것이다."

이렇게 하여 미국사회의 여러 가지 변동, 즉 재산 관념상의 변화, 경영자에 의한 관리, 정부의 책임, 뉴딜이 낳은 도덕감정의 변화 등은 제도상의 모든 변동으로 환원되어 버리고 만다. 그러나 미국사회의 기본적 정통성에 대한 정면으로부터의 도전은 존재하지 않았던 것인가? 미국의 권력체계는 어느 정도 계속적이었던가?

권력의 계속성

정치분석에 있어서 밀즈는 파레토를 참조하고 있다고 한다면, 그 경제권력에 있어서는 '속류(俗流) 마르크스주의자'로 되고 있다. 밀즈는 다음과 같이 쓰고 있다.

"미국 자본주의 사회사의 최근의 전개는 상층 자본가 계급이 과거와 단절하기에 이르렀다는 사실을 아무것도 나타내고 있지 않다. 과거 반세기 동안 경제 면에서나 정치질서 면에 있어서 현저한 이해의 연속성이 존재한다. 그 이해는 그것을 방위하고 촉진하는 타입의 경제계 상층의 사람들에 의하여 담당되어 온 것이다."

밀즈는 경제적 지배에 관한 최종 변론에서 더욱 놀라운 광경을 묘사하고 있다.

"정점에 군림하는 대회사는 결코 다른 것과 떨어져서 혼자 솟아 있는 거인들의 모임은 아니다. 그들은 각각 산업분야에서 또 지역에서 몇 개의 공개적인 단체에 의하여, 나아가 전국제조업자연맹과 같은 거대한 단체로 서로 밀접하게 결합되어 있다. 이들 단체는 경영 엘리트와 회사 부호(富豪), 기타 멤버들과의 사이에서 통일을 만들어 낸다. 그들은 좁은 범위의 경제적 세력을 그 산업 전체에 미치는 세력으로, 또 나아가서는 전 계급적 규모를 갖는 세력으로 만든다. 그리하여 그 세력을 첫째로 경제적 전선에서—예를 들면 대노조선전에서 —둘째로는 정치적 전선에서—이들 단체가 정계에서 수행하고 있는 커다란 역할에서—사용한다. 또 이들 단체는 보다 작은 규모의 실업가들 사이에 대기업의 견해를 침투시키고 확대시킨다."

이들 여러 단체가 정계에서 수행하는 커다란 역할에 대해 밀즈는 말하고 있는데, 경제적 권력 엘리트는 도대체 누구에 대하여 결속하고 있으며, 어떤 종류의 문제가 그들을 정치영역에서 결속시키고 있는 것인가? 일류 대회사가 결속하게 되는 유일의 문제는 세금정책이다. 다른 대부분의 문제에서는 그들은 대립한다. 노동 문제에 관해서도 얼마간 의견의 차이가 있다. 철도회사와 트럭 운송업자, 그리고 철도회사와 항공회사의 경우, 혹은 탄광업자와 석유업자, 탄광업자와 천연가스업자와의 사이에서 볼 수 있는 것처럼 자기 이익이 얽히는 영역에서는 커다란 이해의 충돌이 있다. 막연한 이데올로기적 의미에서라면 몰라도 상대적으로 봐서 경영 엘리트가 결속하는 그런 정치적 여러 쟁점은 거의 존재하지 않는다.

누가 누구와 함께 무엇에 대하여 결속하는가의 문제는 경험적인 문제인데도, 이러한 배려를 밀즈의 저서에서는 찾아볼 수 없다.

밀즈는 엘리트에 의한 조작에만 정신이 팔려서 미국의 일상생활에서 무엇이 권력 문제를 구성하는가에 무관심하게 된다. 엘리트라는 용어의 사용은 권력을 논의하는 경우 문제 한정(限定)의 유효성을 에워싸고 다른 문제를 제기한다. 정책결정자가 아니고 또 지배자도 아닌데 왜 엘리트라는 용어를 쓰는 것인가? 정책결정에 대해 말하려고 한다면 정책형성·압력 등을 논하지 않으면 안 된다. 엘리트에 대해 이야기하려 한다면 제도적 지위에 대해 논하기만 하면 되고, 밀즈가 가정하는 바와 같이 제도의 기본적 성질이 불변하면 그것으로써 족하다. 이러한 한, 문제는 최상층 엘리트의 조류를 묘사하면 끝난다. 그러나 제도의 기본적 성질—즉 기본적 정통성이라든가, 자본가 계급의 연속성은 불변이라고 하는 논리는 기묘한 것이다. 왜냐하면 밀즈가 가정하고 있듯이 오늘날 권력이 중앙집권화하고 통합화하였다고 한다면, 그것은 제도의 기본적 변동이 아닌가 하는 반론이 제기될 수 있기 때문이다.

그러나 엘리트의 관점에서 이야기를 하는 경우에도 미국사회에서는 권력의 중요한 이행, 즉 가족자본주의의 붕괴(이것은 구미사회 전체에 있어서의 일련의 권력이행과 연결되어 있다)가 있었다. 그러나 가장 중요하고 명백한 것은 정치영역의 결정적 역할의 이행이다.

경제에서 정치로

제1차 대전에 앞선 10년간 트러스트의 세력증대와 경제 면에서의 은행업자의 직접적 영향력과 사회주의의 이데올로기적 대두에 의해 사회의 형성 내지 사회변동에 있어서 숨은, 그러나 실제로는 결정적인 요소로서의 계급제도가 주목되기에 이르렀다.

현실주의적인 역사학자, 특히 J. 앨런 스미드, 찰스 베어드

등의 그룹이 초기의 식민지 시대와 헌법 제정을 둘러싼 투쟁을 경제적 관점에서 재해석하는 과제에 착수했다.

베어드의 해석은 도식적으로 대략 다음과 같은 것이었다.

미국사에 있어서 가장 초기의 투쟁은 페더럴리스트당에 의해 대표되는 상인층과 민주당에 의해 대표되는 농민층이 정면으로 맞붙은 계급투쟁의 정면충돌이었다. 관세, 저리자금(低利資金) 등 대립하는 이해들을 가진 양집단에 의해 사회는 거의 두 쪽으로 갈라져 있었다. 건국(建國)의 공헌자가 논의한 계급투쟁에 관한 양상은 《페더럴리스트》의 여러 논문 속에 인상적으로 기록되어 있다. 보호무역주의적인 곡물법(穀物法)을 에워싼 영국의 지주 계급과 산업자본가 계급과의 후일의 투쟁에 있어서처럼 어느 편이 결정적으로 승리하였다면 사회의 기본적 성격이 결정됐을 것이다. 그러나 초기 미국의 부호 계급인 동부 상인층은 정치적 주도권을 유지할 수 없는 불안정한 사회집단이었다. 그 때문에 페더럴리스트당은 패배하였다.

그러나 민주당도 싹트기 시작한 자본주의 사회의 경제적 사실에 직면하여 참다운 승리를 거둘 수 없었으며, 제퍼슨에게 있어서 '제퍼슨 혁명'이라는 것은 실행에 옮기기보다는 약속에 그치는 편이 훨씬 용이했디.

그러나 후일의 역사 편찬에 의하여 이 거친 농담의 배합은 상당히 수정되고 흑백의 중간인 미묘한 색조를 갖고 묘사되기에 이르렀다.

배타적 지배를 확립하려는 시도가 모두 실패로 돌아가자 미국의 사회체제는 처음부터 불분명한 것으로 되고 말았다. 상업·노예제·자유주의·농업·산업·프롤레타리아트 그 어느 것도 지배적이 되지 못했고, 부호 가족은 직접적인 정치 통제력을 상실하고 정치가를 개입시켜 간접적으로 작용하려 했다. 급속하게 변화하는 사회, 더욱이 그 거대성 때문에 다양한 이해대립이 드러나는 사회에서는 정치가가 중재자이고 정당제도가 매개기관(媒介機關)인 한, 정치가는 성공할 수 있는 것이다.

이것은 모든 계급의 존재나 계급제도의 본질을 부정하는 것은 아니다. 그러나 사회가 고도로 성층화되어 있지 않으면 직접적인 정치분석에서 계급구조를 사용할 수는 없다. 계급제도는 사회의 부와 특권의 획득양식을 명확하게 한다.

이 부와 특권은 권위와 위신을 종종 수반하기는 하지만 직접적인 상관관계는 없다. 개방사회에서는 그 체제를 타도하는 그런 투쟁이 되지 않는 한, 상이한 이익세력은 정치의 무대에서 자웅을 다투게 된다. 이것이야말로 계급이라는 프리즘으로 너무 거칠고 다양한 정치집단의 기민한 활동을 이해할 수 없는 이유이다.

특히 프랑스 혁명 이후 유럽 사회에서는 정치적인 모든 쟁점은 계급을 축(軸)으로 하여 일어나는 경향이 있었으나, 그런 경우조차도 어떤 상세한 분석도 계급적 관점에서 그러한 쟁점에 단순히 초점을 맞추면 사건을 위조하게 되는 위험을 겪었다. 처음부터 극히 이질적이며 또한 다양한 인종적·민족적·종교적 차이가 엇갈린 미국에서는 소수집단의 지도자들에게도 결국 독자적인 특권으로의 길이 열린 정치질서를 경제질서의 반영이라고 해석하는 것은 곤란하다.

어느 정도의 예리한 대응관계가 존재하는 경우에도 다양한 이익세력의 끊임없는 활동이 있었다. 1892년에 프리드리히 엥겔스는 그의 친구 조르게에 보내는 편지에서 이렇게 썼다.

"미국에는 제3정당이 생겨날 여지가 아직은 존재하지 않는다고 생각한다. 그 광대한 지역에서는 동일한 계급집단에서조차 이익의 상이가 상당히 크기 때문에 전혀 다른 집단과 이익은 지역성에 의거하는 2대 정당 중 어느 것으로 대표되고, 소유 계급의 특별한 각층은 대체로 양당 중 어느 것에 그 대표자를 갖고 있다. 물론 오늘날에는 남부의 대지주가 민주당의 핵심인 것처럼 대기업가는 전체적으로 공화당의 핵심을 형성하고 있지만, 분명히 우연한 이 뒤섞임이야말로 그렇게도 잘 번성하는 정치 부패와 정권 약탈의 비옥한 토양이 되고 있다."

우세를 자랑하는 기업가 계급은 사회를 직접 정치적으로 지배할 수는 없었지만 그 이데올로기상의 주도권을 확립하였다. 1880년에서 1920년에 이르는 기간에 있어서 중산계급(소규모 경영의 농민과 실업가, 다수의 전문적 직업인)은 산발적인 반트러스트와 반독섬(反獨占)의 폭발을 지지하였으나, 그러한 의견과 운동은 그 후 20년 동안의 전쟁과 번영과 선전(宣傳)에 의해 사라져 버리고 말았다.

이 통일은 번영의 기포(氣泡)와 함께 깨어졌다. 왜냐하면 자유기업의 이데올로그들은 그 이데올로기에 철저한 자도 그렇지 않은 자도 사회화된 경제의 출현이라는 현실을 이해하지 못했기 때문이다. 이 시장경제가 어떤 정도로 특정 형태의 의존성을 모든 사람에게 부과하고 있는 것을 그들은 파악치 못하였다.

일찍이 또끄빌은 다음과 같이 썼다.

"귀족주의 시대에 사는 역사가는 모든 사건을 영웅 개인의 의지와 성격에 의하여 해독(解讀)하는 경향이 있으나, 한편 민주주의 시대의 역사가는 억지를 쓰면서 일반적 원인을 취급하고 있다."

프랭클린 루즈벨트의 눈부신 귀족적 매력 때문에 뉴딜 시대를 역사적 전망 속에 위치시키려는 노력을 종종 혼란시켜 버려 오늘날에조차 그 시대에 대해 적절한 정치적 특징을 부여하지 못하고 있다. 루즈벨트 개인의 매력이나 정열에 고무되어서 많은 역사적 유추(類推)들이 행해져 왔다. 루즈벨트는 솔론(Solon)과 같은 기회주의적인 인물로 그의 정치적 개혁은 재산 없는 대중의 혁명을 저지하려 했다든가, 호민관이 되기 위해 자신의 계급을 버린 귀족 티베리우스 그락쿠스와 같은 인물이라든가, 계급을 차례차례 조작하면서 결국 그 모든 것을 짓밟고 개인적 지배를 유지한 야심적 정치가 루이 나폴레옹 등과 같은 인물이라는 것이다. 물론 이와 같은 여러 유추는 정부의 시책이 어떤 새로운 이익의 결합을 낳으며, 그리하여 이들 결합이 어떻게 변화하고 작용하는가에 대해서는 거의 아무 것도 밝혀 주지 않는다.

뉴딜의 공적(公的) 측면은 일련의 철저한 사회개혁이었다. 아주 소박하게 몇 사람의 저술가, 그리고 루즈벨트 자신도 뉴딜을 재산권에 대한 인권의 주장이라고 말했다. 그러나 그러한 표현은 철학적으로도 실제적으로도 거의 의미를 갖고 있지 않다. 실제로 뉴딜의 업적은 집단의 권리라는 관념의 정통화이고, 개인이 아니라 집단으로서 정부원조에 대한 권리요구를 정통화한 일이었다. 이렇게 하여 노동조합은 단체교섭권을 쟁취하여 집단 결정을 개인에게 강제할 수 있게 되었고, 노인은 연금을, 농민은 보조금을, 퇴역군인은 연금을 받고, 소수집단은 법률적 보호를 받게 되었다.

한편 정부는 경제의 지도에 있어서 항상 약간의 역할만을 수행하여 왔었다. 그러나 한쪽에서는 완전고용을 유지할 필요성에서, 다른 한쪽에서는 군사기구의 확장에서 생겨난 역할의 끝없는 확대로 미국사상 일찍이 없었던 다양하기 그지없는 권력을 연방정부 안에 낳게 했다.

정치적 경제의 출현에 의하여 새로운 종류의 정책결정 과정이 생겨났다. 시장사회에서는 민중의 여러 욕망은 공급과 수요의 자동적 상호작용의 일환으로서 '달러의 투표'에 의하여 표시된다. 개인의 금진적 질성의 총계가 각각 독립적으로 작용하면서 벤덤이 생각한 바와 같이 가산되어 하나의 사회적 결정, 예를 들면 일반적 합의로 된 것이다. 이렇게 하여 자원의 분배에 관한 결정이 시장을 통해서 행해질 경우, 이데올로기가 아닌 달러가 생산물의 종류를 결정하였다. 이런 의미에 있어서 경제는 사회권력을 이해하는 열쇠이고, 정치는 경제의 희미한 반영이었던 것이다.

그러나 정치는 정부를 통해 작용하기 때문에 점점 더 사회적·경제적 결정을 나타내는 수단으로 되었다. 여기에서 개인은 시장에서와 같이 독자적으로 행동하는 대신 자기의 의사를 강하게 주장하기 위해 특정의 집단체를 통하여 활동할 것을 강요당한다. 관리경제에 있어서는 달러가 아니라 정치가 주요 생산을 결정하기 때문에 정부의 개입과 함께 압력단체에의 동일화가 극도로 진행될 뿐 아니라 그 요구를 정당화하고 어떤 '국가 이익'의 관념에 적합할 수 있는 이데올로기의 채용 또한 강요당하게 된다.

정책결정의 유형

최후로 권력에 대해 논의하려고 생각한다면 엘리트보다 정책결정의 유형이라는 관점에서 논의하는 편이 가장 효과가 있을 것이다. 밀즈도 이에는 궁극적으로 동의한다고 나는 주장하고 싶다. 왜냐하면 《권력 엘리트》의 참된 핵심은 정책결정이 미국에서는 민주적으로 행해지고 있다고 주장하는 사람들에 대한 논박(論駁)이기 때문이다. 밀즈는 다음과 같이 말하고 있다.

"기본적인 쟁점이 선거민에게 제시되기는커녕 의회에 제출되는 수도 점점 감소되어 가고 있다."

"오늘날의 권력 엘리트를 이해하는 구조적 열쇠의 하나는 정치질서의 변화에 있다. 이 점에 대해 말하면 서로 대립하는 결정 중 어느 것을 채택하는가를 에워싼 순수한 공중에 의한 토론 정치는 쇠퇴하고 있다. 오늘날의 미국은 다만 형식적으로 정치상의 민주주의를 유지하고 있는 데 불과하다."

대체로 정책결정 과정에 휘말려 들어가는 사람은 누구든 권력 엘리트의 일원이라고 가정하지 않는다면 그와 같은 정책결정의 원천을 알아내지 않으면 안 된다. 왜냐하면 이것이야말로 권력 사회학의 중심문제이기 때문이다.

그러나 사건에 영향을 주지 못하는 것에 대한 또 하나의 다른 중요한 이유는 기술적 정책결정 과정이라고밖에 부를 수 없는 것의 시작이다. 즉 일단 정책결정이 행해진다든가, 일단 기술적 변화가 눈에 띄게 된다든가, 일단 장기간에 걸쳐 진행되는 어떤 변화가 명백하게 되었다든가 하는 경우, 그것이 '기능적으로 합리적'이라면 많은 다른 결과가 거의 불가피하게 뒤를 잇게 된다는 사실이다. 그렇게 하여 권력의 이동은 그러한 '정책결정'에 기술적으로 부수하는 것으로 되고, 권력 사회학은 다른 종류의 정책결정에 수반되는 결과의 성질을 알아내지 않으면 안 된다.

1946년 이후의 미국의 대외정책은 미국에 있어서의 국내의 사회적 분열 혹은 계급적 쟁점의 어떠한 반영도 아닌, 러시아의 의도의 전망에 기초하고 있다. 뿐만 아니라 이 판단은 처음부터 권력 엘리트에 의해 행해진 것이 아니라 미국의 학구적 전문가, 특히 조지 케넌과 국무성의 정책입안(政策立案) 스태프에 의해 행해진 비판이었다. 그것은 이데올로기 현상으로서의 스탈린주의와 지정학적 세력으로서의 러시아는 공세적·군사적·이데올로기적으로 팽창주의적(膨脹主義的)이며, 따라서 급속한 군사증강을 포함한 봉쇄정책이 러시아에는 필요하다는 판단이었다. 이 판단이 트루먼의 그리스-터키 정책의 기초가 되었으며 유럽 경제 부흥 원조인 마샬 플랜의 기초도 되었다. 이러한 정책은 미국 내 권력분포 상황의 반영은 아니었다. 국가 이익과 국가의 생존을 둘러싼 판단의 표현이었다. 밀즈의 저서 대부분은 증대해 가는 사회생활의 관료제화—이것이 그의 역사 이론이다—와 그 선동자에 대한 비상한 노여움이 동기가 되었고, 이것이 그 책에 매력과 공감을 주고 있다. 많은 사람들은 무력감과 무지감을 맛봄으로써 노여움에 반응을 표시할 것이다.

지식의 증대, 생산의 조직화, 정치사회의 광대한 지역간의 상호조정의 결과로 복잡화와 전문화는 불가피하다. 그러나 이 결과 생겨나는 사회생활의 '관료제화'라든가, '권력 엘리트'라든가 하는 용어의 애매한 용법은 종종 무력감을 더해 줌과 아울러 이해투쟁의 다양성, 공공적 책임의 성장, 전통적 자유의 비중, 자발적 내지 지역사회적 집단의 역할 등 자유사회의 여러 가지 자산을 배반하는 것이 될 수도 있다는 것이다. 1930년대에 있어서의 공산주의자의 부르주아 민주주의, 40년대에 있어서의 버남의 '경영자 사회' 혹은 50년대에 있어서의 '전체주의' 등 용어의 무차별한 사용과 같이 사회의 특수하고도 결정적인 차이가 불명료하게 되어 버리는 것이다. 이 무정형(無定形)이라고 부를 수 있는 애매함 때문에 중대한 결정을 강조하는 《권력 엘리트》는 그처럼 권력을 논하면서도 거의 정치를 논하고 있지 않는 책으로 되고 마는 것이다.

제4장

신분 정치와 새로운 불안
— 1950년대의 급진적 우익과 이데올로기에 대하여

20세기 중엽의 미국은 많은 점에서 파란 많은 나라였다. 기묘한 이야기지만 그것은 불황이 아니라 번영에서 생겨난 파란이었다. 번영은 모든 사회 문제를 해결한다는 얼마간 단순한 생각과는 반대로, 미국의 경험에 의하면 번영은 그 뒤에 새로운 불안, 새로운 긴장, 새로운 위기를 가져온다는 것이 증명되고 있다.

주로 18세기 및 19세기 미국사회의 경험에서 끄집어 낸 종래의 틀에 박힌 정치분석은 이 새로운 상황에 직면하여 어느 정도 들어맞지 않게 되고 말았다. 그리하여 매카시 선풍이라는 현상 앞에서 낭패감(狼狽感)과 신비적 설명이 횡행하게 되었다.

미국의 정치는 보통 세 가지 관점에서 고찰되어 왔다. 즉 ① 선거구조의 역할, ② 민주주의적 전통의 역할, ③ 지방적이든 계급적이든 간에 이익집단의 역할 등이다.

아마 미국의 정치구조에 있어서 결정적인 사실은 2대 정당제일 것이다. 미국은 헤아릴 수 없을 만큼 많은 사회운동을 낳앉음에도 불구하고 상대적으로 극히 적은 영속적인 정당밖에 낳지 않았는데, 그 이유는 유럽의 정치생활과는 정반대로 사회운동이 거의 영속적인 정당으로 변형되지 않았기 때문이다. 여기에 미국의 사회생활이 유동적이나 안정성을 갖는 하나의 원인이 있다. 이러한 개혁집단은 에스페란토주의자들로부터 채식주의자에까지, 은화 무제한 주조론자(鑄造論者)로부터 천연자원 보호론자에까지, 트러스트 지지자로부터 57종의 사회주의자에까지 이르고 있다.

이들 집단은 다수의 제3정당—그린백당, 반독점당(反獨占黨), 평등정당, 금주당(禁酒黨), 사회주의노동당, 통일노동당, 농민-노동자당, 사회당—을 형성하여 왔다. 그러나 어느 것 하나 성공하지 못했고, 오래 계속된 것은 거의 없다.

하나의 중요한 이유로서 선거제도의 억제된 역할이 있다. 미국의 중서부와 캐나다에서의 기묘한 상황을 생각해 보자. 북미 중앙 평원의 소맥생산(小麥生産) 농민은 국경선에 의하여 구분될 수 없는 문화관의 동질성을 갖고 일련의 공통된 경제적 문제를 안고 있다. 그러나 캐나다의 경우 소맥생산 농민은 기성의 '정당구조'에서 벗어난 운동으로서 앨버터에 있어서는 사회신용당(社會信用黨)을, 사스카주완에 있어서는 협동조합단체동맹을 결성한 데 반해, 노스 다코타의 농민들은 사회당이 아무것도 하려 하지 않았다는 것을 알고 난 뒤에 겨우 공화당 내에서 초당파연맹을 결성하는 데 그쳤다.

경직된 선거구조의 이러한 요인이 미국사회에 있어서 좌익 및 우익의 항의운동을 분명히 제약하여 왔다.

"거래만이 나의 관심사다. 누가 이상을 내걸든 알 바 없다"고 어느 미국 정치가가 말한 적이 있다.

1948년의 월리스의 진보당의 실패나 노조와 민주당과의 새로운 기본적 동맹도 이것에 의해 설명된다.

미국의 노동당에 대해서 일부 조합주의자들이 얼마만큼은 꺼지지 않는 희망을 걸었다 하더라도, 1954년 11월의 산업별 노동조합회의(CIO)에서 운수노동조합의 지도자 마이크 크퀘일의 질문에 답하여 월터 루터가 미국 선거제도의 성격 하에서는 제3정당은 도저히 존재할 수 없다고 지적하였을 때, 그 희망은 무산되고 말았다. 모든 사회운동은 이 교훈을 배웠다. 그리하여 미국에서 사회변동의 수행, 혹은 사회변동에의 저항을 바라는 어떠한 사회운동도 오늘날 2대 정당의 그 어느 쪽에 서서 활동할 것을 강요당하고 있다. 이 때문에 이들 2대 정당은 커다란 긴장을 짊어지지 않으면 안 된다.

종래의 전통적 정치분석의 제2의 범주인 민주주의 전통은 미국의 정치형태를 형성하는 데 있어서 중요한 역할을 담당하여 왔다. 미국의 정치적 전통의 특색 있는 측면은 정치는 민중의 활동무대라는 것이다. 일반 민중은 권위의 원천이라고까지는 말할 수 없어도 궁극적 소구(訴求)의 원천이다. 처음에는 그렇지가 않았다. 건국의 선조들은 연합규약은 말할 것도 없고 로마 공화제의 일도 생각하면서 무산계급이 유산계급을 파멸시킬 수 있는 '민주주의의 과잉'을 두려워했다.

1787년에 유산계급이라는 자기의식과 선거에 따른 민중의 역할을 제한하려는 원망(願望)이 합중국 헌법 제정자들의 마음에 가장 먼저 떠올라 각주에서 선출되는 비민중적 상원이라든가, 종신직인 대통령 임명의 연방판사라든가, 간접적이고 성가신 대통령 선거인단에 의한 대통령의 선출이라는 제도의 설립에 반영되었다고 말할 수 있다. 그러나 이러한 장애는 곧 붕괴되었다. 제퍼슨의 승리는 미국 민주주의의 포퓰리스트적 성격을 확립하는 제일보였다. 페더럴리스트당은 제퍼슨파의 방식의 성공을 보고 이들의(민중적이고도 활발하며 자애(慈愛)에 차 있는 기술)을 모방할 필요성을 깨달았다.

1802년 해밀턴은 워싱턴과 그의 자애 깊은 활동에의 숭배를 넓힘에 의해서 대중에게 어필할 수 있는 '기독교입헌협회' 설립 계획을 세웠으며 이 협회는 1808년에 결성되었으나 너무 늦어 페더럴리스트당은 패배하고 말았다.

그러나 30년 뒤에 그들의 정신적 후계자인 휘그당은 상대가 장기로 하는 방법을 써서 역으로 민주당을 이겨 냈다. 너무나 해밀턴적인 견해에 집착되어 있던 헨리 클레이를 후퇴시키고, 휘그당은 윌리엄 헨리 해리슨 장군을 대통령 후보로 지명하여 앤드루 잭슨 대통령의 후계자 마틴 뷰런에 대항시켰다.

잭슨의 적대자이고 전(前) 합중국은행 총재인 니콜라스 비들에 의하여 정말 놀라울 만한 근대적인 선거운동 전술이 결정되었다. 그는 다음과 같이 말하였다.

"해리슨 장군이 후보로 뽑힌다면 그것은 빛나는 전쟁 영웅이라는 경력 때문일 것이다. 그러므로 그의 주의나 신조에 대하여는 한마디도 지껄이게 해서는 안 된다. 함구시킨 채 어떠한 약속도 시켜서는 안 된다. 위원회도 당대회도 그의 생각이나 장래의 포부에 대하여 한마디라도 그의 입에서 끌어내서는 안 된다. 펜과 잉크의 사용을 전면적으로 금지시키자."

1840년의 '사이다 선거'는 미국의 정치의 전환점이었다. 해리슨은 언제든지 군중이 마실 수 있도록 발효 사과주 술통을 실은 대형마차를 타고 이곳저곳을 뛰어다녔다. 다니엘 웹스터는 데마고그적인 수법으로 해리슨 형제들은 오두막에서 인생의 출발을 시작했다고 지적하면서 자기가 오두막집에서 태어나지 않았음을 개탄했다.

휘그당의 웅변가들은 파렴치한 방법으로 귀족적 생활을 하고 있다고 뷰런을 꾸짖고 턱수염에 향수를 뿌린다느니, 금식기로 식사한다느니, 또 도회지 여자처럼 코르셋을 하고 있다느니 하며 그를 비난하였다.

해리슨이 승리를 거두었는데 그 교훈은 분명하였다. 대중조작 기술로서의 정치가 현실정치의 정석처럼 되고, 어느 때는 재계의 대변자로서, 또 어느 때는 당연한 조종자로서 정치가가 전면에 드러나게 되었다. 점차로 상류계급은 정치의 직접 관여에서 손을 떼었고, 한편 법률가, 저널리스트들은 정치를 입신출세의 사다리로 생각하고 하층 중류계급에서 약진하여 갔다. 평등의 전통이 확립되었다. 정치가는 인민에게 민주적인 말로 이야기를 걸지 않으면 안 되게 되었다. 정치가가 국민에게 직접 얘기하였다 해도 그것은 특수이익을 위해서였다.

종래 지배적인 정치분석의 제3범주인 정치적 기초로서의 이익집단의 인식은 공화국 초기까지 거슬러 올라간다. 종종 인용되는 《페더럴리스트》 논문의 제10편에서 메디슨은 다음과 같이 썼다.

"당파가 생겨나는 가장 통상적이고 영속적인 근원은 다양하고 불평등한 재산의 분배였다. 유산자(有産者)와 무산자는 사회의 서로 다른 이익을 형성하여 왔다."

"권력은 재산에 종속한다"는 제임스 해링턴의 금언은 당시에 걸출한 보수주의자 존 애덤스에 의해 "작용과 반작용이 역학상 같은 것처럼 정치학상 절대로 바른 금언"으로서 간주되었다.

소농과 토지가 없는 사람들의 재산에 대한 협박이 미국정치에서 최초의 불온적인 기반이 되었다.

메디슨은 장래로 눈을 돌려서 "대다수의 민중은 토지뿐 아니라 어떠한 다른 종류의 재산도 갖지 못하게 될 것이다"고 예상하였다. 그러한 사태가 일어날 때 무산대중은 "공통의 상황에 영향을 받아 단결하든가—그 경우에는 재산권과 공동의 자유는 그들의 수중에 떨어지더라도 안전하시는 않을 것이다—그보다 더욱 있을 수 있는 일은, 그들은 부와 야심의 도구가 되어 그 경우에도 반대의 위험성이 똑같이 존재할 것이다"고.

미국의 정치적 현실에 있어 초기의 당파적 투쟁은 전체 인구에 영향을 미치는 농민의 비중 때문에 농촌적 형태를 취하고 있었으나 곧 지방적인 것으로 변했다. 남부의 쌀, 담배, 면(綿)과 뉴잉글랜드의 어업, 제재업, 상업 등 각 지방마다 특유의 이익을 발전시켰기 때문에 이것은 불가피하였다. 페더럴리스트당이 북방 및 남방의 농장주층과 북대서양 연안 지방의 상업 수익자층과의 결합에 처음으로 성공하였을 때, 그리고 제퍼슨이 이 단결에 도전하여 북부 및 남부의 곡물 지배자와 기타 소농을 통일하여 반대당을 결성하였을 때 전국적인 정당이 탄생하였다.

그 이후 전국적 정당은 중서부 농민과 동부 금융업자와의 동맹, 북부 도시 이민과 남부의 인종주의자 및 토착주의자 동맹 등의 이질적인 여러 지방적 집단의 기묘한 동맹이었다. 인종적 · 기능적 집단은 종종 역사적 우연에 의하여 2대 정당의 어느 것에 합류하였다. 즉 흑인은 남북전쟁 때문에 60년 정도 공화당에 투표하여 왔고, 아일랜드계는 민주당 지지자가 되었고, 독일계는 중서부에 정주하였기에 공화당 지지자가 되었으며, 도시 거주의 이탈리아계는 아일랜드에 의해 시정(市政)에서 제외된 데 반발하여 처음에는 공화당을 지지하였다. 미국의 정치적 현실인 섹셔널리즘 속에서 압력단체의 아주 면밀하고 유연한 전술이 생겨났다. 이 압력단체는 특정 정당 밖에서 어느 정당에도 자신을 위임하지 않고 오직 개개의 쟁점의 이해관계에만 충실하여 그 이해관계에 입각하여 지지를 주거나 지지를 획득하거나 한다. 이 전술의 첫 고안자 중 한 사람이 조지 헨리 에번즈였다. 그는 로버트 오웬의 동지(同志)이며, 1830

년대 및 40년대 개혁정치의 일시적인 지도자였다.

에번즈는 1829년에는 노동자당의 지도자 중 한 사람이었으나, 토지의 해방이 무산노동자의 계급적 긴장과 고충을 해결해 주리라 믿고 1840년대에는 농민연맹을 조직하였다. 그가 배운 경험에 의하면 소수정당은 표결에서 이길 수 없다는 것, 그리고 정치가는 주로 '이상이 아니라 거래'에 관심을 갖기 때문에 권력의 균형을 유지할 수 있는 집단이 주장하는 어떠한 의안에도 찬성할 것이라는 것이었다. 농민연맹은 큰 성공을 거두지는 못했으나 그 운동과 전술은 후일 자영농지법의 성립으로 보답받았다.

뉴딜에 의하면 그 전조가 나타나기 시작한 1933년에는 새로운 시대가 대두하고 있다는 감정이 일어났다. 널리 인용되는 《새로운 정당정치》 속에서 하버드대학 교수인 아더 N. 홀컴은 다음과 같이 말하였다.

"낡은 정당정치는 눈에 띄게 소멸하고 있다. 새로운 정당정치의 성격은 주로 도시 거주자의 이익과 태도에 의하여 결정될 것이다."

기능적 집단과, 특히 노동자 계급의 대두와 여러 인종적 집단에 의한 주장의 증대가 그 이행을 말해주는 듯 생각되었다. 농민과 같이 공화당과 제휴한 약간의 집단도 있었으나, 프랭클린 루즈벨트가 이러한 집단을 편성할 수 있었던 사실은 상당한 역사적 재편성이 일어나고 있음을 뜻하는 것이라 생각됐다. 확실히 상당한 재편성이 일어났으나 생각하고 있었던 것만큼 극적인 것은 아니었다.

  노동자 계급은 일반적으로 민주당에 투표해 왔으나, 노조운동은 처음으로 정치적 지향을 명확히 하고 분명하게 민주당계임을 공언했다. 지도적 입장에 선 인종집단은 일반적으로 민주당에 대한 충성을 유지해 왔으나, 번영과 사회적 지위의 향상 결과 이러한 인종집단, 소수집단 중 중요한 많은 사람들이 그 충성을 바꾸어 가고 있음을 나타내는 여러 가지 징후가 보였다. 농민은 뉴딜에 의하여 거액의 재정적 원조를 받았음에도 불구하고 공화당의 우리 속으로 되돌아가고 말았다.

  그러나 지방정치가 얼마간 쇠퇴하였지만 계급정치가 그것을 대치한 것은 아니었다. 그 대신 반지방적·반계급적·반이데올로기적인 압력단체와 원외단체(院外團體)의 눈부신 대두가 있었다. 이 같은 압력단체의 전술이 가장 극적으로 사용된 것은 주장(酒場)반대동맹에 의해서였다. 즉 1895년에 발족된 이 동맹은 25년이 채 못 되어 미국에 있는 알코올 음료의 양조 및 판매를 금지하는 헌법 수정을 가결할 수 있었다. 그 이후 관세의 개혁, 연방 의료 계획안의 반대, 이스라엘의 정치적 원조 등에 있어 압력 단체 방식이 수천의 단체에 의하여 채용되어 왔다.

  낡은 가족자본주의의 붕괴와 산업계의 새로운 세력인 경영자 집단의 대두와 함께 일어난 이익의 증식과 여러 집단의 분파적 활동 때문에 미국 정치권력의 원천을 파악하는 일은 곤란하다. 종래보다 더욱 미국정부는 중개국가로 되어 버렸다.

그러나 중개국가라고 하지만 모든 이익집단이 같은 세력을 갖는다는 것을 의미하지는 않는다. 미국은 기업사회이다. 노조세력에 의해 수정되고 정부 통제에 의해 억제되면서도, 사회자본주의가 일반에게 받아들여지고 있는 범주 속에서는 거래와 이익집단간의 흥정이 진행되는 것이다.

정치분석의 이들 전통적 방법—즉 사회운동이나 사회적 충돌을 제한하는 2대 정당의 역할, 민중에게 직접 호소하는 정치적 전통, 입법정책을 형성하고 수정하는 이익집단의 힘 등에서 본 분석—이 아직도 유효하다 하더라도 역시 1950년대 10년간이 정치를 좌우해 온 쟁점들을 이해하는 데는 얼마간 불충분하다.

예를 들면 이러한 사고방식은 공산주의 문제라든가, 노우랜드 등 상원의원들의 새로운 내셔널리즘의 배후에 있는 여러 세력이라든가, 매카시 상원의원이 일으킨 강렬한 열기와 일시적인 진지함의 범위 등을 이해하는 데는 도움이 되지는 않는다. 요컨대 이익집단 정치라고 전통적으로 불려 온 것은 미국의 신우익(新右翼)의 대두를 설명하는 데 도움이 못 된다. S. M. 립세트는 그것을 급진적 우익이라 불렀는데, 개인의 권리를 존중하는 전통적 보수주의에 반대히여 미국사회에 새로운 양식을 강요한 까닭에 급진적이었던 것이다. 이 모든 것은 매카시와 공산주의를 에워싼 쟁점에 의하여 극적으로 전개되었다.

특히 유럽인에게 있어서는 공산주의 문제는 하나의 수수께끼임에 틀림없다. 미국에는 프랑스나 이탈리아에서와 같은 대중적인 공산당은 존재하지 않는다.

  미국의 공산당은 어느 때이고 간에 10만 이상의 당원을 가진 적이 없다. 공산주의의 문제가 전국민의 주목을 받게 된 과거 5년간 공산주의자는 이전과 같은 정치적 영향력을 이미 대부분 상실하고 있었다. 공산주의적 노조는 산업별 노조회의(CIO)에서 추방되어 버렸고, 진보당은 헨리 월리스에게 버림받아 어처구니 없이 사라지고 말았다. 그리하여 공산주의자는 지식인 사회에서도 급속히 세력을 상실하고 있었다.

  자유주의자가 공산주의 문제를 가볍게 다룬 경향이 있었던 것은 사실이다. 그리고 트루먼 정부의 모순된 입장이 이러한 혼란에 불을 질러 소동을 확대시켰다. 즉 한편에서는 트루먼 자신을 포함한 정부의 지도적 멤버는 과거 공산주의의 침투도(浸透度)를 최소한으로 평가하려 했고, 다른 한편에서는 개인의 자유와 권리를 거의 존중하지 않았던 안전보장상의 규제라는 대형 산탄약(大型散彈藥)을 정부는 파열시킨 것이다. 한국 침략에 수반된 중공 및 소련 공산주의자에 대한 정서적 반발, 그것이 미국 내 공산주의자에게도 전이되었다. 정부 고위관직에의 공산주의자의 침투와 스파이단의 존재에 대한 어필이 국민의 긴장을 높인 것이다. 이러한 모든 결과를 고려에 넣어도 매카시 상원의원이 오랫동안 유지한 부동의 지위를 설명하기는 어렵다. 그 문제에 대한 불합리하고 무모한 여러 방법—대학에서의 충성선서(忠誠宣誓), 걸 스카우트의 안내서와 같은 용어로 조국에 대한 위협을 생각하는 강박적인 아메리카니즘, 보이스

오브 아메리카(버트럼 D. 울프 같은 반공주의자의 분별 있는 지도 아래 유럽에서는 이성적인 선전이 행해지고 있었다)에 대한 격렬한 비방 등, 요컨대 미국정치에 그렇게나 커다란 역할을 행한 시기심과 공포의 독기―은 물론 매카시와 그 일파가 공산주의 문제에 관련하여 민주주의 구조에 준 광범한 타격을 고려하지 못하고 있다. 매카시의 공격목표는 실로 기묘하였다.

최근에 거물급 데마고그인 휴이 롱은 막연하게 부호를 공격하고 "부를 분배하자"고 외쳤다. 매카시의 공격목표는 하버드대학 출신의 지식인, 친영파(親英派) 국제주의자, 육군 등이었다.

그러나 이런 공격목표는 그를 뒷받침한 우익의 지지, 즉 급진적 우익과 그들의 지지 이유를 푸는 중요한 단서를 제공해 주었다. 다음과 같은 집단들이 기묘한 혼합체를 구성하고 있었다. 즉 디어도어 루즈벨트의 하나 남은 아들로서 굳센 근육을 자랑하는 미국인이 쇠퇴한 유럽에 공공연하게 반항한다는 이미지의 상실에 마음 아파한 아치볼드 루즈벨트 같은 소수의 귀족층, 또 스스로의 힘으로 부를 쌓았다고 하는 심리적 보장을 필요로 하고 나아가 그 재산을 세금에 의해 빼앗기지는 않을까 두려워한 자동차 판매업자, 약삭빠른 부동산업자, 투기적인 석유업자 등 벼락부자층, 중산계급으로 상승한 다양한 인종집단―특히 아일랜드계와 독일계로, 그들은 스스로 아메리카니즘의 신봉자임을 증명하려고 노력했다(독일계는 제2차 대전 중에 왈가왈부된 불충성의 오명 때문에 특히 그러했다)―그리고 최후로 미국의 문화사상 유일한 지식인 소집단―그들 중 몇 명은 타락한 전 공산주의자로서 매카시의 앞잡이가 되어 자유주의 일반에 대한 공격의 불길을 올렸다—등 여러 집단의 잡동사니였다.

'주(主)와 기데온의 검'을 몸에 지닌 것 같은 이 기묘한 연립을 미국정치의 분석에 적용되고 있는 전통적인 관점에서 설명할 수 없다면 그것을 대신할 수 있는 것은 무엇일까? 그 하나의 핵심적 개념은 신분정치의 개념인데, 이것은 S. M. 립세트가 벼락부자의 지위 공포감을 다룰 때 사용한 개념이다.

신분정치 개념의 중심적 사고는, 부와 사회적 지위가 상승하고 있는 집단은 종종 사회적 지위를 잃어버린 집단처럼 불안감에 떨며 정치적으로 열광한다는 것이다.

그 사회적 지위를 상실한 집단은 이전보다도 더욱 격렬하게 그들이 한때 대표했던 사회의 낡은 가치를 모든 집단에 강요하려고 한다. 새로 대두하는 집단은 스스로의 사회적 지위를 확립하기 위하여 동조성을 강요하는 일이 있을 수 있다는 것을 립세트는 논증하였다. 계급적 내지 경제적인 이익집단간의 항쟁이 대부분 힘을 잃어버리고 마는 번영기에 이러한 사회적 상승이 일어난다.

매카시는 스스로의 정치적 입장의 논리와 퍼스낼리티에 의하여 과격화로 치닫지 않을 수 없었다. 그리하여 최후로 아이젠하워에게 도전하기에 이른 것이다.

그것은 매카시의 큰 도박이었으며 그는 패배하고 말았다. 왜냐하면 공화당 내의 소수파가 공화당 대통령에게 도전한다는 것은 다만 당을 분열시키는 데 불과했기 때문이었다. 이 위협에 직면하여 공화당은 아이젠하워의 배후에 집결하였고, 이에 따라 매카시는 고립되고 말았다. 그 사건은 페어딜에 의해 착수되고 유지되어 온 외교정책 및 내정을 반드시 계속할 수 있는 것은 공화당 대통령 이외엔 없다고 하는 1952년 월터 리프먼이나 올도프 형제의 주장의 정확성을 증명하고 있다. 민주당의 대통령이었다면, 정당간의 분극화를 심화시키고 공화당의 과격파를 멋대로 공격의 선두에 내세웠을는지도 모른다. 온건한 공화당 정부는 극우(極右)에 대해 조절판(調節瓣)으로서의 기능을 할 수 있었다.

한국전쟁의 휴전에 따른 국제적 긴장의 감소에 의해서 매카시의 패배가 확인되었다. 그러나 매카시를 이해하는 데 필요한 것은 그의 배후에 있었던 집단에 의하여 초래된 정치 무드의 변화와의 관련이다. 그들은 폭발력(爆發力)이 아니라 촉매제였다. 그 때문에 현상의 배후에 있는 힘은 지금도 존속하는 것이다. 미국사회의 정치 무드 변화에 수반하여 몇 가지 결과가 나타났다. 가장 현저한 것은 도덕상의 쟁점이 정치적 논의 속에 대규모로 도입되었다는 사실이다. 일반적으로 이것은 새로운 일이다. 미국사를 통하여 미국인은 정치상의 타협과 극단적인 도덕주의에 뛰어난 재능을 갖고 있었다.

미국정치의 현실은, 모든 집단이 관용으로 취급됨과 동시에 거래제도가 관용의 철학원리에 실제적으로 대응하고 있다는 것이었다. 그러나 풍속, 도덕, 품행이라는 문제에 이르자―특히 작은 도시에서는—다른 나라에 비교할 수 없을 정도의 엄격한 청교도적 태도의 냉혹성마저 있었다.

이 도덕주의의 원천은 다양하다. 이 도덕주의는 지금까지 중산계급의 문화였다. 그리하여 도덕적 분노는 억압된 질투의 의태(擬態)이고 중산계급 심리의 특유한 점이라고 하는 막스 쉘러의 일반화에는 많은 진리가 있다.

도덕적 분노—그러니까 도덕주의—는 내세를 향해 가슴 태우는 일을 그만두고 이 세상의 일에 전심하는 여러 종교의 특징이다. 프로테스탄티즘에 있어서는 그와 같은 전위(轉位)의 결과, 신심(信心)은 도덕주의에 그리고 신학은 논리학에 길을 양보한다. 품행방정하게 되는 것이 도덕적 진보를 나타내고, 행위를 규제하는 일, 즉 행위의 도덕성이 미국 프로테스탄트 교회의 커다란 관심사가 되어 왔다.

이 도덕주의는 그 자체가 미국의 독자적인 것은 아니지만 미국의 독자적인 복음주의와 관련을 갖고 있다. 주로 문학자가 키우고 사회학자가 구성한 미국문화는 퓨리턴적 문화였다는 전설이 오랫동안 존재하여 왔다. 사회학자의 경우, 이것은 프로테스탄트 논리와 다른 퓨리턴 도덕과의 잘못된 동일화 때문에 생겼다. 퓨리터니즘(Puritanism : 청교도주의)과 뉴잉글랜드 정신은 미국의 사회생활에서 커다란 사상적 역할을 수행하여 왔다. 그러나 일반 민중의 모럴이나 습관에서는 메소디즘(감리교)이나 침례교의 독특한 복음주의가 그 강력한 정동주의(情動主義), 그 정열, 열의, 흥분, 그 신앙부흥운동, 범한 죄와 고백의 과격성 등 때문에 보다 더 중요한 역할을 수행하였다. 침례교와 감리교는 농촌적인 변경(邊境)의 종교였기 때문에 미국인의 기분에 드는 종교적 신조였다.

"미국인은 왜 일종의 광신적 정신주의(精神主義)를 표명하는 것인가" 하며 또끄빌은 다음과 같이 쓰고 있다.

"합중국의 모든 주에 있어서, 특히 극서부(極西部)의 인구가 희소한 지방에서는 순회 전도자는 이곳저곳에서 하나님의 말씀을 듣기 위해 돌아다니는 사람들을 만나게 될 것이다. 가족 전원, 남녀노소 할 것 없이 울퉁불퉁한 산길과 인적미답(人跡未踏)의 황야를 넘어서 야외집회에 참가하기 위해 먼 곳에서부터 모여 온다. 야외집회에서 전도자의 설교를 들을 때 그들은 일의 번거로움과 가장 긴급한 신체적 욕구조차도 몇 주야에 걸쳐 완전히 잊어버린다."

가장 기품 있는 프로테스탄트 교단이 정적인 상태에 머무르고 있는 동안 침례교회와 감리교회는 발전했다. 그 전도자들이 변경의 전진과 함께 움직여 프런티어 정신을 반영하였던 때문이다. "야외집회나 정치집회에서는 논리적인 강화(講話)는 쓸모 없으나 흥분을 불러일으키는 말은 열광적 반응을 보여주었다"고 H. 리치드 니버는 말한 적이 있다.

신앙부흥운동의 정신은 평등주의와 반주지주의였다. 법의(法衣)와 형식적인 예배를 없애고 그 대신에 복음을 설교하고 찬미가를 큰소리로 노래했다. 이 복음주의는 서부의 종교적・경제적 패자(覇者)인 윌리엄 제닝스 브라이언과 같은 인물의 도덕주의나 드와이트 무디와 같은 인물이 도시에서 행한 신앙부흥운동 및 그들의 복음전도의 정열에서 키워진 YMCA 운동 등에 반영되었다. 자유주의자들이 여러 가지 제도의 개혁을 요망한 데 대하여, 복음교회는 인간의 개량을 바랐다. 복음교회는 금주법과 안식일 준수의 최고의 옹호자였다. 그들이 말한 개혁이란 복지입법이 아니라 죄를 지은 사람들의 구제에 대한 신념을 의미하였다. 그리하여 죄란 음주(飮酒)・호색(好色)・도박(賭博)을 의미하였다.

미국인 기질의 특징인 이 도덕주의는 독특한 정신분열증적 성격을 갖고 있었다. 즉 책의 검열, 부도덕한 예술에의 공격 등 문화 및 행동 영역에 있어서, 또 사적 습관의 영역에 있어서 도덕주의가 열렬히 강요되었던 것이나, 기업의 강탈이나 정치의 타락에 대해서는 도덕주의는 거의 들리지 않았다. 이 점에 대해서 교회는 대부분 침묵을 지키고 있었다.

도덕주의적 기질은 미국사회의 포퓰리스트적 성격의 보장이라는 또 하나의 결과를 초래하였다. 훨씬 이전에 미국에 온 여행자들은 미국의 풍습이나 습관의 극단적인 평등주의에 주목하고 비범한 사람보다 오히려 일반 대중을 찬미하는 데서 생겨나는 평준화를 경고하였다. 왜냐하면 자기가 이웃 사람과 같다고 생각한다면, 어떤 사람도 이웃 사람보다 우수하다고 주장할 수 없게 되어 버리기 쉽기 때문이다. 불행하게도 같다든가 우수하다든 간의 정의는 이루어지지 않고 있다. 어떤 사람도 다만 가문에 의해서만 어떤 지위의 세습적(世襲的) 보지자

(保持者)라고 주장해서는 안 된다는 것을 이해할 수 있다. 그 점에 대해서는 누구나 이웃 사람과 같다. 그러나 포퓰리즘은 훨씬 극단으로 어떤 유의 사람들이 다른 사람들보다 의견을 주장하는 데 적임이라는 것조차 부인하는 것이다.

미국사회에 남겨진 포퓰리즘의 흔적은 부정적인 측면과 동시에 긍정적인 측면도 갖고 있다. 민중의 알 권리의 관념은 자유로운 신문, 속박 없는 연구, 자유로운 토론을 보장하는 토대이다. 그러나 포퓰리스트적 배경 아래서는 그 관념은 한계감각 없이 작용하여 종종 프라이버시의 침해로 된다. 무엇 때문에 민중이 알 권리를 갖는 것인가. 누구의 품행이나 성벽(性癖)을 알기 위해서인가. 모럴의 자칭 수호자였던 초기의 개혁자들은 사회 풍기의 이름 하에서 사적 행위를 수색할 권리를 강하게 주장하였다.

도덕주의와 민주주의의 포퓰리스트적 관념이 다시 사회 통제의 특정의 측면―행위의 통제나 법률보다는 여론에 의한 여러 개인에 대한 제재의 행사―과 결부되지 않았더라면, 이 모든 것은 그 자체가 프라이버시나 자유에 대해 그렇게 유해한 것은 아니었을 것이다. 법률은 과거에는 최소한 전통에 속박되고 구속적이었기 때문에 변화를 억제했고, 종종 민중의 여러 경험이나 욕구와는 합치하지 않았다. 그러나 인간이 부정에 접함으로써 생기는 고난 끝에 획득한 부산물로서 법률은 증거의 인정과 죄의 결정에서 일련의 엄밀한 수속과 규칙을 정하고 있다. 그러나 성급한 국민인 미국인은 종종 여론에 의한 감시와 수치감을 주는 빠른 제재에 지배되기에 이르렀다.

미국문화의 면에선 시골 시읍은 격파되어 버렸으나(통속 문화의 면에서는 할리우드의 속악저급(俗惡低級)한 기풍과 융합하였으나) 미국 정치에 있어서는 오늘에 이르기까지 세력을 떨쳐 왔다. 농촌 우위의 입법부에 의한 선거구의 당리당략적 개정 때문에 시골 시읍 출신 의원이 의회의 비율을 불균형하게 만들고 있다. 이들 의원은 재직 연한이 길고 고참으로 된다. 그리하여 의회의 체질은 이데올로기적으로 시골 시읍의 의사(擬似) 평등주의적 태도를 반영하는 것이다. 모든 사회적 경험이 시골 시읍의 지각의 범주 속에서 동화되는 한, 즉 모든 문제가 시골 시읍의 배경 속에서 해석되는 한, 정치와 도덕주의의 이분법이 퍼질 수 있었다.

장사는 장사, 교회는 교회라는 것이었고, 정치는 하나의 비즈니스였다. 그러나 국제적 이데올로기의 성장, 시장 메카니즘의 붕괴, 경제적 결정의 복잡성, 하층집단의 대두와 함께 정책결정에 수반되는 여러 불안에 큰 영향을 받게 되었다. 중국과 장개석(蔣介石)의 패배에 대한 미국의 정치적 태도는 가장 명백한 적례(適例)였다. 미국인은 지나칠 정도의 낙천주의 때문에 패배하고 있는 것을 좀체로 알지 못했다. 무의식적인 자기이미지로서 미국 권력의 기초를 이루고 있는 것은 전능(全能)에 대한 구역질나는 과신이다. 그 때문에 장개석 정권이 와해되었을 때 국무성이나 지식인들은 곧 그 이유를 배신이라 단정하고, 1911년의 공화국 이래 중국의 여러 제도의 붕괴, 그리고 내란과 침략 때문에 생육 가능한 정치구조를 중국에 만들어 내는 데 실패하였다는 것을 이해하는 데 따른 복잡한 이유를 인식하지 못했다.

배신당했다는 외침과 음모에 대한 비난은 미국정치에 있어선 예로부터의 수법이다. 그 중요한 근원의 하나는 산업질서에 대한 불평 불만을 에워싸고 그 원흉을 화폐(貨幣)−신용제도를 상징한 사람들에게서 찾았던 정치적 포퓰리스트 운동에 있다. 포퓰리즘은 남북전쟁 후에 남부와 서부의 빈곤한 농민 사이에서 일어났다. 그것은 화물 운임률을 자유로이 조작하여 농민에게 부당한 부담을 지우는 일이 가능했던 철도회사에 대한, 그리고 통화와 신용을 조작하여 금리를 인상함으로써 농민이 종자를 사거나 저당 대금을 반제하는 것을 곤란하게 만든 은행업자에 대한 항의운동이었다. 이 불평 불만은 진실하고 종종 정당한 것이었으나, 개인이 아니라 제도가 나쁘다는 것을 '포퓰리스트'당은 알아낼 수 없었다. 그러나 제도를 공격하여 보았자 좀처럼 정치적 승리를 거둘 수 없었다. 조지아주의 톰 와트슨이 좋은 예이다. 1896년 포퓰리스트당 공인후보(公認候補)로서 부통령에 입후보한 그는 소작인 토지 보유제, 신용의 조작, 기타 미국사회의 폐해에 대한 날카로운 분석을 행하였다. 그러나 20세기가 되자 포퓰리스트 운동은 분열하여 그 대부분은 브라이언을 따라 민주당에 들어갔고, 나머지 사람들은 사회주의자가 되었다. 와트슨은 점점 더 격렬한 증오에 불탔다. 그는 월 가(街), 국제적 은행업자 그리고 최후로 유태인을 공격하였다. 유태인과 금력과의 동일시는 오래 전부터 존재하였다. 와트슨은 유태인을 세계 지배를 꿈꾸는 비밀 음모의 적극적 책동자라고 몰아붙였다. 그는 1920년에 조지아주 출신 상원의원이 됐다. 그는 남부 선동정치가의 원형이 되었다.

불안정한 사회는 늘 불안한 사회였고, 미국만큼 이것이 들어맞는 곳은 따로 없다. 군나 뮈르달은 미국 흑인 문제 연구에서 최하층과 최상층 간보다도 인접한 계급 간에 있어서 계급 대립이 강렬하다는 것을 지적하였다. 이렇게 하여 남부 흑인에 대한 가장 뿌리깊은 정서적 적의는 가난한 백인으로부터, 특히 한때 가난했던 백인으로부터 나왔다. 한때 가난했던 백인들은 지위의 상승 후에 어느 때보다 그들과 하층의 사람들과의 거리를 강조하였다. 이들이 인종집단인 경우에는 구가(舊家)보다도 더욱 강박적으로 미국적이 되었다.

뮈르달이 남부의 경우에서 인정한 사회심리적 태도는 미국의 사회생활에 있어서 이민의 경우에서도 같은 특징적 패턴을 나타냈다. 파도가 밀려오는 것처럼 계속해서 밀려오는 이민은 그 때마다 집단을 형성하고, 다음에 오는 이민을 적의와 공포의 기분을 갖고 바라보았다. 19세기에는 외국인을 혐오하는 기풍이 미국의 가장 깊은 조류의 하나였다. 남북전쟁 이전에는 카톨릭교도가 주된 표적이었다. 1820년대에 보스턴에서는 폭동, 사형(死刑), 수녀원의 방화 등이 있었다. 반카톨릭적 선동은 남북전쟁에 의하여 뒤로 밀려났으나 그 긴장은 오늘날까지 지속되어 왔다. 동부의 경우 카톨릭의 정치력은 보스턴, 뉴욕,

시카고 등의 대도시에서 현저했다. 중서부에서는 미국옹호협회나 정통파 기독교계 프로테스탄트 교회의 선동에 의해 19세기 후반에 있어서도 카톨릭은 여전히 정치적 쟁점이었다. 원래 종교적 차별로서 시작되었던 것이 남북전쟁 이후 수십 년 동안에 사회적 차별로 전화하였다. 새로운 사회계급이 대두하여 지위의 경계선을 만들기 시작할 때 이러한 사회적 차별이 생겨났다.

오스카 핸들린은 1870년대와 1880년대의 확대와 번영에 즈음하여 다음과 같이 지적하였다.

"비록 많지 않은 재산이라도 획득한 많은 사람들은 그 이후 복잡한 여러 불안의 중하(重荷)에 허덕이지 않으면 안 되었다. 성공이란 그 본질상 덧없는 것임을 알고 있었기 때문이다. 재산을 만들어도 결국 잃어버리게 된다. 자기 대에 번 재산은 다음 대에는 사라져 버리고 말 것이다. 그 때문에 재산을 모은 사람은 번 재산을 유지하려고 했을 뿐만 아니라 그 재산의 향유를 그에게 허락하는 사회적 승인을 열성적으로 추구했다. 재산을 대대로 계승하려고 노력했다. 그 때문에 19세기 말엽의 수십 년간 마음에 드는 집단을 구분하여 그 이외의 사람들과 지나친 교제를 못 하도록 하는 배타적인 지역을 설정하는 시도가 잇달아 나타났다. 영국을 본따서 행운의 자산가를 구분하고 보호하기 위하여 독자적인 예의나 습관을 갖고, 그럴듯한 지역에 그럴싸한 저택을 짓고 다른 것과 구별된 클럽이나 오락시설을 갖는 상류사회를 만들어 내려는 노력이 있었다."

도덕주의 · 포퓰리즘 · 아메리카니즘 · 지위 불안이라는 이들 여러 가지 요소는 외교정책이 정치의 중요문제로서 떠오르게 된 미국정치의 변질 때문에 1950년대에는 독특한 균형을 유지하게 되었다. 1930년대의 정치적 항쟁은 경제적 쟁점을 둘러싸고 일어났다. 또한 그것은 이익집단적 관점에서의 분열이었다. 전쟁이냐 아니냐의 논의는 격렬한 것이었으나 곧 해결되고, 전쟁 중에는 고도의 국가적 통일에 의하여 특징지어졌다. 그러나 유럽대륙의 지배세력으로서 소비에트 러시아의 전후의 대두, 구 식민제국의 붕괴, 중국 및 동남아 지역에서의 공산주의의 도전적 분출(噴出), 한국전쟁 등 때문에 진주만 기습에 의하여 돌연히 중단되었던 1930년부터 41년에 걸쳐 있었던 전쟁 논의가 형태를 바꾸긴 했으나 다시 살아났다. 배신이라는 비난을 민주당에 퍼부으려는 시도, 노랜드 의원 등의 신내셔널리즘, 매카시의 제멋대로의 행동이 그 첫 논의의 국면을 극단적인 형태로 나타냈다. 이렇게 하여 새로운 쟁점은 이젠 지난날의 이익집단 내지 국내세력의 분열의 표시가 아니라 누적된 욕구불만과 불안의 분출을 나타내게 되었다.

딘 애치슨의 역할만큼 이 변화를 대표적으로 나타낸 상징은 거의 존재하지 않는다.

뉴딜의 초기에 젊은 법률가 애치슨은 달러를 주무르면서 전통적으로 승인된 관습으로부터 일탈(逸脫)하는 것에 항의, 재무차관직을 사임했다. 애치슨은 뉴딜에 반대하는 보수적 항의의 한 상징이었다. 그러나 15년 후에는 트루먼 정부의 국무장관으로서 그는 페어딜의 급진적 정책의 상징으로 되었다. 물론 이런 것은 개념화하여 보아도 무의미하다.

  그러나 오늘날 정치의 활동무대가 외교정책이라는 사실에 의하여 도덕주의적 기질이 전면에 나타나지 않을 수 없었다. 미국정치의 독특한 측면의 하나는, 내정상의 쟁점은 냉정하고 실제적인 관점에서 논의되고 그 결과 기브 앤드 테이크의 타협을 낳게 되었으나, 외교정책은 언제나 도덕주의적 관점에서 표현되어 왔다는 사실이다. 미국이 독립국가로서 출현한 사실, 바로 그 사실 때문에 다분히 세계의 다른 나라에 대하여 늘 도덕적 자세를 취하지 않을 수 없었던 것이다. 아마 이해투쟁의 와중에서 떨어져 있을 수 있었기 때문에 현실에 직면하기보다도 도덕적 입장을 취하게 됐을 것이다. 그러나 외교정책이 언제나 실제적이기보다 도덕적인 논의의 범주 속에 있었기 때문에 1950년대의 논의도 도덕적 관점에 집중되어 버렸다. 그리하여 공산주의 문제를 에워싼 특이한 사실은, 미국의 정치생활상 보기 드문 규모로 이데올로기상의 쟁점과 도덕상의 쟁점이 등치(等置)되어 강박적인 도덕적 정열의 모든 것이 기울여져 공산주의에의 공격이 행해졌다─공산주의와 죄를 등치하였기에 그것은 가능하였나─는 것이다.

  이것은 본질상 미국사회의 기묘한 변동을 반영하고 있다. 사생활의 도덕에 대해서는 종래보다도 관대한 태도로 대하고 있으나 공공생활의 면에서는 오히려 한층 과격하게 되어가고 있다.

정치의 이데올로기화는 미국사회의 또 하나의 독립된 경향에 의해, 즉 상징집단(象徵集團)이라고 불리는 것의 대두에 의해 보강된다. 노동자, 기업가, 농민 등이 이 상징집단인 것이다. 이들 존재는 일관된 철학, 명확한 목적을 갖고 실제적인 힘을 대표한다는 가정이 행해지고 있다. 다양한 원천에서 이러한 경향이 파생하는 것이나, 그 최대의 원인은 현대사회의 경제적 정책결정의 변질 및 여론형성 양식의 변화에서 생겨났다. 중요한 경제적 정책결정이 비인격적인 시장에 확산되고 있는 것이 아니라 워싱턴의 좁은 방에 집중해 버린 결과로 전미제조업자협회(全美製造業者協會), 농장연맹사무국, 미국노동총동맹 등의 집단이 기업가, 노동자, 농민의 대변자로 된다. 동시에 여론에 대하여 점점 더 민감하게 된다. 여론에의 감수성은 여론조사의 활용에 의하여 높아지고, 여론조사에서는 (특정이익을 갖는 개개인으로서가 아니라) 시민으로서 기업가, 노동자 혹은 농민이 무엇을 해야 할 것인가를 질문 받는다. 이들 집단은 실제로 종종 표준 이상으로 독자적인 동일성과 강고한 응집성이 있는 듯 꾸미도록 강요된다.

그 때문에 정치의 논의는 그 쟁점이 명확히 파악되고, 아마 타협이 가능한 그런 특정의 이해대립에서 갖가지 집단을 분극화하고 사회를 분열시킬 이데올로기적으로 착색된 투쟁으로 이행되는 것이다.

구체적 쟁점은 이데올로기상의 문제로 전화하여 도덕적 색채와 극도의 정서적인 비난을 초래할 경향은 사회에 타격을 주는 데 불과한 항쟁을 가져올 것이다. 월터 리프먼은 "원칙을 둘러싸고 서로 용납하지 않을 정도로 분열하여 서로가 자기편은 순백이고 상대는 검다고 믿고 있는 국가는 스스로를 통치할 수 없다"고 오래 전에 말한 바 있다.

정치가 일련의 죽음에 이르는 싸움이라기보다는 항상 실제적인 타협이었던 것이 미국의 자랑이었다.

에드먼드 윌슨이 디어도어 루즈벨트의 태도에 대하여 서술한 바와 같이 정치는 "모든 종류의 사람들과 상황에 스스로를 적용시키는 것이고 자기의 더럽혀지지 않는 규범을 갖고 적을 넘어뜨리지 않으면 안 되는 성전(聖戰)이기보다는 규칙을 인정하고 반대자를 인정함으로써만 승리를 거두는 '게임'인 것이다."

민주정치는 합법적인 집단 간의 거래와 합의의 추구를 의미한다. 자유주의의 역사에의 공헌은 도덕과 법률과의 분리에 있기 때문에 그런 것이다. 도덕과 법률은 별개의 것이어야 한다는 사상은 종종 충격을 준다. 양검(兩劍)의 교의에 의해 다스려졌던 카톨릭 사회에서는 국가는 교회의 세속적 권력이었고, 교회의 도덕률은 시민 생활에 강요하였다. 이것은 실제상으로는 어쨌든 정치 이론상으로는 사회가 동실석이었고 각자가 같은 종교적 가치를 수용한 까닭에 가능했다. 그러나 종교개혁에 뒤이은 종교전쟁은 관용의 원리를 존중하는 한에 있어서만 다원적 사회가 존속할 수 있다는 것을 증명했다. 카톨릭이든 프로테스탄트이든 어떠한 집단도 국가를 이용하여 그 도덕관념을 모든 사람에게 강요할 수는 없게 되었다. 프랑스 정치론자의 일파가 말한 바와 같이 "양심 때문에 시민 사회가 멸망해서는 안 된다"는 것이다.

근대 자유주의 사회의 이러한 이론적 기초는 칸트에 의해서 완성되었다. 그는 합법성과 도덕성을 분리하여 전자를 소위 '게임의 규칙'으로서 정의하였다. 법은 실질적인 쟁점이 아니라 절차에 따르는 쟁점을 처리하는 것이었다. 후자는 양심의 근원적 문제여서 국가는 그것에 간섭할 수 없었던 것이다.

이 구별이 미국 민주주의의 근저에 있었다. 매디슨에 있어서 자유를 기초로 하는 한, 당파는 피할 수 없는 것이었고, 공화국의 기능은 당파의 위에 있는 자유와 '인간 능력의 다양성'을 보호하는 것이었다. 왜냐하면 "자유인, 다양한 사람들, 오류에 빠지기 쉬운 이질적·이단적·독선적·논쟁적인 인간이 당파를 낳는 소재였기 때문이다."

당파가 불가피하였기 때문에 그 원인을 없애는 것보다 그것이 빚어 내는 결과에 대처하는 수밖에는 없었다. 물론 하나의 방법은 연방제에 채용된 것처럼 어떠한 당파도 쉽게 권력을 독점할 수 없도록 정치권력을 분립시키는 것이었다. 그러나 매디슨은 이 방법이 불충분하다는 것을 알고 있었다. 자유에 대한 위협은 대의제(代議制)에 의하여 감소될 것이다. 그리하여 그 광대한 공화국에서는 그가 말한 바와 같이 보다 다수의 이해가 "개인적 권리의 불안정성을 감소시킬 것이다." 그러나 대의제라는 것은 존 스튜어트 밀이 설득력이 있게 지적한 바와 같이 "몰려난 사람들의 이익을 늘 간과해 버리는 위험성이 있기 때문에" 모든 이익을 대표하지 않으면 안 된다. 이것이 간과되면 시민적 질서에 대한 위협이 된다.

그러나 대의제의 중요성은 모든 이익세력의 대표를 포함함으로써 "영속적 진보에 있어서 유일한 현실적 보장인 여러 세력의 대립을 근절시키지 않게 된다"는 깊은 이유에 근거한다. 그것이 대다수의 동의를 확보하는 유일한 방법이며, '대다수의 동의'는 폭군적인 다수의 대중을 억제하는 견고한 기초였다. 그 까닭은 대의제를 통해서만 합의 내지 화해를 달성할 수 있기 때문이다.

이 사실은, 사회의 다른 집단의 이익처럼 공산주의자의 이익이 정당하다든가 혹은 공산주의 문제가 전혀 부당하였다는 것도 아니다. 합법적인 이의(異議) 제기 집단이기보다는 음모자로서의 공산주의 운동은 여전히 민주주의 사회에 있어선 위협인 것이다.

그리하여 '명백하고도 현존하는 위험'의 규준에 의하여 민주주의 사회는 때때로 그 음모에 반대하여 궐기하지 않으면 안 될지도 모른다. 그러나 이것은 법에 의해 처리될 문제이다. 공산주의 문제를 다른 정당이니 집단에 대한 정치적 곤봉으로 이용하려는 경향, 혹은 법률상의 문제를 도덕상의 쟁점으로 전화시키려는 (그 결과 제재의 원천을 법정이나 정통적인 권위에서 사적 개인으로 이행시킨다) 경향은 자유주의 사회에 긴장을 초래할 뿐이다. 건국 이래 170년간 미국 민주주의는 또 한 번 내란에 의하여 찢겨졌다. 그 이후 긴장을 품으면서도 몰려난 이익세력, 즉 노동자와 소농민을 포함하는 것을 배우게 되었다.

이들 이익세력은 미국의 정치적 균형에 있어서 정당한 위치를 확보해 왔다. 그리하여 뉴딜의 초기에 거의 사회를 분열시킬 위험이 있었던 이데올로기상의 투쟁은 완화되어 왔다. 새로운 중산계급 집단의 지위 불안에 의하여 생겨난 새로운 분열은 새로운 위협을 제기한다. 매카시즘의 증오는 지나치게 추한 일례이다. 그러나 너무나도 광대하고 복잡하기 때문에 한 사람의 정치보스나 단독적인 정치집단이 미국을 지배하는 일은 오늘날까지 불가능하였으며, 그러한 미국이기에 의심할 여지도 없이 이러한 분열도 역시 곧 감소될 것이다.

미국은 개방사회이고, 이러한 불안은 그 개방성에 대하여 지불되는 대가의 일부인 것이다.

제2부

유토피아 사상의 고갈

제1장
미국 사회주의의 좌절
— 윤리와 정치의 긴장

사회주의란 하나의 끝없는 꿈이었다. 푸리에는 사회주의 아래서는 사람들의 키가 최소한 10피트 높아진다고 약속하였다. 교훈주의(教訓主義)의 화신인 칼 카우츠키는 다음과 같이 선언하였다. 사회주의 사회의 일반 시민은 초인이 될 것이라고. 호언장담을 잘하는 트로츠키는 사회주의의 천년왕국을 다음과 같이 말했다.

"인간은 예측할 수 없으리만큼 점점 강력하고 현명하고 자유롭게 되고, 그 신체는 지금보다 훨씬 더 조화 있고 균형이 잡히고, 그 동작은 한층 더 율동적이 되고, 그 소리는 한층 더 음악적으로 되며, 그 자태는 극적인 활동력으로 넘쳐 흐르게 될 것이다."

미국도 하나의 끝없는 꿈이었다. 미국 식민지가 영국에서 벗어났을 때 의회가 인준한 국새(國璽) 뒷면에는 노부스 오르도 세크로룸(Novus Ordo Seclorum), 즉 '세기의 신질서(新秩序)'—미국 기원의 시작—라고 새겨져 있었다. 미국 대륙은 광대한 국토와 거대한 부를 갖는 위대한 사회적 실험실이 되리라 생각되었다. 미국에서 '위대한 장인(匠人)의 신'의 설계가 분명히 전개될 것이다. 불변의 계시로서보다는 오히려 직인(職人)으로서의 신의 측면을 강조하는 이러한 위장된 신론(神論)은 실용주의적 기질의 성장에 적합하였다. 비록 환영은 하지 않을 망정 소수의 단체들이 천년왕국의 설계를 탐구하는 노력을 경멸의 눈으로 바라보지 않는 나라가 되었다. 또 만일 어떤 장소에서 적의에 넘치는 반응이 있으면, 유토피아 집단은 그 천년왕국에의 탐구를 계속하기 위하여 안심하고 일할 수 있는 피난처가 될 수 있는 모험으로 가득 찬 황야가 텍사스에서 아이오와에 이르기까지 펼쳐져 있었다. 거기에 이러한 집단 거주지가 많이 있다 해서 이상할 것은 조금도 없다.

미국에서도 사회주의는 훨씬 멋있는 시대를 가질 듯이 보였다. 아마 넓은 인적미답의 황야에 고무되어서 마르크스와 엥겔스는 끝없는 낙관론을 안고 있었으리라. 마르크스는 1879년에 다음과 같이 썼다.

"미국은 획득한 부의 크기에서는 아직 뒤지고 있으나 경제발전의 속도에 있어서는 이제 영국을 능가했다. 그리고 이와 함께 대중 또한 보다 큰 정치수단을 재빨리 수중에 넣어 그들의 희생 위에 달성된 발전형태에 분개하고 있다."[1]

1880년대 후기 및 1890년대 초기에 미국의 현실에 대하여

---

1) 《마르크스 · 엥겔스 서한선집》(뉴욕, 1934) 중 다니엘슨에게 보낸 글, p. 360.

많은 편지를 쓴 엥겔스는 몇 번이나 이와 같은 예언을 되풀이하였다. 1886년의 사건들—특히 노동자사단(勞動者士團)과 뉴욕에서의 헨리 조지 운동의 눈부신 대두—이 열광의 극치에 이르렀을 때 《영국 노동자 계급의 상태》의 미국판 서문 속에서 그는 기쁨에 넘쳐 다음과 같이 썼다.

"갈 길을 막는 어떠한 중세적 화근(禍根)도 없이, 17세기에 전개된 근대 부르주아 사회의 여러 요소와 함께 역사가 시작되는 다른 나라에 비하여 혜택받은 미국의 노동자 계급은 불과 10개월 사이에 전국적인 노동조합과 독립된 노동당이라는 2단계의 발전을 이룩하였다."

그리고 5년 후까지 그의 낙관론은 여러 비참한 사건의 연속 속에서도 굽혀지지 않은 채 슈로이터에게 다음과 같은 편지를 보냈다.

"……마찬가지로 약간의 후퇴를 수반하면서도 새로운 전진의 부단한 파동은 반드시 있는 것이다. 전진의 파동만이 한층 강력하게 되고 후퇴는 그만큼 무력하게 되고 있다……. 한번 미국인이 활동을 개시하면 우리 유럽인은 그에 비하면 한낱 어린아이에 불과한 에너지와 격렬함을 발휘하게 될 것이다."[2]

그러나 〈사회주의가 미국에서 존재하지 못하는 이유는 무엇인가?〉라는 표제에 의하여 베르너 좀바르트가 19세기의 길목에서 제기한 우울한 문제는 지금도 남아 있다. 이 물음에 대하

---

[2] 《마르크스 · 엥겔스 서한선집》 중 슈로이터에게 보낸 글, p. 497.

여 좀바르트는 일련의 해답을 제시하였다. 그는 넓은 변경, 개인의 노력에 의한 사회적 상승의 많은 기회 및 생활수준의 향상 등을 지적하였다. 다른 저술가들 역시 이러한 고찰을 발전시켜 왔다. 셀리그 펄먼은 《노동운동의 이론》에서 미국인의 계급의식의 결여에 대하여 세 가지 이유를 들었다. 즉 '정착해 있는' 임금 노동자 계급의 부재, 선거권의 무상증여(이러한 권리를 거부당한 다른 나라 노동자들의—예를 들면 영국의 차티스트—경우는 경제적 동기에서라기보다 정치적 동기에서 이루어진 것이라고 보여진다) 그리고 세 번째는 계속 파도처럼 밀려온 이민의 충격이었다. 미국 노동자의 인종적·언어적·종교적·문화적 이질성을 낳고, 낮은 지위에서 탈출하려는 2세 이민들의 야심을 강화한 것은 이민 그 자체였다고 펄먼은 말하였다. 1820년대에 미국을 여행한 바 있는 케이저링 백작(伯爵)은 평등주의를 그 신조로 하는 아메리카니즘은 사회주의의 대용품이라는 의견을 피력했는데, 19세기 말기에 미국에 건너온 많은 독일 사회주의자들의 전향은 이 의견의 예리함을 증명하고 있다. 일부 저술가들은 농민이 경기순환에 보조를 맞추어 급진주의와 보수주의 사이를 시이소 운동을 하는 것 같은 미국사회의 농업적 기초를 그 원인으로 강조하였다. 또 다른 저술가들은 2대 정당제의 기능적이기보다는 지방적인 조직을 그 이유로 지적하기도 했다.

이 양당제는 아끼고 밀어 주는 지지에 중점을 두고 있기에 기회주의적이 되어서 정치논의의 양식으로서는 공허한 수사론적인 논의만 일삼게 되어, 엄밀한 원칙보다는 타협이 이익

지향적인 정치에서는 중대 관심사로 되는 것이다. 결국 이러한 설명은 모두 미국의 천연자원과 물질적 거대성에 의한 것이다. 미국의 노동자가 독일 노동자의 거의 3배의 빵과 고기를, 그리고 4배의 설탕을 소비한다는 사실에 외경의 감정을 품은 좀바르트는 다음과 같이 외쳤다.

"모든 종류의 사회주의 유토피아는 구운 쇠고기와 사과파이가 넘치는 모래벌판에 다다르게끔 운명지어졌다."[3]

그러나 이러한 상태는 일시적인 것에 불과하다는 것을 이들 분석은 암암리에 말하고 있다. 발전하는 사회체제로서 자본주의는 성숙하면 필연적으로 위기가 잇달아 일어나 방대한 자각적 임금 노동자 계급과 유럽형의 사회주의 운동이 출현하리라는 것이다. 대불황은 이와 같은 위기―사회 전체에 대한 신빙성을 뒤흔드는 정서적 동요―였던 것이다. 이것은 미국 노동자들의 마음에 아물지 못할 만큼 심한 상처를 주었다. 거대한

---

3) 괴츠 A. 브리프스의 《프롤레타리아트》(뉴욕, 1937), p. 192에서 재인용. 공산주의적 경제학자들은 이러한 상황에 당황한 나머지 물질적 증대를 부인하고자 노력했다. 통계학자 유르겐 쿠친스키(전 동독의 관리)는 자본주의 아래서의 노동자 계급의 궁핍화 증대라는 마르크스의 명제를 변호하고자 애쓰며, 19세기의 미국 노동자의 생활상태가 사실은 악화된 것이라고 논했다. 그가 뽑은 자료에 의하더라도 실질임금이 1790년에서 1900년까지 증대했다는 것을 알 수 있다. 여기서 그는 자본주의 사회에서 같은 노동자라도 실제로 이익을 얻게 되어 사실상 높은 임금으로 매수당하고 있는 노동귀족과 착취당하고 있는 보다 많은 대중의 집단으로 서로 나누어지고 있다는 레닌의 이론에 의존하고 있다. 그렇다고 해도 역시 그의 주장은 수사론적인 사실에 불과하다. 쿠친스키의 《산업자본주의에서의 노동조건의 역사》 중 제2권 《미국의 1789년부터 현재까지》(런던, 1943) 참조.

노조운동에 박차가 가해져서 10년간에 3백만 미만에서 1천 5백만 명을 넘는 노동자의 조직으로, 즉 전미국의 임금 노동자와 봉급 소득자의 거의 30%에 이르는 조직으로 성장하게 되었다. 대불황은 오하이오주의 공업지대의 열렬한 조직운동과 연좌파업(連坐罷業)을 부수적으로 수반하여 미국에서 계급투쟁의 선풍을 일으켰다. 이것은 강력한 반자본주의, 반재벌의 포퓰리스트 운동(예컨대 휴이 롱의 부의 재분배, 코플린 신부의 사회정의, 타운젠트 박사의 노령연금 법안)을 낳았다. 이렇게 되자 사회주의 이론가들이 기다리고 있던 비옥한 토양이 마련되기라도 한 듯이 보였다.

그러나 어떠한 사회주의 운동도 나타나지 않았으며, 일관된 사회주의 이데올로기도 아직 안 보였고, 노동운동이나 정치분야 그 어느 쪽에서도 결실을 맺은 것은 없었다. 초기의 아메리카니즘 이데올로기처럼 뉴딜이 사회주의 엇비슷한 대용품으로 화한 것처럼 여겨진다.

그러나 이러한 설명은 모두 급진주의 운동에 있어서, 말하자면 '외면적'인 면에서는 비록 진실이라 하더라도 오로지 동전의 한 면만 본 데 지나지 않는다. 또 다른 한 면은 다음과 같은 것이다. 사회주의자의 세계관은 어떤 것이었던가? 그리고 그 비전 때문에 왜 사회주의 운동이 미국적 현실의 적응에서는 실패하였는가? 왜 사회주의 운동은 합법적인 선택을 하는 데 실패하고 말았는가?

사회주의 운동이 왜 현실상황을 바로 다루지 못했던가에 대한 일반적 해답은—그리고 이런 견해는 늘 사후적인 것이나

—사회적 성격의 상호작용(즉 운동의 사회적 구성과 그 운동이 어떤 종류의 충성을 그 구성원에게 요구하였던가의 사실), 다른 여러 제도에의 접근도, 그리고 이데올로기의 본질에 관련되고 있다.[4]

대체로 사회운동의 실패나 성공에 관한 완전한 설명은 이들 세 가지 요소가 어떻게 상호간에 영향을 미치는가를 기술하지 않으면 안 된다. 이렇게 하여 인종적 이유이든 감정적 이유이든 간에 사회에서 완전히 소외된 운동은 현존 질서와의 타협이 매우 어렵게 될 것이다. 이런 경우에는 운동의 사회적 성격 때문에 변동하는 현실에 적응하는 데 실패하였다고 분명히 설명하여도 좋을 것이다.

노조원이나 전문적 직업인이 차지하는 비율이 높은 사회운동은 쉽게 다른 정치집단에의 디딤돌이 될지도 모른다. 이 때문에 접근도가 중요한 요인인지도 모른다. 다른 경우에는 이데올로기의 본질이 행동의 딜레마를 낳을 요인인지도 모른다. 어떤 운동에 있어서는 이데올로기는 금방 버리고 마는 장식품

---

[4] 그렇지만 여기서 쓴 것과 같은 일반적인 가설은 다만 해답을 주고자 시사한 것에 지나지 않는다. 이런 일반적인 가설은 조건을 명시하고 문제에 민감하게 해준다. 그러나 어떤 사회운동의 운명에 대한 경험적인 연구는 때와 장소, 사회라는 특정 문제들에 주력하지 않으면 안 된다. 개인과 마찬가지로 사회운동은 그 선택행위로 말미암아 자기의 성격을 분명히 한다. 그러기에 '위기의 순간'에 처했을 때, 그 운동이 직면해 있는 선택의 갈림길을 명백히 하고, 또 그렇게 선택하게 만든 동기를 이해해야만 된다. 〈미국에서의 마르크스주의적 사회주의 운동의 배경〉이라는 필자의 전공논문에서 나는 이와 같은 미국 사회주의의 전환점을 밝히고자 애썼다. 에그버트와 퍼슨즈 공편, 《사회주의와 미국 생활》(프린스턴, 1952), pp. 215~404.

이고, 또 어떤 운동의 경우에는 하나의 접착제이다.

본장은 사회주의적 이데올로기와 관련을 맺고 있다. 미국 사회주의 운동의 실패는 윤리와 정치와의 근본적인 딜레마를 해결하지 못한 것에 그 원인이 있었다는 것이 나의 주장이다. 즉 사회운동은 그 목표의 언명방법(言明方法)에 의해서, 혹은 자본주의 질서를 전면적으로 거부한 것으로 인하여 타협을 주축으로 삼고 있는 정치세계의 사회행동이라는 개별적인 문제들과는 서로 다른 것이 된다. 다시 말해서 사회주의 운동은 현실세계 속에 살면서 현실세계에 굴하지 않는다는 불행한 문제에 의하여 함정에 빠진 것이다. 부도덕한 사회에서의 정치가가 아닌 도덕가로서 사회주의 운동은 가능했던 것에 불과했지만, 이것만으로는 불충분한 것이었다. 노동운동처럼 자본주의 사회를 용인하고, 내부로부터 변혁하고자 노력하든가, 아니면 공산주의자들처럼 자본주의 사회의 불구대천(不俱戴天)의 적이 되든가, 그 어느 쪽이든 근본적 쟁점을 전혀 해결할 수 없는 기회주의적인 것에 불과했다. (루터주의처럼) 현세에서 살고 있으면서 현세에 예속되지 않을 수도 있다(결국 종교운동은 현세가 아니라 내세에 관한 것이다). 그러나 이와 같은 것은 정치운동의 경우 불가능한 일이다.

두 개의 윤리

가장 넓은 의미에서 사회는 보수(報酬)와 특권을 분배하기 위한, 그리고 책무와 의무를 부과시키기 위한 조직적 체계이다. 그 체계 안에서 윤리는 분배의 정당성을 취급하며 정의의 근본원리라는 의미를 내포하고 있다. 정치는 분배의 구체적 양식으로 특권의 분배를 결정하는 조직적 집단 간의 권력투쟁을 의미한다. 사회행동에는 윤리와 정치와의 불가피한 긴장이 존재한다. 액턴 경은 어느 비망록에서 다음과 같이 그 문제를 제기하였다.

"정치는 이상을 실현하는 시도인가, 그렇지 않으면 윤리의 범위 내에서 이익을 얻으려는 노력인가?" 더욱 간결하게 말하면 "윤리는 목적인가 아니면 제약인가?"[5]

일반적으로 폐쇄사회(閉鎖社會)에서는 윤리와 정치가 서로 손을 잡고 전진한 역사적인 시기도 있었다. 그러한 사회에서는 이론상 도덕률과 공정한 보수가 지배하고, 사회 각층은 고정된 지위에 응하여 각기의 특권을 향유하게 되는 것이다. 그러나 근대사회의 현저한 특징은 윤리와 정치와의 분리이다. 이 유인즉 어떠한 집단도 공권력(公權力)에 의하여 전체 사회에 그 도덕관을 강제할 수 없기 때문이다. 그리하여 이데올로기, 즉 특수한 자기이익을 숨기는 일반적 이익과 보편적 가치의 가면이 윤리와 대치되는 것이다. 사회의 보수와 특권의 재분배는 정치무대에서만 이루어지는 것이다. 그러나 규범(혹은 단순한 계

---

5) 게르트루드 힘멜파브의 〈액턴 경의 정치이론에 나타난 미국혁명〉, 《현대사》 (1949년 12월) 참조.

임의 규칙)이라기보다는 의도(혹은 목적)로서 언명된 윤리는 정치에 발을 들여놓음으로써 숙명적으로 정치를 전부냐 아니냐의 싸움으로 변형시키는 철저한 헌신적인 자세를 요구하게 되어면 피안(彼岸)의 목표로 변해 버리고 만다.

액턴의 딜레마는 막스 베버에 의하여 그의 직업적 정치론에서 명확히 재정식화되었다. 책임윤리로서, 혹은 심정윤리(心情倫理)로서 정치의 게임은 고찰될 수 있다고 그는 말하였다. 전자는 실제적인 사고방식이며 그 목표로서 화해를 요구한다. 후자는 순수하게 타오르는 사라지지 않는 불꽃과 같은 것으로 신념과의 어떠한 타협도 받아들이지 않는 확신자를 낳는다.

시민적 평화를 유지하는 것은 정치적으로는 책임논리에 의해서만 가능하다고 논하면서 베버는 다음과 같이 쓰고 있다.

"도덕적으로 누가 옳고, 누가 잘못인가를 일방적으로 물을 것이 아니라, 현존하는 투쟁 속에 있는 모든 관계자에 대하여 최소한의 내외적 위험밖에 미치지 않는 해결방법을 묻는다면 일이 그렇게 절망적인 것같이 생각되지는 않는다."[6]

그러나 어떤 절대적인 것에 대한 헌신(행동적·분쇄적인 사회력인 볼셰비즘이든, 혹은 사회로부터 수동적 후퇴인 종교적 평화주의든 간에)과는 다른 이러한 정치관은 경쟁하는 모든 사회집단 사이에 사회에 존속하는 상호의 권리를 존중하는 기본적 합의가 존재할

---

6) 막스 베버, 〈직업으로서의 정치〉(H. H. 거드 및 C. W. 밀즈 공편, 《사회학 논문집》 [뉴욕, 1946] 소재) 참조.

때만 가능하다. 그 때문에 다원적 사회의 기초는 이런 윤리와 정치와의 분리에 의존하며, 윤리를 정치게임의 형식적인 여러 규칙에 한정시키고 있다. 실제로 사회주의자는 이 사실을 받아들였으나 이론상으로는 사회를 근저로부터 거부하였기 때문에, 사회주의 운동은 이 기본적인 어프로치를 마음으로부터 받아들이지 못한 채 결정적인 원칙상의 모든 쟁점을 에워싸고 움직이지 못했다.

어느 논리를 받아들이는가의 문제가 중대한 것이다. 왜냐하면 근대정치의 특색 있는 성격은 봉건사회나 농업사회나 후진사회에 있어서처럼 여러 사건을 그대로 숙명적으로 받아들이는 것이 아니라, 사회변동의 운동 속에 사회의 모든 계층을 포함하는 데 있기 때문이다. 그 기점은 칼 만하임이 말한 바와 같이 재세례파(再洗禮派)의 혼음혼무(混飮混舞)의 천년왕국설, 즉 당장에 천년왕국을 실현하려는 무아상태에서의 노력이었다. 마르틴 루터는 성스런 생활과 세속적 생활을 분리시킨 수도원의 성벽을 허물어뜨렸다. 신자는 비로소 신자의 평등성으로 자립하고 성자를 중개로 하는 타인 의존적인 속죄가 아니라 스스로 기독교의 생활을 실현하도록 강요되었다. 그러나 사람이 모두 평등하면 주인과 노예는 어째서 존재하는 것인가? 구제의 면에서 모든 사람이 태어난 그대로 신 앞에 선다면 세속적 생활의 물질재(物質財)의 분배에 있어서도 평등해야만 되는 것이 아니겠는가? 이것은 급진적 재세례파가 질문한 문제들이었다. 내세 지향적인 종교적 정적주의(靜寂主義)는 돌연 현세에 있어서 천년왕국을 실현하려는 혁명적 행동주의로 변형돼 버렸다. 이렇게 하여 천년왕국설 신봉자의 종교적 열광은 낡은 종교적 질서의 사슬을 끊어 버렸으나 동시에 또 사회질서를 문란케 할 위험성이 있었다. 왜냐하면 다만 한 사람의 억압자를 겨누면 되었던 지난날의 혁명과는 달리 천년왕국설은 현존의 사회질서 전체를 타도하려고 노력했기 때문이다.

천년왕국설 신봉자에게서 볼 수 있는 특징적인 심리적 사실은 그들에게서는 시간의 내면적 분절화가 전혀 보이지 않고 절대적인 현재만이 있을 뿐이라는 것이다. "혼음혼무적인 에너지와 자아도취적인 격발이 세속적 배경 속에서 활동하기 시작하여 과거에는 일상생활을 초월하고 있던 긴장이 일상생활의 내부에서 폭발적 동인(動因)으로 되었다."[7] 천년왕국설의 신봉자는 현세 속에 있는 것도 아니고 또 현세에 속하는 것도 아니다. 그는 현세 밖에 서서 현세에 반항하고 있다. 왜냐하면 구원의 길인 천년왕국이 바로 가까이 있기 때문이다.

이런한 희망이 가능하고 사회운동이 대변동의 순간을 맞아 사회를 변혁시키는 것이 가능한 경우에 비약이 이루어지고, 그 불기둥 속에서 논리와 정치와의 융합이 가능해진다. 그러나 사회가 안정되고 사회변동이 작은 규모로 진행되는 곳에서는 천년왕국설의 순수한 신봉자는 절망하여 기성체제의 질서와 쓰디쓴 타협을 하기보다는 허무주의적으로 된다. "이런 정

---

7) 칼 만하임, 《이데올로기와 유토피아》(뉴욕, 1936), pp. 190~193.

신이 쇠퇴하여 사회운동을 포기할 때 적나라한 대중적 광란과 탈정신적 격노가 그 뒤를 잇게 된다"고 칼 만하임은 쓰고 있다. 이런 태도는 그 훨씬 뒤 속류화된 형태로 러시아의 무정부주의 속에 나타났다. 그 때문에 "파괴적 욕구는 동시에 창조적 욕구이다"고 바쿠닌은 썼던 것이다.

그러나, 아나키스트만이 아니라 모든 사회주의자, 정치적 메시아주의에의 모든 귀의자는 처음엔 다소간이나마 천년왕국설의 신봉자라 할 수 있다. 압박받는 집단과의 동일화에 의하여 새로이 솟아나는 정열 속에 '최후의 투쟁'이 바로 눈앞에 있는지도 모른다는, 억제할 수 없는 긴장감과 희망이 있게 된다("우리 시대엔 사회주의를!"이 노먼 토마스가 1930년대에 사회당 신입당원에게 내세운 기치[旗幟]였다). 그러나 혁명은 반드시 눈앞에 있는 것도 아니었기에 천년왕국에의 열의를 어떻게 다루며 만일의 사태에 대비할 것인가 하는 문제가 늘 급진주의자의 전략적인 기본 문제였다.

무정부주의자는 행위의 비전을 갖고 있었다. 한 발의 탄환이 터지는 순간에 세상을 변혁시킬 수 있으며, 자신이 그 탄환이 터지는 순간을 명령할 수 있다는 전능신(全能神)과 같은 확신 때문에 무정부주의자는 단조롭고 권태로운 생활을 보낼 수가 있었다. 이미지는 강력한 것이라 하더라도 그 신봉자는 몽유병자처럼 환상의 세계에서만 살아갈 따름이다. 따라서 무정부주의자는 환상에 의해서만 그 신봉자가 지쳐 버리거나 의기가 소침해 버리는 것을 방지할 수 있었던 것이다. 가장 급진적인 어프로치는 혁명적 신화의 관념을 제공한 조르주 소렐의 것이었다. 생디칼리스트에게 그 신화는 구세주의 분장(扮裝)기능을 했다. 이러한 통일적인 이미지는 증명할 수도 반증할 수도 없어서 사회에 존재하는 다양한 감정의 덩어리로부터 소렐은 "나눌 수 없는 전체를 환기시킬 수 있었다"로 썼다. "생디칼리스트는 제네스트라는 드라마에 사회주의의 모든 것을 집중시킴으로써 완전히 이 문제를 해결했다. 그 때문에 대학 교수의 표현상의 속임수에 불과한 상반하는 것과의 화해의 여지 등은 이미 전혀 존재하지 않는다. 사회주의의 유일한 해석이 가능하다는 것을 모든 것이 명확하게 밝혀주고 있다." 소렐의 이른바 사회주의의 파국적 관념에 있어서 "다만 한 가지 중요한 것은 신화의 전체성이다."[8] 그러나 현실에 의하여 끊임없이 배신당할 때 신화는 대체 얼마만큼 견디어 낼 수 있을까?

프롤레타리아트의 베일

프롤레타리아트란 그 자체로서 무엇을 뜻하는가? 사회주의의 역사적 드라마에 있어서 그 역할은 무엇인가? 프롤레타리아트는 어떻게 하여 여명의 베일을 뚫고서 자기인식에 이르는가? 예수의 경우에서와 같이 마르크스는 "나는 모든 신비를 영속시키기 위해서가 아니라 끝내기 위해 왔다"고 말할 수

---

8) 조르주 소렐, 《폭력론》(글렌코우, 1950) 참조.

가 있었다. 그의 역할은 그 자신의 이미지로서 근대인을 포로로 하는 물신성(物神性)을 폭로하고, 자유와 합리성이 이미 성취되었다고 하는 헤겔의 주장을 논박하는 것이었다. 그러나 그의 선배 철인과 같이 그도 사회행동의 메카니즘이 아닌 역사의 내재적 힘을 다룬 데 불과했다.

모든 정치활동은 과거의 상징의 예속(隸屬)이었다고 마르크스는 썼다("그래서 루터는 사도 바울의 가면을 썼고, 1789년에서 1814년에 이르는 프랑스 혁명은 로마 공화국과 로마 제국의 교체와 유사하다"고 그는 《부리메르 18일》에 썼던 것이다). 그러나 역사는 진보를 목표로 삼는 인류의 각성(覺醒) 과정이다. 사람들은 이미 농업사회의 수신(水神)이나 의인신(擬人神)에 속박되어 있지 않고, 또 부르주아 사회의 프로테스탄티즘이라는 추상적인 비인격적 신에 속박될 필요도 없다. 인간은 가능성으로 충만해 있다. 그러나 그 가능성을 어떻게 실현할 것인가? 지식인은 자기의 타고난 환경을 초월하는 상상력을 갖고 있기 때문에 자기해방이 부분적으로 가능하였다. 그러나 계급으로서 프롤레타리아트가 발전할 수 있는 것은 다만 사회 그 자체의 사회적 제관계가 그 예속자로 하여금 그들을 속박하고 있는 갖가지 가죽끈을 분명히 하게 하는 정도에 의해서였다. 마르크스는 《자본론》에서 인간은 그 노동력을 자기가 좋아하는 사람에게 팔 수 있다고 해서 자유로운 것은 아니라고 말했다. 착취는 자본주의 사회의 구조 그 자체에 잠재적으로 포함돼 있다. 자본주의 사회는 존속하기 위하여 잉여가치를 수탈하고 새로운 자본을 축적함으로써 부단히 확대되지 않으면 안 되기 때문이다. 프롤레타리아는 이 과정에 있어서 겨우 최저한도의 인간생활을 누리도록 강요당하여(절대적 궁핍화의 법칙) 일체의 인간적 존엄의 표시마저 빼앗길 것이다. 이와 같은 소외의 고민 속에서 프롤레타리아트는 자기를 다른 사람들과 결합시켜 혁명이라는 응집력 있는 사회운동을 창조하는 자기확인의 감각을 깨달을 것이다. 행동의 면에 있어서 프롤레타리아트는 이미 조작되는 것이 아니라 자기를 주장하는 것이 되어 버린다.

이렇게 하여 대드라마의 무대가 설정된다. 자본주의인 내재적·경련적(痙攣的)인 모순에서 투쟁은 확대될 것이다. 프롤레타리아트는 사회의 내부에 있는 것도, 사회에 속하는 것도 아니다. 사회 그 자체를 이끌어 가게 될 것이다.

그러나 역사는 최소한 서양에 있어서 마르크스의 예언을 뒤집었다. 절대적 궁핍화의 법칙은 테크놀로지의 눈부신 진보에 의하여 반박되었다. 노조는 노동자의 생활을 개선하기 시작했고, 계속되는 정치투쟁에 있어 사회에 반항하는 혁명적 도구가 된 것이 아니라 사회규범 속에서 하나의 지위를 받아들임으로써 잘되어 나간다는 것을 알게 되었다.

햇볕 비치는 곳

19세기 미국 사회운동의 대부분은 현재 환경에서 탈출하려는 노동자의 노력을 포함하고 있었다. 그 해결방법은 자기 소유의 땅과 이자가 낮은 자본이었으며 생산조합이었다. 미국노동총동맹(AFL)의 발흥(勃興)은 전설왕(傳說王) 프레스터 존이 건설한 것 같은 국가에 대한 이러한 탐구의 종말을 알리는 신호였다.

 "노동자의 상태를 개선할 필요성이 너무 컸기 때문에 노동자는 그저 아름다운 명상이나 하나의 목적에만 모든 에너지를 바칠 수 있도록 노력을 기울이게 할 여유 같은 것은 없었다 ……. 임금제도에서 벗어나는 길은 임금을 올리는 길밖에는 없었다."[9]

 이렇게 새뮤얼 곰퍼즈는 말했다.

 그가 정치적 사회주의자를 근본적으로 싫어한 이유는 그 당파가 완강하게 빵과 버터 등의 현실의 실제적 측면을 무시하였기 때문이다. 1880년대에 곰퍼즈가 이끄는 엽연초제조공조합은 대도시 빈민가 공동주택에서 엽연초의 제조를 불법화하는 입법을 요구했다. 그는 그 법안에 반대투표 한 의원을 가려내서 재선을 막으며, 법안에 찬성투표 한 의원을 지지할 것을 요구했다. 그러나 정치적 사회주의자는 이러한 조치는 엽연초제조공에게 일시적 이익을 줄지는 모르나 노동운동을 타락시킬 것이라고 비난하며, 노동자에 편드는 후보자라도 보수당의 후보자에게 투표하는 것을 단호히 반대했다. 사회주의자는 최

---

9) 순수한 조합주의라는 어구—나중에 미국노동총동맹의 규격화된 한 문구가 된 것—를 곰퍼즈가 처음으로 쓴 것은 사회주의자와의 논쟁 중에서였다. 곰퍼즈의《노동 70년》제1권, pp. 276~287.

초의 공동주택법안이 제정되었을 때에도 곰퍼즈의 한쪽 팔격이며 그 법안 통과에 온 힘을 다 기울인 에드워드 그로스의 재선을 반대하였다. 그것은 곰퍼즈로서는 결코 잊을 수 없는 교훈이었다.

그러나 곰퍼즈가 아무리 민감하였다 하더라도 그에게도 사회적 지위를 요구하는 다른 하나의 측면이 있었다. 네덜란드인과 유태인 사이에서 태어난 곰퍼즈는 13세 때 미국에 건너와 거의 일생 동안 자기가 외국 태생임을 뼈아프게 의식해야 했다. 미국 노동 지도자의 대부분은 이민(移民)이든가, 아니면 이민가계(移民家系)에 가까워 사회에 수용되었으면 하는 강렬한 원망(願望)이 지위 동인의 일부로서 나타났다. 실제로 이민은 미국사회의 급진적 세력은 아니었을 뿐만 아니라 이민의 자손은 보수적인 경향이 많았다. 1900년대 초기에 미국노동총동맹이 공화당의 정치 보스며 대통령 제조인이었던 마크 한나가 인솔하는 조직인 전국시민협회에 가입하는 데 대해 많은 논의가 있었을 때 곰퍼즈는 다음과 같은 말로 그 조치를 설명하였다.

"노조를 불가결한 사회적 요소로서 받아들이면, 논리적 필연으로 정책을 논의하는 집단에 그들의 대표를 포함시키는 관례를 확립하는 것은 큰 도움이 된다."[10]

미국사회의 기성제도인 기업이나 교회와 같이 정통적인 사회집단으로서 승인을 획득하는 일, 이것은 노동자의 유일한 야

---

10) 같은 책, 제2권, p. 105.

망이었다. 이민의 자식인 곰퍼즈에겐 그것은 또한 개인적인 성전(聖戰)이기도 했다. 백악관에 출입하면서 발언의 기회를 얻는 일, 정부에 대하여 공식적 발언을 하는 일, 지역사회 일반에서 수용되는 일 등 그는 미국 시민생활의 모든 측면에서 노동자의 사회적 승인을 획득하려고 노력하였다. 사회적 지위를 얻는 것, 이것이 곰퍼즈와 노동자들의 목표였다. 이리하여 20세기 중엽까지 노동자는 실제로 미국사회의 신흥세력이 되었던 것이다.

사회주의의 대망(待望)

19세기 미국의 급진주의자든 사회주의자든 어느 편도 이 사회적 타협의 문제에 대담하게 맞부딪치지 않았다. 19세기에 참으로 풍부하게 짜여진 유토피아는 진화와 함께 이성이 대두하여 완전사회가 출현할 것이라고 가정하였다. 그러나 그러한 유토피아에 있어서 인간적 환희에 관한 마네킹적 비전은 극히 기계적인 것이었기 때문에, 예를 들어 벨라미의 노동자 징병군의 계획이란 것을 오늘날 읽으면 혐오의 감정을 일으킬 뿐이다.

20세기로 접어들면서 대두한 과학적 사회주의 운동은 이러한 유토피아의 비현실성을 조소하였다. 프롤레타리아의 조화에 의해서만 보다 나은 사회를 만들어 낼 수 있을 것이다. 그러나 이 현실세계와의 외견적 관련성은 그 자체가 하나의 망상이었다. 사회주의의 딜레마는 지금도 '사회적 현실 속에 있으면서 사회에 속한다'는 문제를 어떻게 다루느냐는 것이다. 실제 초기의 사회주의 운동은 현실사회를 거부하고 단순히 새로운 사회를 기대하였다. 미국의 사회당은 당장 필요한 사회적 개혁을 요구함으로써 정치적 기능을 발휘하려고 노력하였으나 사회적인 일상생활의 영위 속에서 발생하는 현실의 정치적 문제에 대하여는 분명한 입장을 취하지 않았던 것이다. 유진 데브스는 "제국주의, 영토 확장, 은화 자유 주조, 금본위제 등은 임금 노동자에게 얼마나 의미없는 문구인가?" 하고 1900년에 말했다.

"매킨리에 의해 대표되는 대자본가와 브라이언에 의해 대표되는 소자본가는 이러한 쟁점에 관심을 갖고 있으나 그들은 노동과 계급에 관심을 갖고 있지 않다."

노동자는 사회의 외부에 있기 때문에 이러한 쟁점은 빗나간 것이라고 데브스는 말했다. 데브스와 사회주의 운동가 전체는 자본주의 정당과 아무런 거래도 갖지 않을 것이다. 지방자치에 대한 쟁점을 둘러싸고서도 사회당은 타협하지 않을 것이다. 사회주의 운동은 미래에 커다란 확신 때문에 이 순수성을 유지할 여유가 있었다.

"사회주의의 프로그램은 그 승인이나 거부를 요구할 뿐이지 사회에 기여하는 이론은 아니다. 그것은 조만간 불가피적으로 일어날 것의 해석에 불과하다. 자본주의는 이미 파멸을 향해 나아가고 있다"고 사회당이 최초로 발표한 1904년의 사회당

전국강령(全國綱領)은 이렇게 선언했다.

그리하여 사회당과 그 지도자 유진 데브스는 기다리고 있었다. 사회주의 운동사에 내재하는 환상적 모순—그 극도로 감정적인 비전, 그 돈키호테적 기질의 자기마비(自己痲痺)적인 정치행동, 그 음산한 분노에 찬 감정의 격발—을 몸으로 나타내고자 한 사람이 바로 유진 데브스였다. 데브스는 정열을 불태우게 하는 힘을 갖고 있었다.

그러나 데브스는 예언자의 메시아적 역할을 잘 깨닫고 있었으나, 정치가로서의 실제적 자질, 즉 도덕적 절대성을 다루어 최소한의 필요한 타협을 갖고 그것들을 상세한 항목으로 분해하는 능력을 갖고 있지 못했다. 그는 또 사회주의 지도자는 이 긴장상태에 있어서 두 개의 위험—예언자의 타락과 정치가의 무능함—이 생긴다는 인식이 없었다. 데브스는 예언자의 역할을 수행할 힘조차 없었다. 천박한 독단론(獨斷論) 때문에 경직한 도덕적 환상에 사로잡혀 있었다. 그에게 동정적인 전기작가는 "제안된 개혁과 사회주의가 직접적으로 연관을 가지고 있다고 파악되지 않는 한, 그는 개혁에 시간을 낭비하는 것을 거부하였다. 그때 논의는 불모(不毛)가 된다. 그는 조금도 움직이지 않았기 때문이다"[11]고 쓰고 있다.

이 독단론은 레닌의 경우에서처럼 강철같이 견고한 혁명의 지로 굳어진 것이 아니라 정통파 노동자 여론인 '좌익'에서 생

---

11) 레이 긴저, 《기울어진 십자가》(뉴브룬스위크, 1949) 참조.

겨난 거의 강박관념적인 원망(願望)에 뿌리박고 있었다. 또 이 부단히 이의를 주장하는 강한 경향은 헤이우드처럼 재산을 몰수당한 반역자의 정신에서 생긴 것도 아니었다. 그 원천은 감상적인 19세기의 낭만주의였다. 인생의 패배자에 대한 그의 관심이 루소처럼 순진무구하게 맑은 낙천주의와 함께 그의 내면에 마련되어 있었다. 그러나 그의 개인 생활이나 행동과 습관에 있어서 뒤에 술에 너무 탐닉해 버린 것을 제외하면 데브스는 남 못지 않게 거의 부르주아적이었다.

데브스의 맹렬한 공격의 화살은 관료와 정당 보스에게 향해졌고, 그의 정열과 애정은 그 자신과 같이 파란이 많았으며, 새로운 이론을 제창하면서 생애를 보내는 사람들을 위해 비축되었다. 데브스는 종교개혁의 긴 도정의 말단에 위치하고 있었고, 그는 내면적인 자아의 명령에 거의 신비적인 신앙을 갖고 있었다. 모든 신자의 조직에서 떨어져 고독한 존재로서의 인류의 무거운 짐을 어깨에 걸머졌다. 고독한 존재로서의 그는 개인과 모든 권리를 강조하였다. 그리하여 결국 그와 같은 자율적인 태도가 인간의 존엄성을 지켜주는 성벽이 되었다.

사회주의의 두 저울대

인류 부활의 날짜를 언제나 연기하면서 구원의 목표를 내세로 돌리는 모든 종교운동과는 달리 현세에 사는 사회당은 그 성과를 나타내지 않으면 안 되었다. 그것은 역사의 신념에 기초를 두는 운동이었으나 그 자신이 스스로 시간의 외면에 몸을 둔 것이었다. 제1차 대전이 드디어 일어났다. 처음으로 사회당은 현실적 쟁점을 둘러싸고 태도를 결정해야 할 사태에 직면했다. 사회당의 거의 모든 사상적인 지도자들은 그 쟁점에 관하여 방기(放棄)되었다. 그 결과 미국 사회주의의 척추(脊椎)는 부러져 버렸다.

노먼 토마스의 사회주의라고 하여도 좋을 1930년대의 사회주의 운동은 역사의 필연적 과정에 대한 초기의 신념에 만족하여 안일하게 있을 수는 없었다. 현재의 특정한 쟁점에 관하여 태도를 결정토록 강요됐기 때문이다. 그럼에도 불구하고 또 이들 쟁점을 형성하였던 사회의 전제를 완전히 거부하였다. 사실 사회당은 사회 안에서 생존하고 있다는 사실은 인정했으나, 사회의 일부로 되는 책임은 거절한 것이다.

사회주의자가 노동운동에 뿌린 씨앗이었던 젊은 노동조합원이 진보적인 입법의 이익을 옹호하기 위하여 루즈벨트나 뉴딜과 정치적으로 제휴할 필요성에 직면했을 때, 사회주의자는 민주당과 공동보조를 취하기보다는 노동당이 낫다고 이를 추천하게 되었다. 그 결과 사회당은 대부분의 노동조합의 기반을 상실한 것이다. 피시즘과 제2차 대전의 위협으로 마침내 사회주의라는 큰 배는 안전히 항해하지 못하고 암초에 부딪히고 만다. 자본주의 사회를 지지하지 않고 어떻게 히틀러를 패배시킬 수 있을 것인가? 일부 사회주의자는 제3세력이란 슬로건을 내걸었다. 그러나 사회당은 그러한 노력의 무의미함을 깨닫고 있어 여러 가지 예에서 보아 온 것처럼 거부하였다. 파시즘을 저지하는 최량의 방법으로 사회당은 "국내에 있어서 민족주의를 운용하는 것이다"라고 주장했다. 그러나 이 문제는 군사적 해결 이외에는 불가능하지 않은가? 반파시즘 운동의 주요한 관심은 파시즘 권력의 정치적 중추였던 히틀러가 있는 베를린으로 향할 뿐이었고, 다른 어떠한 관심도 주변적인 것이었다.

사회당은 내분을 면할 길이 없었고, 당 분열의 위험 앞에서 당내 융화냐 결렬이냐의 문제를 둘러싸고 많은 시간을 낭비하게 되었다. 이 사실이야말로 과거 30년간에 있어서 정치운동으로서의 미국 사회주의의 무능함을 이해하는 하나의 실마리가 된다. 그러나 정치에의 무력함을 증명하였다고 하지만, 미국의 사회주의는 하나의 도덕적 힘으로서 존속하였으며, 노먼 토마스를 새로운 이정표로 세운 것이다. 데브스가 근본적으로 미국 사회주의의 감상가(感傷家)였다고 한다면 노먼 토마스는 도덕적 상징이었다. 노먼 토마스가 미국의 빈곤에 대한 자기의 연구에 '자본가에 의한 착취'가 아니라 '인간에 의한 착취'라는 제목을 붙인 데 대해 어느 공산주의적 비평가는 그를 조소하였다. 그 비평가는 급소를 찌른 셈이다. 왜냐하면 토마스는 분석적·사회학적이 아니라 윤리적·감정적으로 각성했기 때문이다. 사상적으로 체제가 나쁘다는 것을 토마스는 알고 있었을 것이다. 그러나 그와 같은 추상적인 생각은 그에겐 별 의미가 없었다. 그의 관심은 언제나 개개인이 저지르는 부정의 개인적 사실에 있었다. 그리고 사회주의는 비인격적인 근본 원인을 분석하기보다는 즉각적이고 개인적인 문제를 다루는 일이라고 생각했기 때문에 스스로 어떤 행동을 하는 경우 그는 가장 행복하다고 느꼈던 것이다.

1884년 오하이오주 밀리온에서 태어난 토마스는 프린스턴 대학에 입학, 1905년에 졸업생 대표로 고별사(告別辭)를 읽으며 이 학교를 떠났다. 목사 집안에서 태어난 그는 목사가 되도록 운명지어진 것이었으나, 진보의 신념에 넘치는 나이가 되자 낡은 전통파적 신앙을 받드는 것은 잘못된 것으로 생각됐다.

토마스를 적극적인 사회개혁에 참여케 한 것은 뉴욕 서쪽 스프링 가의 빈민굴 아파트의 불결함과 빈곤이었다. 그리고 그를 사회주의자로 만든 것은 제1차 대전과 종교적 반전조직인 '친목회'의 영향이었다.

1924년 그는 뉴욕 주지사 후보에 지명되었고, 4년 후에는 대통령 후보에 지명되었다. 당 지도자인 토마스로서는 두 가지 중대한 결함이 있었다. 그는, 첫째 자기와 같은 세대의 사람을 믿지 않았으며, 그를 찬미하는 무비판적인 젊은이들을 측근에 두었고, 둘째 다른 사람에 의하여 조종되는 것을 두려워했기 때문에 모든 정치적 공격을 스스로 행하였다. 데브스와 달리 토마스는 당의 지도자로서의 일에 몰두하였다.

토마스는 30년대 초기 및 중기에 가장 불행하였다. 그때 비스마르크주의자였던 그가 혁명의 정설을 둘러싼 57종의 주장과 논쟁에 말려 들게 되었기 때문이다. 30년대 후기에 그는 노동문제를 둘러싸고 우파와 제휴하였고 전쟁문제에 관하여서는 반전론자와 좌파로 변했다.

일본의 진주만 공격 이후 토마스는 미국정부에 대한 비판적 지지를 내세웠다. 즉 초기에는 외교정책을 무시하고 후방에서 부정을 적발하는 입장이었다.

그러나 분열되어 버릴 것을 두려워한 사회당은 평화주의자, 전쟁 반대의 사회주의자, 전쟁 찬성의 사회주의자가 다 함께 당 내에 머무를 수 있도록 유연하고 애매한 정식을 채택했다.[12] 그러나 이런 방법은 쓸모없는 것이었다. 아무도 그런 타협에 만족하지 않고 모든 분파가 분열되어 가는 많은 요인을 길러 주게 되어 당원들은 각기 흩어졌다. 그때 이후 사회당은 쇠퇴일로에 처하고 말았다.

이방(異邦)의 국외자

20세기 공산주의자들에게는 이러한 윤리와 정치와의 고민에 찬 문제는 아무것도 없다. 그들은 적대하는 적국에 사는 영원한 이방인이다. 어떠한 찬성의 제스처도, 어떠한 사회개혁에의 압력도 단순한 전술에 불과하고, 기만하기 위해서 필요

---

12) 드와이트 맥도날드가 도전한 상황은 다음과 같다. 즉 "전쟁의 쟁점을 둘러싸고 이처럼 분열만 되는 것은 사회당의 모든 분파에 정치적인 참된 진실성이 결여되어 있기 때문인 것처럼 느껴진다고 나는 본다"(이 글은 〈왜 나는 토마스를 지지하지 않는가〉,《정치학》[1944년 10월], p. 279).

했던 시기가 지나면 파괴해 버리는 위장촌락(僞裝村落)과 같은 것이다. 궁극 목적의 윤리야말로 공산주의자의 윤리다. 목표만이 중요하고 수단은 중요하지 않다.[13] 이렇게 하여 볼셰비즘은 사회 내부에 있는 것도, 사회에 속하는 것도 아니고, 바로 사회 밖에 위치하고 있다. 그러나 공산주의자와는 달리 사회주의자는 그 광신적인 비전이 없기 때문에 사회의 일상적 문제에 관하여 그 책임을 분담하는 고민에 직면하는 것이다.

볼셰비즘에 종교적 힘을 부여하는 것은 절대적인 것에의 귀의(歸依)이다. 세기의 위대한 정치신화의 하나로 철과 같이 의지가 강한 볼셰비즘의 신화를 지탱하여 주고 있는 것은 바로 귀의이다.

철과 같이 의지가 강한 영웅이라는 볼셰비키의 신화에 덧붙여 20세기의 공산주의는 현대정치의 이론과 실천에 대하여는 다른 몇 가지 독특한 공헌을 했다. 여러 가지 사회학적인 방법으로 체계적으로 쓰여진 것은 아닌데도 몇 년이 지나고 나면 일관된 철학으로 나타났다. 이러한 공헌 가운데 대개 다섯 가지는 도식적으로 관련지을 수가 있을 것이다. 이것이 미국에서의 공산주의 운동과 역사를 이해하는 데 중추적인 것이 된다.

볼셰비키의 중요한 혁신의 하나는 그 권력 이론이다. 사회적인 결정을 타협과 합의에 의한 다양한 이해의 조정이라고

---

13) "궁극적인 목적의 윤리, 즉 심정의 윤리의 확신자는 순수한 의지의 불꽃이 꺼져 버리지나 않을까 하고 애쓰는 것에 대해서만 책임감을 갖는다"고 막스 베버는 쓰고 있다.

생각한 19세기의 자유주의적 견해에 대하여—정치의 책임을 요구하게 된 제1차 대전 후에 사회 민주주의는 서서히 이 이론을 인정하기 시작했다—권력은 강제수단의 독점으로 정의되었다. 권력은 거의 물리적 관점에서 생각되고 그 방정식은 거의 문자 그대로 '힘과 대중과의 결합이 권력이다'는 식이었다. 시장사회(市場社會)의 자유주의 이론의 중심인 개인은 볼셰비키에 있어서 의지할 수 없는 실체였다. 조직적 집단만이 중요하고 대중적 기반만이 사회에 있어서 사회적 지렛대로서 힘을 발휘할 수 있었다.

그러나 대중은 지도를 필요로 한다. 마르크스주의 사회학이 해결 못 한 커다란 딜레마는 프롤레타리아트가 그 역할을 어떻게 자각하는가의 문제였다. '자연 성장성'이 레닌에게는 대중정치의 현실이 아니었고, 노동조합 또한 유효한 도구가 아니었다. 레닌의 해답은 당의 전위적 역할이었으며, 그것이야말로 혁명이론에 밀착되어 있는 가장 의의 있는 것이었다.

노동조합의 역할을 미화한 경제주의에 대하여 레닌은 노동조합을 기반으로 하는 사회의 단순한 조직화는 혁명의식이 아니라 임금의식을 낳는 데 불과하다고 논하고, 로자 룩셈부르크의 자연성장의 이론에 대하여서는 대중은 태어날 때부터 뒤떨어져 있다고 주장하였다. 사회적 세력의 불안정한 균형을 알고 있는 전위당만이 운동을 평가할 수 있고, 혁명의 방향으로 바르게 일변시킬 수가 있을 것이다. 레닌이 《무엇을 할 것인가》에서 윤곽을 묘사한 혁명적 전위주의의 고전적인 공식화는 이와 같은 것이었다.

그 속에서 레닌은 전문적 훈련을 받고 오랜 경험에 의하여 단련되고 완전한 융합상태에서 활동하는 소수의 확실하고 유능한 지도자 없이는 현대사회에 있어서 어떠한 계급도 결연한 투쟁을 수행할 수 없다고 썼다. 그는 다음과 같이 말했다.

"(1) 어떠한 운동도 계속성을 유지하기 위한 안정된 지도조직이 없으면 영속할 수 없다. (2) 대중이 자연발생적으로 투쟁에 끌려 들어가고 운동의 기반을 형성하는 범위가 넓으면 넓을수록 그와 같은 조직을 가질 필요성이 높아지며, 또 그 조직은 한층 안정되어 있지 않으면 안 된다(왜냐하면 선동정치가는 대중의 낙후 부분을 묶살하는 것이 훨씬 쉽기 때문이다). (3) 그 조직은 무엇보다도 직업으로서 혁명에 종사하는 사람들로 구성되지 않으면 안 된다는 것을 나는 주장한다."[14]

당이 전위로 된다고 하면 행동상의 규칙이 필요하게 되고 당의 위계질서와 '중앙집권주의'의 원칙이 생긴다.

모든 사람을 구속하는 노선이 지도층에 의해 설정되었다. 1930년 레닌의 이런 원칙의 발표는 러시아의 사회주의를 분열시켰고, 볼셰비키와 멘셰비키 두 파의 출현을 가져왔다. 처음 트로츠키는 레닌의 사상에 반대하였으나, 뒤에 그에게 굴복했다. 트로츠키는 자서전에서 다음과 같이 썼다.

"…… 의심할 것도 없이 당시 구질서와의 싸움에서 수백만의

---

14) V. I. 레닌, 《무엇을 할 것인가》(뉴욕, 1929), p. 116.

민중을 지도하는 데 혁명정당이 어떤 강력하고 전제적인 중앙집권주의를 가질 필요가 있다고 나는 충분히 알 수 있게 되었다. …… 혁명적 중앙집권주의는 가혹하며 강제적·강요적이다. 개개의 당원 및 모든 동지의 제반 집단과의 관계에서 그것은 그야말로 잔인무도한 태도를 종종 취한다. 화해 불능이나 냉혹 무정이라는 말이 레닌의 마음에 든다는 것이 결코 무의미한 것은 아니다."[15]

권력원리 및 조직이론에서 볼셰비즘의 두 개의 주요한 다른 교의가 생겨났다. 하나는 계급의 양극화였다. 최후의 투쟁만을 지향하고 있었기 때문에 볼셰비즘은 사회를 프롤레타리아트와 부르주아지 두 가지 계급으로 분할하였다. 그러나 프롤레타리아는 전위당에 의해서만 해방되는 것이었다. 그러므로 당에 반항하는 자는 누구나 적에 속하게 되는 것이었다. 레닌에게 절대적 윤리의 금언이란 "마음에 들지 않으면 적이다"는 것이었다. 여기서 또 사회파시즘론이 공식화되었다. 즉 1930년대 초에 히틀러보다도 사회민주당이 주요한 적이라고 판단한 그들은 바이마르 공화국 타도를 위해 몇 번이나 나치스와 제휴하도록 공산당을 지도하였다.

대중의 낙후된 본성에서 생기는 제2의 교리는 모든 정책을 강렬한 슬로건으로 간결하게 나타내는 기본적 심리전술이었다. 슬로건은 사건을 극적으로 표현하고 쟁점을 표준화하며

---

15) 레온 트로츠키, 《나의 생애》(뉴욕, 1930), pp. 161~162.

민주적인 정치행동에 따르게 마련인 모든 조건, 미묘한 차이, 작은 구별 등을 일소해 버린다. 슬로건에 관한 장에 있어서 레닌은[16] 현대 대중심리학의 최초의 글을 썼다. 혁명 중 볼셰비키는 "모든 권력을 소비에트에", "토지와 평화와 빵을" 등의 슬로건을 사용함으로써 전술의 유연성을 나타냈다. 모든 공산당의 기본적인 정치전술은 어디서든 처음에는 일반 당원에게, 그리고 대중에게 전달되는 기본적 슬로건의 사용에 의하여 정책을 공식화시켜 나갔다.

전위당과 그 대중과의 관계에 관한 이론의 귀결은 두 개의 진리체계다. 즉 하나는 혁명의 목적에 생애를 바치고 있는 사람들에게 주어지는 특수 윤리인 복음회의고, 또 하나는 대중에게 주어지는 진리다. 이 신념에서 다음과 같은 레닌의 유명한 이야기가 생겨났다.

"거짓말을 하거나 훔치거나 혹은 사람을 기만해도 좋다. 왜냐하면 주의 그 자체가 보다 높은 진리이기 때문이다."

파시즘과의 전쟁 시기였던 1935년에서 1945년의 10년간을 제외하면 공산당은 미국에서 별다른 추종자를 획득하지 못했다. 이른바 '붉은 10년' 동안 공산당은 결코 전국적 규모의 정치세력은 아니었으니, 산업별노동조합회의(CIO)에 중요한 영향력을 행사하여(한때는 이 회의 소속 약 20%의 노동조합을 지배하였으며,

---

16) V. I. 레닌, 《슬로건에 대하여》. 이는 뉴욕, 1932년 간행된 《레닌 선집》에 실려 있음.

더욱 중요한 것은 전미 CIO 주요 임원의 지위를 대부분 장악하여 뉴욕, 일리노이, 캘리포니아, 기타의 중요한 주와 대도시의 CIO 평의회를 운영하였다) 미국의 자유주의적이고 문화적인 지역사회에 있어서 상당한 사회적 지위를 달성하였다.

인민전선 시대인 1930년대 후기에 공산주의자는 갑자기 지금까지 배척 내지 경멸되었던 모든 영역(노동운동, 할리우드, 도시정치)에서 수용되게끔 됐다. 그러나 '인민전선'은 전술로서 국가동맹을 추구하는 정책의 일환으로서 모스크바에 의하여 지령된 것이었다. 공산주의자는 혁명이나 권력에 대한 신념을 포기한 것이 아니었으며, 자유주의파는 이에 조종되는 세력이었다. 그러나 1943년 이른바 국가적 통일의 테헤란 정세에 즈음하여 새로운 국면이 나타났다. 브라우더는 정당으로서의 공산당을 해산하여 정치결사로서 재편성한다는 결정적 수단을 강구하였다. 거기에는 전술적인 문제가 포함되어 있었다. 인민전선의 지난날의 성공은 공산당에게 새로운 전망을 부여했다. 브라우더 자신은 공산당이 새로이 인식되고 상당한 사회적 지위를 획득한 것을 기뻐했다.

사회당을 대신하여 미국사회에서 정통적인 지위를 차지하고 사회적으로 인정된 좌익이 된 것이다.

이 수정주의가 어디까지 나아갔는지는 논의의 여지가 있다. 왜냐하면 브라우더는 1945년에 잔혹하게도 갑자기 실각하고, 공산당은 모스크바의 반(反)서구 공격의 신노선을 따르는 당파라는 신국면으로 통제되어 갔기 때문이다. 1948년 월리스의 캠페인은 새로운 과격노선에 대한 구자유주의파의 지지를 회복하려는 결사적인 노력이었다. 그러나 그 노력의 결과는 공산주의자를 노동운동 및 자유주의 운동에서 고립시켰고 그들의 추방을 초래한 데 불과했다.

제2장
현실 탐구의 10가지 이론
— 소비에트적 행동의 예측

　인간의 역사가 남긴 수많은 삽화들과 비교해 보더라도 러시아 혁명과 그 결과로 생긴 소비에트 40년의 지배기간에 대하여만큼 많이 쓸 수 있는 것은 없을 것이다. 프랑스 혁명에 대한 문헌은 국민 도서관의 한쪽 벽을 온통 차지하고 있을 정도라고 한다. 그러나 러시아에 대한 완전한 문헌은 마치 고대의 조그마한 묘지들이 이집트의 거대한 카르낙 신전 앞에서 너무나 초라하게 보이는 것 같은 인상을 주듯이, 예로부터 있어 온 학문에 대해 위축감을 갖게 한다.

　그렇지만 이처럼 많은 연구 업적들은 아직 그 시간이 짧았다는 이유로 검증을 거의 받지 못하고 있다. 이미 토마스 홉스가 말한 것처럼 지옥이 발견된 다음에는 너무 늦어 어떻게도 할 수 없는 진리라면, 러시아에 관해서 '진리'를 발견했다고 주장하는 수많은 서적들도 지옥으로 가는 길을 다시금 드러낼 것이 틀림없다. 한편 러시아 지배층의 반응방법을 정확하게 예언할 수 있다고 확신하고 수백만 명의 운명을 도박해 버린

사람들, 특히 외교관들은 나중에 지옥으로 떨어져버린 사람들의 고민을 잘 알고 있다.[1]

지난 10년 동안에 특히 미국에서는 놀라울 정도로 상세하고 많은 양의 러시아 사회에 대한 연구와 저술이 있었다. 이 연구의 많은 분량은 러시아인 전향자들이 쓴 것도 있으나, 대부분은 러시아의 행동에 대하여 신뢰할 수 있는 지식을 얻어내고자 하는 노력으로 정부나 재단의 연구 보조금으로 이루어진 여러 대학에 설립된 전문적인 연구소에서 나온 것들이었다. 또 인류학·사회학·정신의학 등 새로운 학문적 방법이 정치 현상을 연구하는 데 도입되었다. 이러한 최신의 연구방법은 몇몇 경우에는 러시아의 행동에 관한 전면적인 이해에 도움을 주었다고도 볼 수 있고, 또 다른 경우에서는 지금까지의 설명을 보충해 주는 것이었다고도 할 수 있겠다. 이와 같은 새로운 연구방법이 너무나 대량으로 행해져 이 늪지대 속으로 나아가 보고자 하는 외부의 관찰자는 가끔 (저 이상한 러시아식 신비처럼) 진흙탕물 속으로 빠져들어 그것을 뒤집어쓰는 결과가 될 수도 있으리라. 뿐만 아니라 이 최신의 연구들은 거의가 일상용어와는 아주 다른 기술(記述)양식에 충실한 특수한 전문용어로 표

---

1) 루즈벨트 대통령에겐 실례지만, 그는 자기가 갖고 있던 조셉 E. 데이비스가 쓴 《모스크바의 사절》이란 책 속표지에다 "이 책은 영원히 사라지지 않을 것이다"고 써 두고 있다. 그런데 이 책은 모스크바 재판의 정당성을 변호한 것이다. 리차드 H. 울만의 〈데이비스의 임무와 미·소 관계, 1937~41년 사이〉, 《세계 정치》(1957년 1월) 참조.

현되어 있기 때문에 더욱더 진흙탕의 수렁 속으로 빠져 버리기 쉽게 된다(R. P. 블랙무어가 문학에서의 뉴크리티시즘에 대해서 말한 것처럼 술어[述語]란 시간의 경과와 함께 엄밀해지고, 기교의 정상적인 병리학이 방법이 되며, 이 방법은 다시 방법론으로 된다).

여기서 필자는 이와 같은 방법론에 대한 기술과, 그리고 대표적인 사례들을 뽑아 이에 대한 상세한 평가를 시도하고자 한다. 이것은 결코 정부의 국가안전보장회의에서 실시하는 것 같은 사회적, 군사적 혹은 경제적인 러시아의 능력과 약점에 대한 '국가 평정(評定)'이 아니다. 또 '경험적'인 연구의 조사 역시 아니다. 얼마간의 뉘앙스의 차이와 중복이 있겠지만 러시아적 행동에 관한 시종일관한 견해를 각각 알아보며, 사회이론상의 열 가지의 연구방법을 구별해 보고자 할 따름이다. 이들 여러 연구들을 대치시켜 읽어 나아감으로써 분석적으로나 방법론적으로 결정적인 차이점이 있다는 것을 알게 되었으면 좋겠다. 또 여기서 그칠 것이 아니라 이런 사실들을 읽어봄으로써 어떤 실적을 조사하는 본질적인 문제에 대한 판단, 즉 (1) 어떤 이론이나 연구 접근방법이 모든 사상(事象)의 설명을 도와 주느냐 아니냐, (2) 정책 형성자의 입장으로부터 보면 앞으로 어떤 연구에 찬성하게 될 것인가, 또 그 이유는 무엇인가 등에 대한 판단의 정식화에도 도움이 되었으면 좋겠다.

피란델로의 등장

언젠가 헤겔은 이성적인 것은 현실적이라고 말했다. 지금부터 논의하는 모든 이론은 각기 이성적이기는 한 것 같으나 전면적으로 현실적인 것은 아니다. 헤겔이냐, 아니면 이론이냐 그 어느 쪽이든 잘못된 것임에 틀림없는 것 같다. 독자가 그 심판자가 되어야 하겠다.

성격구조론

(1) **인류학적 연구방법** 현대 인류학자는 루스 베네딕트의 활동에서 시작하여 린턴과 카디너, 마가렛 미드, 크라이드 크루크혼에 의하여 다루어져 온 '문화와 개성'의 개념을 계속 발전시켜 왔다. 이 이론에 따르면 특정한 문화의 모든 구성원은 정서적인 동인(動因)을 처리하고 사회행동을 규제하는, 다른 집단과는 매우 틀리는 공통적인 양식을 함께 가지며, 이와 같은 양식은 다른 문화집단의 생활양식과는 현저하게 다른 독특한 생활양식을 형성한다고 한다. 집단의 모든 규범은 개인이 사회생활 속에서 일어나는 중요한 긴장을 어떻게 처리해 버리지 않으면 안 되는가(즉 권위, 충동의 좌절, 공격성 등에 대한 태도), 이래서 이런 규범의 위반에 대한 사회통제가 어떻게 이루어지는가(즉 죄와 수치, 억압받은 증오의 처리 등) 따위 모든 사실에 대한 일들을 자세히 쓰고 있다.

마가렛 미드,[2] 지오프리 고러, 존 리크만,[3] 헨리 V. 딕스[4] 등은 이와 같은 '문화와 개성'의 개념을 러시아인의 행동에다 응용시키고자 애쓰고 있다. 특히 고러는 회의적인 사람들이 별명을 붙인 '산의학(産衣學, diaperology)'이라는 것으로 매우 주목을 끌었다. 제1차 대전 중 러시아에서 생활했던 영국의 존경할 만한 정신의학자인 존 리크만과 함께 고러는 러시아의 어머니들은 어린아이의 기저귀를 꽉 채우는 습관이 있기 때문에 욕구가 박탈되고 또 연이어 그 욕구가 충족되는 현상이 주기적으로 일어난다고 주장했다. 이런 이유로 인하여 '위대한 러시아인'의 민족성은 복종과 격정적인 분출, 냉담과 확산적인 박해의 불안, 혹은 '구순적(口脣的)'인 강한 욕망과 금욕의 사이를 시계추처럼 왔다 갔다하는 경향이 있다고 한다. 이것은 또한 러시아의 성인들이 잔혹한 권위에 복종하기 쉬운 경향까지도 설명해 준다.

딕스의 연구는 무척 특이하다. 타비스토크 연구소(육군성 선발 징병국을 설립한 것도 바로 이 연구소였다)의 영국 정신의학자 딕스의 일반화는 주로 러시아인 전향자들과의 오랫동안에 걸친 면담을 그 기초로 하고 있다.[5] 러시아인의 개성이 지닌 현저한

---

2) 《권위에 대한 러시아적 자세》(뉴욕, 1951).
3) 지오프리 고러와 존 리크만 공저, 《러시아의 민중》(런던, 1949).
4) 《현대 러시아인의 행위에 대한 연구》 참조.
5) 딕스의 연구는 원래 에드워드 A. 쉴즈와의 협력으로 행해진 것이었다. 불행하게도 쉴즈의 웅대한 연구소는 그의 스폰서에 의하여 공개를 못 하게 되어 버렸기에 여기서 다루는 데 도움이 되지 못하고 있다.

특징은 그 양면적인 가치에 있다고 딕크스는 말한다. 한편으로는 무엇이나 강력한 욕망으로 섭취하고자 하는 성질, 물건이 있는 데로 덤벼들어 "그냥 막 삼켜 버리려는" 경향, 성미 급하게 그러나 충분히 만족할 수 있게 하고자 하는 욕구, 조울증적 전능성(全能性)의 발작, 일체의 한계와 제약의 폐지를 욕구하는 무정부주의적인 요구가 있다. 그런가 하면 다른 한편에서는 음산한 폐쇄성과 시기심, 불안에 가득찬 무감각한 복종성, "도덕적 매저키즘과 러시아인 기질이 가진 유일한 안전장치로 여겨지는 강대한 독단적인 권위에의 무시무시한 이상화"가 있다. 이래서 권위가 권위이기 위해서는 엄격하고 가치 박탈적이며 독단적이고 멋대로 할 수 있게 되어야만 한다. 권위의 허세가 아주 약해져 버리면 누구도 거기에 복종하지 않게 되어 버린다.

러시아 민중이 가진 정교하지 못한 전통적인 너저분함, 체계의 결여, 무정형성 따위에 비하여 엘리트의 행동은 대조적이라 하겠다. 이들의 행동은 일체의 감상과 방종을 충분히 제어하며 금욕적이지 않으면 안 되고 '전통적인' 러시아인이 요구하는 욕구 충족을 포기할 만큼 충분히 강력하지 않으면 안된다. 이래서 중요한 점에서는 견해의 일치점이 있다. 인민은 엄격하고 독단적이며 멋대로 휘두를 수 있는 권위의 이미지를 기대하고 엘리트들은 이를 만족시켜 주는 것이다. 또 그 체제는 가장 권위주의적인 자들이 '그 투입된 악역 역할을 수행하도록 해준다.' 즉 (짜르·지주 등의) 증오스러우나 마음속 깊이에는 동일화된 아버지의 영상이 차지하게 되어 있다. 딕크스의 언급에 의하면 "이런 가설에 의해서 나는 소비에트 러시아에서의 엄격하게 실로 짠 것 같은, 극도로 지위를 의식하고 있는 불안에 가득 찬 관료제의 대두와, 그리고 이 관료제가 혁명 동안 신체제와 그 건설자들이 처음으로 성공적으로 공격했던 바로 그 경향에 대한 투쟁에서 승리하고 있음을 설명하고 싶다"고 썼다.[6]

그러나 의식적이든, 무의식적이든 그 수준에서는 이와 같은 목표의 변화 그 자체 때문에 러시아의 체제와 전통적인 그들의 문화양식 사이에서 현저한 모순이 생겨나고 있다 하겠다. 왜냐하면 엘리트는 새로운 유형의 기술적·경영자적 개성을 서둘러 빨리 배출해 낼 필요성이 있어서 "새로운 문화규범을 사람들에게 강제하여 그들을 그 주형(鑄型)에다 집어넣기 위하여 엘리트 자신이 완전하지도 못한 채 동화하여 갈등을 가져오는 목표 동인에 자극을 주게 되기" 때문이다. 이 압력이 커지는 만큼 내면적인 갈등도 커지게 되기 때문에 엘리트는 "자기의 강박적인 새디스틱한 권위주의적 지배욕구를 다른 나라의 집단으로 투사시켜 버린다." 그 결과 '순환'의 심리상황이 생기게 되어 모든 실패가 외적이 있는 곳으로 되돌아간다. "이런 망상적인 행동이 어느 정도로 의식적인 계획의 소산이며, 얼마나 최고 지도자들의 거의 통찰할 수 없는 문화적·심리적

---

6) 딕크스, 앞의 책, p. 171.

인 모든 힘에서 기인하는 내부적인 강박관념의 결과인가를 알아보기란 어려운 일이다. 이 점에 관해서 나는 다만 내가 연구할 수 있는 비교가 가능한 권력의 파멸, 즉 히틀러의 측근에 의하여 나타난 정신의학적 상황의 놀라운 발견에 대해서만 언급하고자 할 따름이다. 괴벨스나 히틀러와 같은 사람들은 이런 망상적인 동인을 냉소적이고 냉혈적으로 이용했다고 나는 가정할 수 있다. 나의 발견이 맞다면 그들은 이런 것의 희생자였다"고 딕스는 썼다.[7]

산업화의 가속적 발전은 엘리트와 민중들 사이의 긴장을 더욱 증대시켰다고 딕스는 말한다. 모든 강제는 "분노를 자아내게 되고 체제에 대한 반항을 위해 저장된다." 저 궁극적인 비인격적 선(善)의 이름 아래서의 가치 박탈은 "사랑과 양육의 포기상태"로 해석되었다. 그러나 이와 같은 무의식적인 분노는 또한 권위를 무시한 것에 대한 죄의식을 초래하여, 이것이 다시 엘리트들에게 투사된다(즉 엘리트는 대중에 대하여 분노하며, 대중을 처벌하고자 하는 감정이 모든 수준에서 나오게 된다). 이래서 "박해를 받지 않을까 하는 불안과 확산적인 공포"라고 하는 분위기에까지 이르게 된다. 또 그 결과 이 죄의식은 체제를 타도하거나 아니면 체제에 반항하는 경향을 약화시켜 주게 된다.

(2) 정신분석학적 연구 러시아인 일반이 아닌 볼셰비키, 즉 정

---

7) 앞의 책.

치국에서 전형적으로 나타나고 있는 성격구조를 분석하고자 하는 시도가 합중국 공군의 자금 제공으로 네이던 라이츠에 의하여 이루어졌다.[8] 그러나 라이츠의 연구는 단순한 군사작전적인 관점에서 행동을 단순화해 버리는 법칙화에 머무르고 있지는 않다. 신중하게, 거의 밀교적(密敎的)인 방법으로 라이츠는 그 시도가 아주 정확한 듯이 정신분석학적인 설명을 적용시켜 나가고 있다. 볼셰비키 엘리트의 행동은 19세기의 지식인 계층의 행동과 대비하여 관찰하고 있다. 후자, 즉 19세기의 지식인은 기분파에 가깝고 신경질적이며 정신을 추구하고 사색적이고 내성적이다. 이에 비해 볼셰비키는 엄격하고 회의적이며 불굴의 의지로 공격적인 태도를 취한다. 이런 성격은 레닌에 의하여 처음으로 그 원초적인 이미지가 분명히 나타나게 된다. 이를 정신분석학적으로 보면 죽음에의 공포와 잠재적인 동성애의 충동에 대한 '반작용의 형성'으로서 파생한 것이라 할 수 있다(639페이지에 달하는 라이츠의 웅대한 저작은 특히 국제적인 전략성, 볼셰비키 행동에 대한 '행동지침'을 풀 수 있는 가장 야심적인 시도이기 때문에 이 이론의 보다 자세한 설명은 뒤로 미룬다).

사회학적 이론

(3) **사회체계적인 접근방법** 이것은 하버드대학 러시아 연구소

---

8) 《볼셰비즘 연구》(글렌코우, 1957).

에서 전개되어 레이먼드 바우어, 앨릭스 인켈스, 크라이드 크루크혼 등에 의하여 나온 최근의 저서에 가장 간략하게 기술되어 있다.[9] 이들 사회심리학적 이론은 소비에트 체제의 기능에 적합한 '현실적으로 작동하고 있는 모든 특징'—말하자면 특수 목적에의 균형을 벗어난 지나친 자원할당, 숙청, 독립한 권력의 집중을 승인할 것에 대한 거부 등—과 이들의 여러 가지 행동양식이 사회의 많은 집단에 미치게 되는 영향을 명백히 하고자 노력하고 있다. 이래서 이들은 소비에트 체제에서의 긴장의 초점을 찾고자 했다(소비에트적 행동에 대한 최대 유일의 연구계획의 요약서이기 때문에 나중에 자세히 쓰기로 한다).

(4) 이념형 연구방법 이 연구는(매사추세츠 공과대학의 로스토우와 타비스토크 연구소의 헨리 딕스의 사고방식에 많은 영향을 미쳤지만) 하버드 대학의 베링턴 무어 2세의 저작에서 주로 예시되고 있는 것이다. 이 연구는 사회에서의 권력조직에 관한 많은 모델을 설정해 놓고, 특정한 사회, 특히 러시아 사회가 어느 정도까지 어떤 형태의 권력을 깊이 간직하고 있는가를 확정짓고자 노력했다.[10]

무어에 의하면 사회에서의 권력과 지위란 다음과 같은 세

---

9) 레이먼드 A. 바우어, 앨릭스 인켈스, 크라이드 크루크혼 공저, 《소비에트 조직의 기능분석》(켐브리지, 1956).
10) 《소비에트 러시아에서의 공포와 진보》(켐브리지, 1954) 및 《소비에트의 정치·권력의 딜레마》(켐브리지, 1950) 참조.

가지의 양식으로 이루어져 있는 것 중 그 어느 하나에 의지하고 있다고 한다. 즉 (1) 전통적인 양식—권력과 지위가 가족제도와 친족제도를 통하여 아버지부터 아들에게 계승되는 것, (2) 합리적이고 기술적인 양식—권력과 지위가 아버지의 지위에 달려 있는 것이 아니라 기능과 기술적인 능력에 기초하고 있어서 개인에 의해 획득되는 것, (3) 정치적인 양식—권력과 지위를 정치 지도자, 정당, 혹은 파벌에 대한 충성에 기인하여 부여받을 수 있는 것.

어느 것이든 한 가지만의 기준을 사용한다면 그 외의 문제해결에 운용할 선택의 여지는 한정되고 말 것이다. 기술적 능력이야말로 고용의 기준이 되어야 한다고 합리성을 내세운 2항은 강조한다. 그러나 권력투쟁의 3항의 본질은 경영적인 수완이 있는 자보다는 충실한 자에다, 즉 정치위원에다 그 직위를 줄 것을 요구하며, 한편으로는 정치의 가장 극적인 표현인 추방에 의하여 복종이야말로 소비에트 체제의 제1의 법칙이라는 것을 강조하여 모든 사람들에게 주의를 기울이게 한다. 또 다른 한편으로는 전통주의의 1항이 지금까지도 농민의 자연적인 양식으로 있으며, 소비에트 산업 대부분 속에서조차도 은밀하게 존재하여 비공식적인 연대를 가지고 전제적인 명령에 대하여 필요한 보호수단 역할을 하고 있다.

러시아에서 권력의 정치적 기준(예컨대 군대에서의 정치위원, 산업에 관련된 당의 통제기능 등)이 기술자나 경험이 풍부한 장교 계급의 커다란 희생에도 불구하고(예를 들면 당시 비밀경찰 책임자였던 에조브의 이름에서 나온 에조브시치나―에조브의 광란―라고 불리는 저 무시무시한 1937~38년의 숙청) 무척 무자비하게 사용되고 있다고 무어는 쓰고 있다. 그 어떤 순간에도 자의적으로 행정적 전체주의에 개입하는 독재자의 권력은 불안의 면을 낳게 되어 그 어떤 방패막이나 체계로서도 이를 견디어 내기 어렵게 된다. 이제 '어쩔 수 없는 합리성'이냐, 전통주의냐, 아니면 이 두 가지를 적당히 결합시킬 것이냐 하는 선택을 해야 될 시간이 임박했다고 무어는 생각한다.

소비에트 러시아는 산업화에 여념이 없었기에 합리적인 많은 요소가 사회에 한층 깊이 간직되게끔 되었다. 이는 곧 기술적인 기준이 정치적인 모든 결정을 대신하게 되었다는 뜻으로, 직업은 기능에 따라 정해지게 되고, 생활적인 예측이 보다 높은 안정성을 가지게 되며, 가족의 특권을 아이들에게 물려줄 수 있게 되었다는 것을 의미한다. 그리고 이에 따라서 사업 관리자·기술자·전문가의 권력과 위신이 상승하고, '통제' 장치인 당과 비밀경찰이 장악하고 있던 권력과 위신의 역할이 줄어들고 있다는 것이기도 하다.

무어가 정치적으로 '다소간 보다 그럴듯한' 것이라고 여긴 전통주의에 대한 다른 하나의 발전은 당과 군부가 통제력을 갖고 있긴 하지만, 관료제 내부의 개인적인 파벌과 기구가 충성의 초점이 돼 버림에 따라 자의적인 간섭은 줄어들게 됐다는 것을 은연중에 암시한다고도 여겨진다. 이런 발전은 또 지방자치제의 발흥과 혁신과 변화에의 저항도 의미할 것이다.

만약 흐루시초프의 위대한 '분권화' 계획에 어떤 의의가 있다고 한다면 이와 같은 선택의 여지는 그럴듯하게 보일지는 모르나, 사실은 경제적인 모든 문제를 처리하는 데 있어서까지도 경제적 합리성보다도 정치적 기준의 재주장을 의미하는 것이 아닌가 생각된다. 리차드 로웬달이 지적하는 것처럼 순수한 경제적 분권화란 당을 경제에의 기생적인 부속물로 만들어 버리는 결과가 될 것이다.[11] 공장 관리자들의 당으로의 흡수에도 불구하고 공장 관리자와 당 간부와의 기능분화는 싸움의 불씨가 되고 있다. 그리고 관리자 집단을 대변하는 말렌코프는 이를 이용하여 버렸던 것이다. 당 서기국에 세력이 있는 흐루시초프가 지금 실시하고 있는 것은 공화국 수준과 주(州) 수준에서 당 서기가 경제에서의 계획 수행에 대해 책임을 지는 기능의 통일을 이룩하는 일이다. 로웬달이 결론을 내린 것처럼 "최근의 싸움에서 이긴 것은 공장 관리자와 경제적인 행정을 움켜쥐고 있는 합리적인 말렌코프가 아니라 당의 보스를 장악하고 있는 불합리적인 흐루시초프였다. 그 이유는 당 체제의 자기보존의 논리 속에서 분명히 찾아볼 수 있는 것이다."[12]

만약 무어의 이 말이 옳다면, 이러한 논리는 경제위기로 이끌어 갈 성질의 것이 되는데, 그 결과는 더 두고 볼 일이다. 무어가 한 일은 마르크스주의적 이데올로기의 함수관계나, 아니

---

11) 〈영구혁명은 지금도 계속되고 있다〉,《코멘터리》(1957년 9월).
12) 주 11)과 같음.

면 볼셰비키 이데올로기의 함수관계에서 본 것이라기보다도 소비에트의 발전에 주의의 초점을 맞춘 것으로, 스탈린주의의 억압을 내부의 권력투쟁이나, 아니면 자기 자신의 지배력을 강화시키고자 했던 스탈린의 욕구와 같은 정도로 산업화의 속도의 그 필연적인 결과라고 본 것이라 하겠다. 이것은 레이몽 아롱이나 아이작 도이처와 같은 다양한 견해를 가진 저술가의 주의를 점점 집중시킨 주제이기도 하며, E. H. 카아의 소비에트 역사 해석의 핵심을 이루기도 하는 것이다.[13] 일단 산업화가 달성되고 나면 어쨌든 다른 소비에트 사회의 '옆모습'의 고찰이 나타나게 되는데, 흔히들 이 점을 무시하고 있는 데 비하여 이들은 여기에 착안해서 썼기 때문에 가치 있는 저서를 남기고 있다.

정치학적 이론

(5) **마르크스주의적인 접근 시도** 아이작 도이처에 의하여 가장 솔직하게 표명된 이 접근방법은 생산력의 수준이 항상 행동의 가능성을 구속하는 데 작용하는 명제에 기초를 둔 채 소비에트의 발전이론을 그려 나가고 있다. 그렇기 때문에 스탈린주의의 독재는 산업화에의 대중의 저항을 이겨 내기 위해 역사적으로 '필연적인' 단계였다고 하며, 일단 이런 사회 단계가 달성되고

---

13) 《소비에트 러시아사》(런던, 1953). 특히 여기서 〈일국 사회주의〉편 참조.

나면 독재정치는 경제발전의 새로운, 보다 고차적인 단계의 요구와 "사회적인 갈등관계로 들어가게 될 것"이라고 했다.[14]

도이처에 의하여 전개되고 있는 것처럼—E. H. 카아의 저작에서도 역시 인정되고 있는 것이지만—1920년에 혁명은 기로에 서 있었다.[15] 노동자 계급은 피폐(疲弊)했고 의기소침하며 그 숫자는 줄어들고 모두가 절망상태로만 빠져 들고 있었다. 볼셰비키 지도자들은 쇠처럼 굳은 의지로만 당대의 민주주의를 억제하는(즉 노동자 반대파와 평등주의나 유토피아적 공상가를 억압하는) 대가를 치를 수 있었고, 또 혁명을 구제할 수 있었다. 그 결과는 노동자 계급을 지지하지 않는 노동자 혁명이라는 변칙이 된 것이었다. 이런 역설적인 사실을 설명할 수 있는 이론적인 기초가 '역사적인 필연성'이었던 것이다. 즉 재산의 국유화란 사회발전의 보다 고차적인 단계를 나타낸 것으로, 그렇기 때문에 노동자의 반대에도 불구하고 이를 옹호해야만 된다는 것이다.

스탈린주의를 변호하고자 한 것은 아니나, 이런 이론은 트로츠키의 《새로운 길》(1923)과 그 이후의 《배반당한 혁명》(1937)에서 그 근원을 찾을 수 있다. 트로츠키는 관료제의 발달과 함께 러시아는 관료제의 억압으로부터 모든 생산하는 힘을 해방시켜 줄 것이냐, 아니면 국가든, 다른 어느 것이든 자본주의적 형태로 돌아갈 것인가 하는 중대한 위기에 직면하게 되었다고

---

14) 《러시아—말렌코프 이후의 갈 길은》(런던, 1953).
15) 《무장한 예언자, 트로츠키의 1879~1921》(뉴욕, 1954).

했다. 도이처는 이 점에서도 견해를 달리하고 있다. 농민 대중의 후진성과 그들을 산업화시키기 위한 희생을 어쩔 수 없이 치러야 했기 때문에 스탈린주의의 가혹한 수단과 철의 규율이 필요했다고 그는 주장했다. 그러나 1930년대에 이룩한 진보와 함께 스탈린주의적 공포주의와 원시적인 마술의 유효성은 사라지게 되고, "소비에트 사회의 새로운 모든 요구"와 충돌을 일으키게 되었다고 도이처는 말했다. "산업화란 대중의 민주주의적 열망을 환기시켜 주는" 한편, "소비에트의 부의 놀라운 증대는…… 계급적인 모든 특권을 악화시키는 경향이 있고, 정통파적인 신앙, 철의 장막, 스탈린주의의 정교한 신화가 사회적으로 도움을 주지 않는다는 경향을 낳게 했다……. 생산력의 현재 수준 아래서 확대를 계속해 가는 사회에서는 스탈린주의는 유지할 도리가 없다"고 그는 생각했다.[16]

"러시아 역사상 미지에 속할 만큼 중요성을 가진 정치세력"으로서 노동자 계급을 크게 강조하고 있는 테마는 도이처의 최근 논문에서 자세히 언급되고 있다.[17] 스탈린 이후의 모든 개혁은 주로 관료제에 대해 어떤 담보를 제공하고자 의도한 위로부터의 개혁이라는 점을 그는 주목하고 있다. 그러나 노동자 계급, 특히 러시아 산업 노동력의 약 3분의 1을 차지하고 있는 기술관계의 숙련 부문은 오늘날 오랫동안 억압되어 온 평등주

---

16) 주 14)와 같음.
17) 〈전환기의 러시아〉(1957) 참조.

의에의 욕구를 나타내고 있다. 낡은 '누진적인' 지위 위주의 지불제의 수정, 임금차별의 축소, 새로운 연금계획의 도입, 교육에 대한 일체의 수업료폐지 등에서 분명히 나타나고 있다.

노동자가 국가에서의 지배세력이라는 공식적인 이데올로기에 의해서 이 평등주의에 대한 동인은 모든 특권을 유지하고 현상만을 지속시키려고 노력하는 관료제와 충돌을 일으킬 것이 틀림없다고 도이처는 말한다. 그리고 이와 같은 절박한 충돌은 체제에 대하여 문제를 제기시킬 것이 틀림없는 것이다. 비밀경찰의 권력 감퇴가 있게 되자, 질서의 수호자로서는 군부가 존재할 뿐이었다. 그러나 군부는 당을 위하여 질서를 유지시키려고 하기보다는 어쨌든 자신들의 이익을 위하여 그렇게 하는 것이다. "이렇게 되면 지도력과 명확한 정치적인 목적을 결핍한 대중운동의 태풍과 같은 움직임이 다시 일어나, 긴장과 긴박한 사태는 보나파르트식 독재의 확립으로까지 이르게 될지도 모를 일이다. 군부가 러시아의 권력 지위와 함께 제2차 대전으로 러시아가 얻었던 전략적인 이득에 대한 위협이 반드시 나타난다고 판단하는 상황이 되면 더욱 이와 같은 현상은 명백히 일어날 것이다"고 도이처는 결론을 내린다.[18]

산업화가 (부에 대한 보다 많은 분배 배당을 요구하도록 노동자들을 유인한다고 하더라도) 자유를 획득하는 노력으로까지 이르게 될 것인가, 아니면 부의 증대가 계급적인 모든 특권을 감소시키는 데

---

18) 같은 논문, 참조.

도움이 될 것인가 하는 문제는 서로 다른 많은 논의를 일으킬 수 있는 것이다. 예컨대 러시아의 생산성의 성장이 '놀라울 정도'라고 하더라도 소비에트 러시아 전체에서의 상대적인 결핍은 장기간에 걸쳐서 존속할 것이 틀림없다. 그리고 계급적인 모든 특권의 동결은 독재체제의 어떤 완화에 대해서도 현실적인 브레이크가 될지 모른다. 그러기에 상층부의 중요한 사회집단은 어느 정도의 안정성을 지속시킬 수 있을지 모른다. 따라서 주코프의 실각(失脚)으로 말미암아 군부는 적어도 당분간은 다시 당의 통제 아래로 놓이게 되고 말았다. 도이처는 분명히 당의 역할을 과소평가하고, 《러시아―말렌코프 이후의 갈 길은?》에서 흐루시초프에 대하여 한 번도 언급하지 않았다. 그만큼 흐루시초프는 엘리트 내부의 모든 투쟁으로부터 멀리 떨어져 있었다. 그렇기는 하지만 이 설명의 적절함은 도이처의 분석 도식에는(실질적으로 옳든, 그르든) 변동의 주요한 원인에 대한 명확하게 확정시킬 수 있는 관념이 존재하고 있다는 이유 때문이다. 따라서 모든 사회이론이 직면하지 않으면 안 될 문제인 사회 전체에서의 변동의 원천에 주의의 초점을 맞추고 있다고 생각할 수 있다.

(6) 네오 마르크시즘적 연구　트로츠키에 의한 소비에트 정책의 본질에 관한 논의에 추종하면서 일단의 이론가들은 재산의 국유화에도 불구하고 러시아는 이미 노동자의 나라가 아니며, 새로운 사회형태, 즉 '관료제적인 집산주의'라고 주장하고 있

다. 마르크스주의의 여러 정당과 각 분파들의 정치적 지향성에 있어서는 이와 같은 구별은 중요한 것이다. 예컨대 정통적인 트로츠키파는 러시아가 '타락한' 노동자 국가이긴 하지만, 재산의 국유화 때문에 '역사적으로 진보적'이라는 것이다. 그러기에 자본주의와의 투쟁 속에서는 옹호해야 한다고 주장한다. 이에 비해 이단적인 트로츠키파는 새로운 착취적 계급사회가 확립되었다고 주장하며, '어느 편도 아닌 제3의 진영'이 취할 입장을 주장한다. 분석적으로, 즉 예측적이며 실리적인 관점에서 본다면 러시아 사회가 관료제 집산주의라고 하는 견해를 지지하는 사람은 무어와 같은 도식을 채용하고 있다 하겠다. 아니면 러시아를 전체주의 사회라고 생각하는 사람들과 별로 다를 것이 없는 정치적인 관점에서 그 체제를 분석하고 있다고 볼 수 있다.

(7) **전체주의적 연구태도** 한나 아렌트의 정치철학 범주에서 가장 힘차게 표현되고 있는 이 이론은 전제정치, 독재체제 혹은 권위주의와 다른 근본적으로 새로운 사회형태가 독일에서 이루어졌으며, 오늘날에는 러시아에 존재하고 있다고 주장한다.[19] 전체주의의 본질적으로 새로운 사실은 지도자와 '대중'과의 모든 중간적이거나 제2차적인 모든 제도가 배제되어 버리고, 지배자가 법적이거나 정치적인 일체의 억제에 구속됨이

---

19) 《전체주의의 기원》(뉴욕, 1951). 영국판은 《우리 시대의 부채(負債)》란 제목임.

없이 공포로 통치한다는 것이다. 버트람 D. 울프에 의하여 러시아에 적용된 이와 같은 이론은 체제의 본질에서 어떤 근본적인 변화도 불가능하며, 전체주의는 그 자체의 내부적인 '이데올로기적 논리'에 의해서 민주주의 사회와 교섭을 하지만, 그 전투적인 자세는 결코 포기하지 않는다고 주장한다. 특정한 정치상황을 설명하는 '작업도구'로서의 전체주의 이론은 무척 선풍적이라 하겠다. 울프는 이런 논리적 근거를 칼 위트포겔의 《동양적 전제주의(專制主義)》에서 인용해 오고 있다. 이와 같이 높은 곳에서 본 정치적인 모습은 평면화되어 버려 피로에 지친 사람들을 별로 구체적인 문제 해결의 길로 이끌어 주지 못한다. 가장 단순한 직관적인 근거에서 본다고 해도 이런 이론은 기본적인 가정, 즉 사회는 완전하게 원자화되어 있고, 지배는 아노미적이고 직접적이라는 가장을 의심하도록 만들게 된다. 위기 상황에서 국가는 모든 사회생활을 단편화시켜 버리고, 어떤 공포를 일으켜 마음대로 민중의 모습을 만들어 낼 수가 있을 것이다. 그러나 사회는 영원히 위기상태로만 지속될 수는 없다. 폭발적인 자세를 가지고 전쟁으로 돌입하게 하든가, 아니면 긴장을 풀어 버린 채 해이하게 하든가 어느 것이든 한 가지를 택하지 않고서는 사회를 심임한 자세 그대로 유지시켜 나갈 수는 없다. 모든 사회생활은 최소한도의 개인적인 안정뿐이 아니라 어린이에게 교육도 시키고, 그들을 출세시켜 보겠다는 어버이들의 절실한 기대를 바탕으로 하여 이루어져 있다. 어떤 위기를 부르짖는 국가일지라도 이 정도의 상식적인 경향은 막아 버리지 않고 있는 것이다.

(8) 크레믈린의 동정(動靜) 연구들 이런 고찰은 주로 고(故) 프란츠 볼케나우와 보리스 니콜라예프스키의 저작과 관계가 있는 것처럼 보인다. 이 방법은 중추 엘리트 내부의 권력투쟁에 주로 초점을 맞추고, 정치적인 제반 사건의 예측을 기초로 하여 크레믈린 내부의 연대관계 변화(누가 누구를 실각시켰다든가 하는 등)를 알아내려고 하고 있다.

이런 사실은 곧 풍자의 대상이 될 수도 있는데, 예를 들면 베리야 이외의 모든 볼셰비키 지도자들이 볼쇼이 발레를 보러 나타났을 때였다. 이때 일부 사람들이 몇 가지 추측을 하게 되자 《뉴욕 포스트》지는 이를 우롱하면서 "아마 베리야는 발레를 싫어하는 모양이다"고 비꼬았다. 사실 그는 발레를 싫어했었다.

그러나 그는 두 번 다시 발레를 볼 기회를 잃고 말았다. 왜냐하면 2일 후 베리야는 배반자로 체포되었다고 발표되었기 때문이다.

크레믈린의 동정을 살피는 연구들은 오늘날 여러 형태로서 외무성이나 대부분의 언론계통에 의하여 진행되고 있다. 이것은 사회체계보다는 이와 같은 사회체계가 어떻게 해서 이런 지도자를 구속할 수 있는가, 또는 그럴 수 없는가 하는 따위의 개성과 권력집단에 중점을 두고 있다(여기에 대한 자세한 논의는 나중에 다시 하겠다).

역사적 이론

(9) 슬라브적 제도 초기엔 니콜라스 베르쟈예프, 버나드 파레스 경, 존 메이나드 경 등에 의하여, 그리고 지금은 어느 정도까지 에드워드 크랭크쇼, 어네스트 시몬즈, 베를린대학의 베르너 필립에 의하여 대표되고 있다. 이 학파는 현대 러시아 행동의 대부분을 전통적인 슬라브 민족의 성격과 모든 제도로 설명할 수 있다고 주장한다. 메이나드의 《러시아 농민―그리고 이에 관련된 제반 연구》(런던, 1942)의 서문에서 어네스트 바커 교수는 "러시아는 그 많은 변화에도 불구하고 지금도 역시 대부분이 변하지 않고 있다는 것을 우리들은 이따금씩 잊고 있다"고 썼다. 이 주제는 존 경의 저서에서 상세히 논의되고 있다. 즉 "모든 러시아 정권은 갑작스럽고 독단적이다……. 구 러시아는 시베리아의 유수(幽囚)에서 나타나는 것처럼 언제나 거칠은 것이었다……. 새로운 정권의 특질적인 성격……이 되는 계획화는 이미 처음부터 보아 온 것처럼 새로운 것이 아니다……. 뿐만 아니라 심지어는 직업으로서의 지도부라고 불리고 있는 '당'까지도 사실은 새로운 것이 아니다. 즉 승직(僧職)이라는 낡은 제도를 새롭게 응용한 것에 지나지 않는다" 등등.

베를린대학에서 1951년 11월 동구권 연구소를 발족한 것을 기념하여 개최한 강연회에서 베르너 필립 교수가 행한 '러시아에서의 정치사상의 역사적 전제'란 제목의 논의 역시 이와 비슷한 것이었다.[20] 어떤 비평가가 필립 교수의 강연을 요약했듯이 "러시아에서의 명확한 정치적 기질을 낳게 한 것은 여러 가지의 조건과 전통인데, 이것은 몇 세기를 거슬러 올라가야 찾을 수 있는 것이다……. 러시아의 서구 불신, 개인보다 우월한 공동체라는 신앙과 의식, 사회에 대한 정부의 권위가 무한한 것을 용납하는 것, 정치적인 현실과 공언된 이상적인 목표와 차이 등 소비에트의 사상과 생활에 관한 이와 같은 모든 현상은 13세기 초엽과 16세기 말엽에 걸쳐 러시아에서 발전한 모든 조건의 근원이었던 것이다."[21] '변하지 않는 러시아'의 주제는 또 크랭크쇼의 《크레믈린 성벽의 균열》(뉴욕, 1951)에서 제기되고 있다. 소비에트 생활의 근원이 러시아의 과거와 깊이 관련되어 있다고 하는 점은 물론 이와 같은 습관을 정당화하는 것은 아니다(그런데 이러한 논점을 바꿔서 오히려 변호하는 입장에 있는 분으로 버나드 파레스나 모리스 힌두스가 있다. 이들은 1930~40년대의 변호론자들로 러시아의 행동을 이런 이유로 해서 정당화하고자 노력했다).

그러나 ('병행이동설'이라고 불러도 좋을지 모르겠으나) 성격구조론적 이론처럼 슬라브 민족 평등론은, 요컨대 소비에트의 모든 제도는 역사적 사회형태에 의하여 만들어졌고, 민족의 모든 전통에 깊이 뿌리를 박고 있기에 서서히 변모해갈 것이라고 주장하는 것이다.

---

20) 《동부유럽사 연구》(베를린, 1954).
21) 《러시안 리뷰》지 1955년 10월 참조.

(10) **지정학적 연구** 제2차 세계대전 중에 매우 유명했던 이 연구방법은 지금은 약간의 지지자만 갖고 있다. 예를 들면 예일대학의 니콜라스 스파이크만이나 윌리엄 T. R. 포크스(《초강대국》, 뉴욕, 1944) 등은 2차 대전 중에 활약한 사람이다. 이 학파는 러시아의 외교정책이란 주로 하나의 초강대국으로서의 지위에서 유래하는 장기적인 전략상의 이해관계에 의해 결정된다고 보고 있다. 또 오늘날의 정치적 야심도 대러시아의 정책이란 역사적인 충동을 반영한 것으로 생각하고 있다. 이 학파는 일반적으로 이데올로기를 경시하고(즉 1951년 뉴욕에서 나온 드 키스티느 후작의 《일기》에 실린 월터 베델 스미스의 서문), 러시아의 정책을 주로 전략적인 권력 지위의 함수라고 생각하는 경향을 갖고 있다.

조지 케넌의 초기 정책관(그의 프린스턴대학에서의 강연을 모은 1954년 간행 《미국 외교정책의 현실》을 보라)이나 헨리 키신저의 정책관은 어느 정도까지 이와 같은 생각으로 이루어진 것들이라 할 수 있다.

누가 누구를—볼셰비즘의 이드와 에고

한국에서 휴전 교섭이 벌어지고 있을 때, 미국측 협상자는 네이던 라이츠가 쓴 《정치국의 행동지침》이라는 얄팍한 책을 전술상의 참고서로 이용했다. 거의 대부분 《볼셰비즘의 연구》에서 구현되고 있는 라이츠의 연구는 미국 공군의 연구계획에 의한 재정적인 원조를 받아서 이루어진 것이다. 라이츠 연구의 선구적인 방법(이것은 지금 프랑스 정치 연구에 응용되고 있다)은 미국 공군이 그의 연구를 자세히 검토할 가치가 있다고 한 사실만으로도 인정을 받을 만하다.

라이츠는 먼저 '볼셰비키적 성격'을 사회사상의 특이한 한 형태로서 정의를 내리려고 시도하고 있다. 역사적인 성격을 정의하려고 하는 시도는 조금도 새로운 것은 아니다(최근에는 거의 잊고 있으나 내적 지향형인 '프로테스탄트' 상(像)도 이런 것이다). 라이츠의 저서를 보다 독특하게 만들어 준 것은 그가 선택한 참신한 모든 범주와 이에 관련된 방법론이다. 행동에 대한 관찰은 일체 하지 않았다. 루터, 캘빈, 박스터, 그 외의 많은 사람들의 저작으로부터 '프로테스탄트의 윤리'를 이끌어 낸 막스 베버와 마찬가지로, 라이츠는 레닌, 스탈린 등의 저작을 상세히 조사하여 볼셰비키당을 향도(嚮導)하는 것과 비슷한 모든 규범을 추론하고 있다. 그는 볼셰비키적 성격을 취생몽사(醉生夢死)한 오브로모프 가(家)에 대해서나, 괜히 큰소리만 치는 호언장담가요 다변가이긴 하지만 실천가는 아닌 루진 가에 대해서나, 우유부단하고 영혼이 병든 기분파적인 학자들에 대한 반발로서 해석한다. 보리스 필니야크가 쓴 것처럼 볼셰비키란 "우리들의 낡아 빠진 러시아 역사의 저 농민적 기반인 무목적성과 그 비목적론적인 성격에 반대하고 톨스토이의 막연한 철학에 반대"하는 것이다. 러시아의 지식인이 가진 정신적 훈련이란 이기주의의 금지와 '자기 오탁(汚濁)'의 규제 등을 강조하는 일이다. 체호프는 언젠가 "만약 모든 사회주의자들이 콜레라를 없애는 것을 자기들의 목적으로 이용한다면, 우리들은 그들을 경멸하고 말 것이다"고 했다. 그러나 볼셰비키들에게 있어서 훌륭한 수단이 되는 것을 이용하지 않고 거부하는 것은 오직 감상성이요, 우둔한 것을 나타내는 데 지나지 않는다. 볼셰비키의 교리에서는 최악의 이기주의자란 자기의 손을 대지에 대기를 거부하는 자다. 당은 인류를 위하여 온갖 힘을 다하며, '순수성'이란 부도덕 행위에 대한 개인적인 거부가 아니라 당에 대한 헌신을 뜻한다. 이와 같은 헌신으로 인하여 개인은 이기주의와 개인적인 불순으로부터 방위될 수 있다고 한다.

궁극적인 것이나 어떤 신성한 가치에 대하여 이야기하던 러시아 지식인과는 대조적으로 볼셰비키는 성스런 것에 대해서는 침묵을 지킨다. 유출되는 감정이라고 하는 악덕에 반대하고, 볼셰비키는 신중하고 사려깊은 미덕을 지지한다. 의기소침한 수동성, 내성적인 성격, 신경질적인 감수성, 흥분한 농담 등으로 대표되는 옛 러시아식 경향, 그리고 형이상학적인 진리에의 집요한 탐구와 해답이 불가능한 많은 문제의 제기 등 이 모든 것과는 대조적으로 역사의 결정론, 목적의 확실성, 행동에의 헌신, 사적인 분노를 회피하는 능력, 남성적인 실천 등이 존재하게 된다. 무언가 노력하는 목표도 없는 생활, 억제할 수 없는 충동적인 욕구 충족에 가득 차 있어서 생기게 되는 불안과 죄의식을 환기시키며, 널리 알려져 있는 것처럼 러시아인의 죽음과 유희가 뒤범벅된 생활―고리키는 그의 청년기에 소년들이 열차가 그들 위를 지나갈 때까지 철로에 누워 꼼짝 않고 있는 것을 얼마나 좋아했던가를 이야기해 주고 있다―이러한 생활의 공포 때문에 노동과 당이라고 하는 확고한 목표가 존재한다. 죽음이란 인간이 유용성을 상실했을 때 일어나는 것에 지나지 않는다. 마르크스의 양자 폴 라파르그의 자살에 대하여 "이미 당을 위하여 일할 수가 없게 되어 버린 후에는 진리를 직관하고 라파르그 가(家)의 사람들처럼 죽지 않을 수 없게 된다"고 레닌은 말하고 있다.

라이츠의 견해로는 이와 같은 윤리와 도덕적 기질의 요소로부터 정체에서의 '행동지침'이 나타나게 된다. 볼셰비즘에서 일체의 정치는 문자 그대로 '누가 누구를'이라는 것으로 요약할 수 있다. 정치적인 모든 관계는 지배자와 피지배자, 이용자와 피이용자와의 관계라고 볼 수 있다. 중립자란 존재하지 않는다. 정치가 '누가 누구를'로 될 때, 이것은 모든 정치상의 전략이 그 기본적인 법칙에 따라가게 된다는 것을 말한다. 즉 극한까지 밀어붙이는 것, 도발당하는 것을 거부하는 것, 준비를 갖출 때 행동하는 것이다.

이렇게 대충 써 놓고 보면 이런 교훈은 정치적으로 평범한 것으로 되고, 군사 전략가의 일반적인 교훈이나 마키아벨리의 훈계와 비슷하게 되는 듯이 보인다. 라이츠의 분석에서 특수한 요점과 뛰어난 특질은 구체성의 미묘한 색조에 있다. 즉 볼셰비키들은 거래를 위한 절차에서 요점을 잘 이용한다든가, 개인에의 모욕을 개인적이 아닌 정치적인 것으로 받아들인다든가, 선동의 역할이라든가 하는 것 등이다. 예컨대 비신스키가 로물로를 유엔에서 '깡통'이라고 경멸적으로 불렀으나, 로물로 저택에서의 리셉션에는 장미를 보내주는 일 따위이다.

이와 같은 식의 행동적인 엄격성과 계획성의 원인을 볼셰비키는 자기들의 적들에게 돌리기도 한다. '강대한 부르주아'는 볼셰비키나 마찬가지로, 즉 권력을 행사하는 데에서 권력의 '제반 법칙'에 따르는 강력한 사람들이라고 생각되고 있다. 정치적 행위란 우연한 것이 아니다. 대립하는 지배계급의 어떤 행위도 끊임없는 투쟁에서 적대적 행동까지라도 해서 그 최종적인 결과로서는 어느 쪽이든 한편을 절멸(絶滅)시켜 버리고자 하는 행위다. 한편 소부르주아지, 특히 자유주의자에 대한 볼셰비키의 감정은 깊은 경멸을 포함하고 있다. 그들은 감상적이요 환상에 빠져들며 여러 가지 이데올로기의 내용에 현혹당하고 도학자적이므로, 요컨대 근본적으로 진실하지 못하다고 한다.

'볼셰비키적' 성격이 50년 이전에도 여전히 그랬을까 하는 점이 궁금하다. 중요한 몇 가지 문제에서는 똑같았을 것이다. 몇 개의 불변적인 유형이 존재한다고 라이츠는 믿고 있다. 1917년 이전에는 볼셰비즘이 작은 정당으로서 국가와 적대적으로 직면했었으나, 지금엔 그의 견해에 따르면 세계와 적대적으로 맞서고 있다고 한다. 다만 그 기본적인 태도는 역시 똑같다고 하겠다. 적대하는 정치조직에 대한 혁명 이전의 행동은 그 전엔 작은 카페나 바람이 휙 몰아치는 집회장에서 나타났으나, 오늘날은 그 무대가 세계 정치의 대회장이라는 점이 다르나, 역시 행동은 되풀이되고 있다. 비록 조그마한 문제일지라도 '불가피하게' 중대한 문제로 발전하게 되므로 양보는 할 수 없다는 신념에서 나온 절차상의 많은 쟁점에 대한 집착은 (레닌이 적대하는 사회민주주의자와 공존하고 있을 때인) 1900년에 《이스크라》지의 편집위원회 구성을 둘러싸고 레닌에 의하여 명백히 밝혀진 것인데, 1921년의 당내 논쟁에서나, 1945년의 얄타, 샌프란시스코 등과 같은 외상회담에서의 국제적 교섭에서 역시 되풀이되었다.

이와 같은 분석은 불가피하게 정치적인 하나의 귀결을 낳게 된다. 즉 정치가 '누가 누구를'이라고 하는 것이라면 지속적인 생활양식으로서의 공존은 불가능한 것이 아닐까 하는 점이다. 라이츠는 주저함이 없이 이렇게 요약한다. "눈앞에 당장의 세력관계를 염두에 두게 되면 외부집단과의 협정이 항상 고려되고, 대개는 이를 체결하지 않을 수 없게 되는 유럽의 입장과는 달리, 서로가 전면적인 파멸이라는 위협이 분명히 감소하게 될 것이라고 믿어야만 이런 것에 동의할 것을 생각한다."[22] 그렇지만 당은 "기본적인 투쟁에 관한 확고한 인식을 유지하고" 전략상 중요한 순간에 다시 레닌이 말한 것처럼 약속 따위를 "거부하거나 깨뜨려 버리는" 콩껍데기처럼 취급하게 된다.

그러나 여기서 라이츠가 쓴 정신분석학적인 통찰을 보다 면밀하게 고찰해 보자. 왜냐하면 그의 저서의 참신성이란 바로 이 점에 있기 때문이다. 라이츠가 쓴 것처럼 볼셰비키적 성격

---

22) 《볼셰비즘 연구》, p. 527.

의 원천은 19세기에서의 러시아 지식인의 극단적인 기질에 대한 반동에 있다고 하더라도, 이것만으로는 결국 프로이트의 도움이 없이 역사를 서술한 것에 지나지 않는다. 레닌과 그의 동료들은 러시아적 성격의 전통적인 모든 유형을 한번 바꿔 보고자 시도했다. 즉 카라타예프나 오브로모프를 극복하기 위해 완전히 의식하고 시도했었다. 그러나 라이츠가 무의식적이고 압도적으로 강력한 모든 희망에의 '반동 형성체'로서 볼셰비키적 성격을 이야기할 때, 그는 정신분석학 이전에는 불가능했던 방법으로 정치에 접근하고자 했다고 볼 수 있다.

라이츠에 의하면 두 가지의 주요한 원인, 즉 죽음에의 집착과 잠재적이고 수동적인 동성애에 대한 충동에 의하여 러시아 지식인의 성격이 설명된다고 한다. 러시아 지식인은 죽음에 매력을 느끼고는 있었으나, 이것은 볼셰비키에겐 놀라운 일이었다(예를 들면 톨스토이의 죽음이라든가, 성이라든가 하는 관념엔 집착하지 않았다). 이 매력에 대한 볼셰비키적 방어는 노동에 의하여 죽음을 최소한으로 평가하는 것, 그리고 가장 중요한 것은 모든 것을 포용하는 불멸의 당에 대한 자기 해소에 의하여 일종의 개인적인 전능성(personal omnipotence)을 표명하는 것이다. 이래서 라이츠는 이렇게 말하고 있다. "인생은 죽기 때문에 공허하다고 하는 초기의 러시아적 감각을 죽음이란 무의미하고 대단치 않은 것으로, 인생의 방해물이 될 수 없다고 하는 볼셰비키적

---

23) 같은 책, p. 137.

인 감각으로 대치시켜 주었다"고.[23]

노동의 도덕이 가장 중요한 일이다. 이것은 협박 감정에 대한 기본적인 방어수단이 된다. 망명 중 레닌은 몇 시간이고 체스를 두는 데 열심이었는데, 레닌의 아내 크루프스카야는 이에 대하여 이렇게 말하고 있다. "러시아로 돌아오자 블라디미르 일리치는 체스를 두지 않았다. 체스를 두는 일에 너무 구속되면 일하는 데 방해가 된다고 그는 말했다. 젊었을 때부터 블라디미르 일리치는 자기 일에 방해되는 것은 일체 하지 않았다"고 하면서 그녀는 이렇게 쓰고 있다. 망명 중 많은 정치 망명자들은 이따금 영화를 본다든가, 혹은 이런 것을 즐기는 것을 경멸하는 다른 사람들은 산책운동을 즐겼다. 영화파와 반영화파로 나눠져 있었는데, 반영화파들은 농담으로 '반유태주의자'라고도 불려지고 있었다고 크루프스카야는 말했다. "보로다는 단호한 반영화파로 굉장한 산책광이었다"고 크루프스카야는 레닌의 어머니에게 편지를 써보냈다.[24]

정신분석학의 신비 속에 깊숙이 존재하는 잠재적인 동성애의 주제는 러시아 지식인들 사이에서 널리 찾아볼 수 있기는 하나, 그것은 지적인 욕망이 억압된 요소로서 해석할 수 있을 것 같다. 도스토예프스키의 경우 흔히 있는 일로 감정이 충만된 인물들이 극한적으로 이를 나타내고자 할 때면 으레 서로 포옹하는 것으로 나타낸다. 볼셰비즘에서도 같은 남성동지들

---

24) 같은 책, p. 135 및 p. 261.

이 껴안는 이상하고도 놀라운 일을 볼 수 있다. 레닌은 적대자들과 서로 제휴하는 것을 서로가 '키스했다'든가, '포옹했다'는 표현으로 나타냈다(샤이데만 일파가 카우츠키에게 키스하고 포옹했다. 베른슈타인의 추종자들이 부끄러움 없이 플레하노프에게 키스를 보냈다는 등의 표현법이 있다).

라이츠에게 다시 의의가 있다고 생각되는 결론은 격심한 결렬상태에 빠진 레닌의 친우관계의 숫자를 암시해 준 점이다. 1890년대의 친밀한 협력자였던 스트루베, 초기 《이스크라》지의 친우 포트레세프, 레닌의 스승으로 멘셰비키에 항복해 간 플레하노프, 1905년 이후에 레닌과 가장 가까운 벗이었고 나중에는 독일의 앞잡이라고 레닌을 비난했던 알레킨스키, 러시아 제국의회에서 볼셰비키의 간사로 일했고 레닌이 "그는 제2의 알레킨스키가 될 수 없다"고 말했으나 결국은 경찰의 앞잡이가 되어 버렸던 마리노프스키 등이 여기에 포함된다.

"여기에서 논의된 자료들로부터 적어도 다음과 같이 말할 수 있게 된다. 즉 볼셰비키가 실제로 적을 살해하고, 적대자에 의하여 살해되는 것을 강조하는 것은 부분적으로 남자를 포옹하고, 남성에 의하여 포옹당한다는 공포에 가득 찬 죄의식에 사로잡혀 버리고야 말 원망(願望)을 회피하려는 노력이라고 볼 수 없을까 하는 추측이 가능하다는 것이다. 이 가설은 이 연구에서 기술한 널리 보여지는 볼셰비키적인 모든 경향들─수동적인 것에 대한 공포, 지배당하고 이용되는 것에 대한 공포, 공격을 감수하고 싶다는 욕망에 대한 공포─과 일치하는 것이

다"고 라이츠는 쓰고 있다.[25]

어떤 증거자료에 기초하여 이와 같은 포괄적인 추론을 이끌어 낼 수 있는가? 정신분석학적인 모든 이론을 충분히 받아들인다고 하더라도, 말하자면 볼셰비키 지도자를 침대의자에다 뉘어 놓고 조사하지 않는 한, 어떻게 이런 사실을 확인할 수가 있단 말인가? 라이츠의 방법은 상상적이고 비유적인 표현의 검토인 것으로, 볼셰비키 지도자들이 사용하고 있는 특징적인 문화적 은유나, 볼셰비키가 동일화하거나 공격하고 있는 러시아 문학에 나타난 가공적인 많은 모델을 검토한 것이라고 볼 수 있다. 러시아 문학과 여기에 대하여 취하고 있는 러시아인의 태도는 이런 방법을 가능하게 할 수 있다고 본다. 카라마조프 일가, 라스콜리니코프, 미쉬킨, 베르크호벤스키 등으로 이어지는 도스토예프스키의 인물들, 투르게네프의 루진, 고골리의 치치코프, 곤차로프의 오브로모프, 체호프의 다양한 인물들 등 소설상의 모든 인물이 이처럼 선명하게 그 민족적인 유형이 되고 있는 예는 다른 나라에서는 찾아보기 어려운 드문 현상 중의 하나다.

이런 많은 것은 심리적 가면으로서 러시아인들이 이것을 수용하든, 거부하든 어쨌든 좋은 모델이 되고 있다. 라이츠가 지적한 바와 마찬가지로 볼셰비키는 그들 자신의 연설이나 설교술에서 무척 자주 힘을 주어서 이런 유형의 인물들을 인용하

---

25) 같은 책, pp. 403~404.

고 있다(예를 들면 당이 반드시 피해야 될 나태와 병폐에 시든 것을 오브로모프주의라고 하는 것 등).

이러한 문학적 원천으로부터 출발하여 특정한 비유적 표현이 가진 잠재적인 의미를 분명히 밝혀 내기 위하여 라이츠는 프로이트의 이론을 원용한다. 예를 들면 성적 불능의 공포, 당을 청소하는 것에 대한 농담 섞인 공포, 꼬리처럼 이용만 당하는 데 대한 공포 등을 들 수 있다. 이런 이론에 대한 주된 증거로서 라이츠는 정말로 풍부한 많은 비유들을 적당히 잘 배열시키고 있다. 이래서 모든 인용은 신통하게 매혹적인 것으로 보여지게 되는데, 이런 식의 인용이 거의 3천여 종에 이르고 있다.

이 분석방법은 곧 '환원주의'라는, 즉 모든 관념을 근본적으로 무엇인가 보다 근원적인 것으로 보고 있다는 비난을 불러 일으킬 수 있다. 이래서 독아론(獨我論)에 대한 레닌의 격렬한 공격은 절멸에의 공포를 표명한다고 이해되어지고, 다른 한편 '대중의 자연성장성'에 대한 그의 공격은 충동적이고 난폭한 욕구 충족에의 욕망에 대한 방위로서 생각되게 된다. 어떤 관념의 배후에 있는 원시적 충동이 어떤 의미에서 그 관념 자체보다도 보다 현실직일 수 있을까 하는 의문이 생기게 된다. 이것은 정신분석학적인 사고에 관하여 사람들이 가끔씩 부닥치게 되는 어려운 문제 중의 하나이기도 하다. 관념의 배후에 있는 심리적 충동이 그 관념의 진리를 검증하지 않는다는 것은 명백하며, 그 관념이 생성된 뒤에 비로소 진리가 검증된다. 그러나 우리는 이와 같이 숨겨져 있는 주요한 동인(動因)을 결코 웃어 버릴 수는 없게 되었다. 왜냐하면 우리들은 오늘날 관념 그 자체보다도 어떻게 해서 그 관념이 유지되고 활용되느냐는 문제들을 더욱 중요시하기 때문이다. 모든 공산주의적 견해가 그런 것처럼 완강성·과장성·강인성을 가지고 일체의 합리적 긍정을 격렬하게 거부하는 견해는 어느 것이든 그 사상과 모순되는 강력한 무의식적인 모든 원망(願望)이나 많은 공포에 대해 방위책이 된다는 가정을 제기할 수가 있다는 점이 라이츠의 논점일 것이다. 군인들처럼 분명하게 남성적인 직업에 종사하고 있다면 잠재적 동성애의 표지를 꼭 붙일 필요는 없을 것이다. 그러나 그렇지 않은 경우, 강박적으로 격렬한 기분이 된 것처럼 국민성을 강조하게 된다면 상식적으로 볼 때 도리어 그가 바라고 있는 남성다운 점을 나타내지 못하는 것을 두려워하고 있다고 생각할 수 있다.

개성의 연구에서 정신분석학적 방법의 타당성을 인정한다고 하더라도 아직 그 방법을 정치분석에 정당하게 확대시킬 수 있을까 하는 문제는 역시 남지 않을 수 없다.

에리히 프롬은 《자유로부터의 도피》(뉴욕, 1941)에서 다음과 같이 말했다. "독일 중산계급의 전형적인 새디즘과 매저키즘적인 성격이 나치스당을 만들도록 그 바탕을 마련했다"고. 《권위주의적 개성》(뉴욕, 1950)에서 T. W. 아도르노와 그 공동 저자는 권위주의적 가치를 추구하는 사람들의 정직성과 강박성을 지적했다. 해롤드 라스웰은 초기의 《정신병리학과 정치학》(시카고, 1930)에서 정치적 자장(磁場)이 어떻게 개인적인 모든 욕구의 전위(轉位)로서 작용하는가를 나타내려고 노력했다(예를 들면 성적인 충동에 죄의식을 느끼는 청년들이 형제애를 강조하는 정치운동의 일반화된 사랑의 어필로 승화되는 것을 보여주는 것 등). 현대 사회과학의 특징을 나타내는 이와 같은 연구에선 사회구조는 그 기초적인 것으로서, 개성적 요인은 그 반응으로 취급된다.[26]

그러나 라이츠의 견해는 여기서 머물지 않는다. 실제로 성격은 정치를 결정한다고 그는 말한다. 볼셰비즘의 주동력(主動力)은 실천이기 때문에, 운동은 그 성격을 사람들에게 강요함으로써 모든 정치를 변화시키고 궁극적으로 사회구조 그 자체까지도 바꾸어 버린다(그 차이점을 알기 위해서는 목적이 명확한 볼셰비키형 조직과 이데올로기가 애매한 정당을 비교해 보면 좋을 것이다). 이런 의미에서 볼 때, 볼셰비즘은 역사상 성공한 극히 드문 순수 의지 운동의 하나라고 해도 좋다. 이 점에 있어서 유일한 경쟁자는 약간의 종교단체가 있을 뿐이다. 현대생활에서 사상(진리에 관한 추상적·철학적 개념)은 이데올로기(신조를 진리로서 수행하려고 하는 행동

---

[26] 무의식적인 동인으로부터 '사회적 성격'을 구성하고자 하는 노력은 정신분석학에만 한정된 것이 아니다. 예를 들면 파레토의 경우, 사회적 행동의 원천은 '이해관계'(혹은 합리적인 평가), '파생체'(혹은 합리화) 그리고 '나머지 부분'(혹은 기본적인 동인)이라는 것이다. 이와 함께 원래 파레토의 학파에 속했던 조지 호만즈는 이렇게 쓴다. "미국의 역사가는 파이어니어적 성격, 파이어니어적 정신을 도도하게 논하기를 좋아한다. 단지 공상을 둘러싸고 있는 경우를 제외하고는 그들의 논의란 일종의 잔기(殘期)의, 즉 개인의 성실성이라는 내적인 파이어니어의 표현일 것이다."

적 노력)로 변형되어 버렸기 때문에, 라이츠와 같은 분석은 가능하게 되며, 사실 사회적 현실을 반영하게도 된다. 왜냐하면 실제로 이데올로기는 사상・행동・성격을 통일하려는 시도요, 헌신의 강화를 요구하는 것이기 때문이다. 공산주의자(혹은 파시스트라든가, 키부츠의 구성원들이라든가, 100% 순수한 미국인)는 단지 무엇을 믿는 것으로 그치지 않고 무엇인가를 행동하는 것으로만 자기의 성격을 고착시키려고 한다. 참된 인간이라면 자기의 이데올로기를 실천하게 된다. 이래서 이데올로기는 성격을 전제로 한다고 해도 좋다.

그러나 아직 무엇이 성격을 기본적으로 결정하는가는 문제로 남아 있다. 예를 들면 로버트 오웬은 《새로운 사회관》에서, 혹은 에드워드 벨라미가 《되돌아보면》에서 제시한 것 같은 자유주의적・유토피아적인 해답은 환경이 성격을 길러 낸다고 하였다. 말하자면 자본주의의 욕망이 강한 본성이 경쟁적인 성격을 형성한다고 오웬은 자유주의적 신념의 고전적인 표현 형식에서 쓰고 있다. "인간의 성격 중에는 범죄성을 짓는 것이 있는 게 아니라, 환경조건이 만들기 때문에 환경조건 속에서 범죄를 일으킬 요소를 철폐하면 범죄는 없다"고 그는 말했다. 그렇기 때문에 풍요하게 되어 버린 유토피아 사회에서는 다른 성격이 나타나게 될 것이라고 그는 보았다.

무엇이 볼셰비키적 성격을 결정하는가? 라이츠는 이 문제의 해답에 아직까지 미치지 못하고 있다. 아마 그 저서의 목적이 다른 데 있는지 모른다. 즉 그는 공산주의에의 현실적 대응

책을 전개하기 위하여 볼셰비키적 행동양식을 기술하는 데 관심을 가지고 있는지 모른다. 그가 그린 이 행동지침이 진리인지 아닌지는 볼셰비키적 충동의 기원과는 관계가 없다고 그는 말하고 있다. 형식적으로 이 논리는 정당하다. 이 지침의 타당성은 그 내적 일관성, 같은 자료를 이용하는 다른 분석자에 의한 확증 그리고 최종적으로는 예측에서의 유용성에 달려 있기 때문이다. 그러나 사상적으로는 이 지침의 모든 원천은 중요하다. 왜냐하면 이런 식의 원천을 밝히는 것만이 사회분석의 완전한 모델을 찾아 낼 수 있기 때문이다. 혁명 이전 시대에서의 모든 지하활동 조건의 음모적인 성질, 즉 환경이 볼셰비키 엘리트의 특수한 성격구조와 그 독특한 윤리와 규율을 만들었다고 하는 것이 볼셰비키적 성격에 관한 명백한 해답이었다. 그러나 마르크스주의 정당이나 사회혁명당들을 비롯한 많은 정당들도 역시 같은 환경 속에서 활동했던 것이 아닌가? 그래서 당원의 본질에 관한 1903년 레닌과 마르토프와의 이데올로기 논쟁은 정당활동의 발전에 선행하는 것이 된다. 사회민주당원이란 당 강령에 일반적으로 공명하는 사람들이라고 마르토프는 논했는데, 다른 한편 레닌은 혁명가·음모가들만이 당원이 된다고 논했었다. 이렇게 볼셰비키적 행동양식의 원형은 이미 레닌의 사상 속에 내포되어 있었던 것이다.

   라이츠는 다음과 같이 논하지 않으면 안 되었을 것이라고 필자는 생각한다. 즉 볼셰비키적 행동양식은 강렬하고 무의식적인 모든 동인에 의해서 형성된 순수 의지의 소산이라고,

또 시종일관한 정신분석학적 접근에 철두철미하게 되면, 당의 성격을 만든 것은 당 조직이나 레닌, 그 외 볼셰비키를 형성한 환경이라기보다도 '교부(敎父)'인 레닌의 성격이었다고 라이츠는 논하지 않으면 안 되었을 것이다. "사실 레닌의 의지만이 당의 정치활동을 바꿀 수 있었던 것이다. 역사상의 어떤 정당보다 볼셰비키당은 의지의 본질을 명백히 증명했던 것이다. 이것은 역사에서 최고도로 자각적인 행동을 한 표본이었던 것으로서 오늘날에 와서도 역시 그러하다고 볼 수 있다. 이 교부에 의한 모든 저술만이 단 하나의 교전(敎典)일 뿐만 아니라, 또 당원을 엄격하게 단련시킬 때의 '교본'이 되기도 한다. 모든 개인은 다양한 동기로부터 입당할지도 모르지만, 모두 판에 박힌 주형(鑄型) 안으로 들어가야 하며 만약 그렇지 않으면 추방될 수밖에 없다. "나로드니크는 통일이 잘되어 있다……. 그 내부에는 많은 작은 분파들이 있어서 예리하게 분열되어 있다……. 그래서 나로드니크는 정치적으로 무능력하고…… 어떤 정치적 대중행동도 실행할 수 없다……. 그러나 수없이 많은 분파로 갈라져 있는 교조적인 마르크스주의자들은…… 성공적으로 행동한다"고 레닌은 조롱했다. 이처럼 서로 다른 사회학적 관점에서 본다면 공산당을 특징짓는 분열과 추방(권력 획득 후에는 피의 숙청이 되는 것)은 당원과 성격의 도태과정이라고 생각할 수 있을 것이다. 즉 진정한 볼셰비키란 단단하게 단련을 거쳐 현재까지 살아 남아 있는 인간인 것이다.

논의를 도식적으로 요약해 보면 다음과 같이 된다. 볼셰비키적 성격은 옛 러시아 지식인의 성격구조에 나타난 많은 요소에 대한 의식적·무의식적인 반동이라는 점이다. 이것은 레닌의 인격에, 그리고 그 정서적·사상적 기질에 가장 특징적으로 나타나 있다. 당은 레닌의 주형에 찍혀서만이 이루어지게 된다.

　라이츠의 연구와 함께 역사와 정치에 관한 이론은 완전히 한바퀴 도는 셈이 된다. 역사의 변화를 위인과 그들의 개성의 힘에 귀착시키는 것은 1세기 전에 유행되었던 일이다. 그 이후에는 인구 압력이라든가, 시장(市場)의 탐구라든가 하는 추상적·사회적인 모든 힘에 의해서 역사가 해석되고 있었다. 그러나 사회적인 모든 힘은 개인적인 행위자를 통해서 실제적인 사건으로 변모된다고 하는 점은 어느 정도까지는 이해되었지만, 결코 충분한 것은 아니었다. 이와 같은 결정론적인 이론이 애매하고 불충분한 것이었으므로 심리학적인, 그리고 프로이트의 영향을 받은 성격구조론적인 모든 설명이 다시 도입되게 되었다. 원래가 마르크스주의자들도 여기서 예외는 아니었다. 경제적인 모든 힘에 대하여 '정치의 우위성'이라는 현재 유행하고 있는 이론도 밀수입된 '힘'의 심리학적 이론에 지나지 않는 것이 아닐까? 현대 러시아에서의 상황을 설명하고자 하는 대부분의 시도는 권력의 정식적(定式的) 견해에 의해서 표현되고 있다. 그러나 실제로는 권력의 정식은 거의 아무것도 설명해 주지 못한다. 그것은 다른 전술, 다른 사회집단의 권력이

행사되는 다른 목적에 대해 아무것도 이야기해 줄 수가 없기 때문이다. 심리학적인 정치이론을 사용한다고 하더라도 이 경우에는 권력동인과 이데올로기와의 혼합물로서의 성격을 강조하는 라이츠의 견해는 그의 모든 한계와 불확실성에도 불구하고 정치학자의 밀수입 심리학보다는 분명히 세밀하고 상상력이 풍부한 것이다. 그러나 이 방법에 대해서 불가피하게 남아 있는 두 가지 의문점이 있다. 즉 성격의 계속성이 어떻게 해서 확립되느냐 하는 문제이다. 그리고 엘리트 집단은 어떻게 해서, 어떤 곤란에 부딪히면서 그러한 성격을 국민 전체를 향하여 밀고 나갈 수 있느냐는 문제이다.

이미 살펴본 것처럼 라이츠의 모델에는 지식인의 성격상의 최초의 변화—볼셰비즘의 출현—는 반동 형성체며, '교부'의 성격이 그 정치적 진로를 결정한다는 것이 내포되어 있다. 레닌의 경우는 그렇다 하더라도 스탈린과 그 후계자들의 경우 어떻게 그것을 적용할 수 있다는 말인가? 어네스트 조운즈는 '햄릿'의 연구에서 두 종류의 아들, 즉 아버지를 거부하는 아들과, 비록 그 과정에선 이따금씩 그의 특성을 희화화하고 있지만, 아버지의 본질적인 특질을 이어받아 내면화하는 아들이 존재한다고 쓰고 있다.[27] 이런 관점에서 본다면 스탈린은 아버지의 본질을 이어받은 자식이었다고 할 수 있다. 그렇지만 이

---

27) 어네프트 조운즈의 《햄릿의 정신분석학적 연구》(런던, 1947), p. 22. 그의 《햄릿 오이디푸스》(뉴욕, 1951)에는 더 자세한 논의가 있다. pp. 83~90.

어받은 모든 특성은 정말로 조잡한 것이었다. 레닌 시대에는 당이 장래의 전망을 내다보는 모든 능력을 전유(專有)했었지만, 스탈린 체제하에서는 당내의 한 집단으로 변하게 되고, 드디어는 모든 지혜를 갖추고 있는 한 사람의 지도자만으로 되고 말았다. 이로써 종래에는 적에 대해서 사용했던 많은 책략·기만·테러 따위가 당을 대표하고 주장하는 대중들에게, 나중에는 당 그 자체 내부에 있는 적대자들에게까지 쓰여졌다. 레닌은 개인적인 격노(激怒)를 배격하며, 개인적인 위신은 적절하지 못하다고 강조했었다. 그러나 스탈린주의는 개인적인 모욕에 정치적인 해석을 붙여서 격렬하게 이에 대한 반응을 나타내었다. 레닌은 자만심에 찬 이야기에 반대했으나, 스탈린 정권은 사상 최대의 자기 찬미에 열중했다. 레닌은 당내에서 스캔들을 만드는 일에 반대했지만, 스탈린은 가장 환상적인 비난과 함께 당 간부들을 숙청했다.

볼셰비키의 행동에서의 이와 같은 변화는, 라이츠가 볼셰비키적 성격의 궁극적인 원천으로 가정한 무의식적인 모든 원망과 많은 공포에서의 변화 이론을 반드시 반영한 것은 아니다. 심리학적인 방위양식은 변화했을지도 모른다. 사실 낡은 방위체제가 적절하지 않았기 때문에 가끔 변화했을지도 모른다. 그러나 이와 같은 변화가 광범위한 정치적 규모로 일어났을 때, 정말 이것은 중요해진다. 이로써 방위체제상의 모든 변화는 왜 일어났는가, 특히 이러한 특정한 변화가 일어난 것은 무엇 때문이며, 또 앞으로 어떤 변화가 일어날 수 있을까 하고 묻지 않을 수 없다. 이 점에 대해서 라이츠는 거의 도움을 주지 못하고 있다. 그의 이론은 볼셰비즘의 움직이는 모습을 그 형성과정에 입각하여 취급하고 있기 때문에, 일단 볼셰비즘이 탄생해 버린 뒤에는 그가 제시한 모델이라는 것은 하나의 정지된 상태를 묘사한 것에 지나지 않는다. 말하자면 흐루시초프 일파의 스탈린에 대한 최초의 반항을 생각해 보면 알 수 있다. 이런 경우에 오만하고 거의 망상형에 가까운 스탈린에 대한 반동을 나타낸 것이라고 볼 수 있다. 혹은 대중의 지지를 획득하기 위한 필요성이라는 등 보다 합리적인 설명도 가능하다. 나아가 흐루시초프의 성격이 외견적으로 개방성을 띠고 서민적이라는 점을 어떻게 설명해야 될까?

라이츠의 모델 그 자체는 변화의 가능성이나, 그 본질을 이해하는 데 도움이 되지 않는다. 그 모델의 정지된 상태의 성질은 부분적으로는 그 방법론에서 유래하고 있다. 볼셰비키적 성격의 기본적인 윤곽은 경험적인 행동영역에서부터 온 것이 아니라, 볼셰비키 교의(敎義)의 추상적인 규율로부터 온 것이다. 본질적으로 이것은 큰 결점이라고만은 할 수 없다. 그 이유는 그 교의 자체는 명백하기 때문이다. 그 이론의 가장 커다란 결점—그리고 역설적으로는 장점이기도 한—은 정적인 태도의 교의를 출발점으로 하여 성격이라는 정태적인 힘을 가정해 두고, 여기에다 일체의 인간행동을 하나의 견고한 요새처럼 만들어 결부시켰다는 데 있다.

그러나 사회행동에서 성격이나 의지가 모든 사상(事象)에 현실적인 영향을 어느 정도의 빈도로 끼치게 되는 것일까? 사람들은 주로 사회체제 속에서 생활하고 복잡한 양식에서 서로 연결되어 있다. 우리들은 의심없이 우리의 성격을 세상에 나타내고자 한다. 그러나 실제로 우리들은 많은 요구를 수정하지 않을 수 없다. 따라서 라이츠는 그 성격개념에 잘못된 자율성을 부여하고 있는지도 모른다. 그래서 훌륭한 가능성의 범위 내에서의 변동현상인 정치에 그 개념을 적용함으로써 문제의 본질을 벗어나고 있는지도 모른다.

하버드 연구진의 방법론

이제 사회적인 연구방법으로 눈을 돌려 보자. 레이먼드 바우어, 앨릭스 인켈스, 크라이드 크루크혼, 이상 세 사람의 하버드대학 사회과학자들에 의한 연구인 《소비에트 체제는 어떻게 운영되고 있는가》는 현대 사회학이 제공하는 최선의 것이요, 그 점만으로도 주목될 가치가 있다. 이들의 저서는 미국 공군을 위해서 준비된 보고서인 〈전략적으로 본 소비에트 사회체제의 심리적인 강점과 약점〉을 개정 간행한 책이다. 이것은 5년에 걸친 조사 연구를 위탁받기 위해 자금을 제공받고 쓴 책이다. 저자는 공군 스폰서들로부터 그들 자신의 통제자에게 제시할 수 있는 평판이 좋다는 책을 만들어야 한다는 간접적인 압력을 받았기 때문에, 이 연구는 어떤 면에서는 그들 스폰서를 위한 연구라는 위험성을 가지고 있기도 하다. 그 결과 약간 뒤죽박죽인 면이 있다. 모든 명제는 단축되고 조각조각이 난 증명자료만을 제시하고 있으며, 또한 서적 자체도 일상적인 구어체로 쓰여 있는데 이것 역시 크게 성공하지 못하고 있다. 전향자의 계통적인 면접조사에 기초를 두고 있는 이 연구계획은 상세한 개성의 실험을 포함하는 329개의 광범위한 생활사에 대한 면접, 435개의 보충면접, 특수한 문제에 관한 1만 가지의 질문표, 통제를 목적으로 한 미국인에게 실시된 2천 7백여 개의 일반 질문표와 1백여 개의 면접, 심리실험 등의 자료를 포함하고 있다. 전부 3만 3천 페이지에 달하는 자료를 싣고 있다. 이런 자료는 저자들이 이 책을 준비하는 데 참고한 50개를 넘는 미발표의 전문적인 연구와 함께 35개의 이미 발표된 모든 논문들도 같이 참고되어 증거와 소재가 풍부한 것들이다. 경제적·정치적 모든 문제는 이 연구 범위의 밖에 있다고 생각된다. 기본 개념을 사회체제의 범위에만 국한시키고 있는데, 이것이 바로 하버드 그룹의 공헌 가운데 핵심이 되고 있다. 사회체제라는 것은 간단하게 말하자면 사회나 하위집단이 특정 목표를 달성하기 위하여 모든 활동을 조직화한 특징적인 양식이다. 그 결과 생기는 특정 제도나 양식은 매우 의의가 있는 형식으로 서로 관련을 갖고 있는데, 어떤 영역에서의 변동은 다른 모든 영역에서는 규칙적이거나 결정적인 변동을 당연히 동반하게 되는 것이기도 하다(이래서 경제체제의 기본적인 결정 요인의 하나인 자본축적 비율의 변화가 소비 비율의 변화를 촉진하는 것이 틀림없는 것처럼).

사회체제의 경우에는 공장에서의 권위구조의 재편성이 곧 학교제도, 가족 등의 조직에서의 대응적인 변동을 동반하게 될 것이다. 예컨대 스탈린이 1931년에 독재적인 지배와 엄격한 규율을 공장에 도입했을 때, 공장 경영자가 진보적인 학교 출신의 무례한 학생을 만났을 경우, 이놈은 무엇인가 불량하지 않는가 하고 물으며 학생들에게 복종할 것을 배우도록 교육방법을 바꿔야 한다고 주장하는 일 따위의 광경을 상상할 수 있다. 그렇다고 교육계의 교육위원이 비정상적인 가족 출신의 난폭한 어린이를 만났을 때, 가족제도가 더욱더 강화되어야 한다든가, 혹은 이혼이 보다 어려워져야 한다고 요구했다고는 생각할 수는 없으리라. 그렇기는 하지만 이 같은 문제와 관련해서 낡은 전통적인 권위의 형태가 다시 도입되었다고 볼 수 있지 않을까.[28] 그러나 이 같은 사회변동은 자기 패배적이 될지도 모른다. 왜냐하면 공장에서 억압이 행해지는 데 대해서 모든 개인은 보호장치를 할 필요가 있다고 느끼게 되며, 밀접한 가족적인 유대에 의해서 그 필요성을 이룩하고자 하기 때문이다. 이렇게 해서 얼마가 지나면 체제는 부당한 가족주의에 대해 불평을 토로하기 시작하게 될 것이다. 이 예는 사회과정을 과도히게 단순화해 버리기는 하시만 부당한 것이 아님을 보여 준다.

---

28) 예는 다음에서 들었다. 앨릭스 인켈스의 〈외국 사회의 이해―한 사회학자의 이해〉, 《세계 정치》(1951년 1월), pp. 269~280.

그러나 하버드대학 연구진은 가족·정치체제·교육·산업이라는 사회의 전통적인 모든 제도의 변동을 다루지는 않고, 피지배자의 생활을 규제하는 전형적인 적응 행동양식에 중점을 두고 있다. 이들의 '중추적인 양식'은 다음과 같은 것이다. 현재적(現在的) 이데올로기에의 동조 욕구, 독립한 권력 원천의 승인 거부, 모든 계획과 통제의 중앙집권화, 특수 목표를 위한 과도한 자원 할당, 공포와 강제노동의 이용, 목표의 달성방법으로서의 질타, 계획을 달성하기 위한 꾸며진 관용성(예를 들면 암거래 등) 등을 들 수 있다. 이런 '현실적으로 작용하는 모든 특징'에 기초하여 하버드대학 연구진은 일반적인 체제의 강점과 약점을 찾아 내고자 한다. 즉 약점으로는 공직에서 질서 있는 계승과정이 존재하지 않는 것, 중공업에서의 경제성장이 소비재 산업에 비해 불균형한 점, 그칠 사이 없는 추방과 불안이 존재하는 것 등이다. 강점으로는 저항의 원자화, 외부 세계의 현실에 관한 러시아인의 무지, 경영자 집단측의 체제에 대한 깊은 충성 등을 들 수 있다.

이런 연구방법이 지닌 한 가지 난점은 이들 '현실적으로 작용하는 모든 특징'의 어느 것이 중심적인 것이며, 어느 것이 중요하지 않는가를 실제로 알 수 없다는 점이다. 왜냐하면 하버드 연구진은 그 선택을 결정하는 조작원리를 결하고 있는 것처럼 생각되기 때문이다. 예컨대 '강제노동'은 체제의 내부적인 측면인지, 아니면 우발적인 요소로 그냥 버려야 할 것인지 판단이 서지 않는다. 그리고 만약 후자의 경우라면 어째서 그렇게 판단되는가? 테러가 자기 패배적인 것으로 되어 버렸다는 사실이나, 아니면 테러는 경제적이 아니라는 사실에 기초를 두고 있는가, 아니면 외부로부터의 도덕적 비난 때문일까? 혹은 그 외의 무슨 이유 때문일까? 또 중요한 사회집단에서의 충성과 불충성의 정도를 측정하기 위하여 소비에트 지도층의 여러 부문에 걸친 반응을 예측하고자 한다면 이런 모든 부문과 권력집단, 그리고 다른 이익집단의 서로 다른 이해관계에 대해 정확한 정의를 내리는 것이 '중추적 양식'보다도 한층 더 중요할지 모른다. 우리들이 분석양식에서 무엇을 얻을 수 있는가가 문제이다.

분석양식이란 관련있는 모든 특징을 모아서 정리하는 데 사용하는 특정 범주의 함수이다. 정치이론에서는 아리스토텔레스처럼 군주제·과두제·민주제라고 할 수도 있고, 혹은 막스 베버처럼 전통적·합리적·카리스마적으로 정치형태를 분류할 수도 있다. 이런 경우는 목적이 전망구조를 결정한다. 그 위험성은 범주를 이론적 구성개념으로서가 아닌 현실적인 것으로 생각하기 쉬운 데 있다. 사회체제의 개념을 기본적 방법으로 맨 먼저 사용한 마르크스주의 사상의 경우에도 이런 오류는 여전히 해당된다고 하겠다. 자본주의에 관한 단순한 마르크스주의의 모델로서 계급은 생산수단과의 관련에서 형성된다고 보았다. 따라서 순진한 공산주의자들에게는 '인민'이 공장을 소유하고 있는 이상, 러시아에는 어떤 착취도 존재하지 않고, 또 어떤 착취 계급도 없다고 한다. 역시 이런 이유로 러시아는 '노동자 국가'인가, '타락한 노동자 국가'인가라는 문제로 격렬한 교리적 논쟁이 생기게 되었다.

그러나 이런 많은 함정이 있음에도 불구하고 체제의 본질적 성격을 규명하려고 하는 입장이 가진 장점은 인과적인 모든 요인(현대의 전문용어로는 독립변수, 즉 체제의 다른 모든 것에 영향을 미치는 많은 변화)을 분별할 수 있게 한 것이다(예를 들면 마르크스의 경우 자본주의의 본질이란 자본의 축적과 재투자에의 강박충동에 있다. 소비와 생산 사이에 일어나는 격차, 과잉생산 그리고 매우 높은 자본 투입과 낮은 노동력 투입과의 함수인 이윤의 감소 비율 때문에 위기는 불가피하다고 생각한다).

그렇지만 하버드 연구진은 끝까지 그들이 생각해 온 사회체제의 원동력을 자세히 쓰지는 않고 있다. "이들 현실적으로 작용하는 많은 특징에 대한 중요성의 순위를 결정하는 것은 각기 서로 다른 특징에 대하여 연쇄체계를 구성하고 있기 때문에 불가능하지는 않다고 하더라도 곤란하다"고 그들은 말했다.[29] 이와 같은 '연쇄'의 긴밀성(예를 들면 체제의 특징인 질타와 강제 노동을 연결해 주는 고리는 무엇인가?), 혹은 서로 다른 '현실적으로 작용하는 모든 특징'의 정합성(整合性)에 대한 문제는 별도로 하더라도 가장 중요한 요인을 선별하는 것이 과연 그렇게 어려운 일인가? 소비에트 체제가 본질적으로 정치권력의 중앙집권적 통제에 의해서 특징지어져 있다는 것, 거의 제도적인 억제가 없는 지배체제라는 것, 체제의 다른 모든 측면—독립 권력의

---

29) 앞의 책, p. 20.

승인 거부, 자원의 편파적인 할당—등이 이 체제로부터 파생하는 것이라는 점은 적어도 명백하지 않은가?

그러나 일단 이런 사실을 인정하게 되면 불확정성의 많은 요소도 역시 인정하지 않으면 안 될 것이다. 왜냐하면 이런 지배체제 아래서는 소수자—스탈린의 경우는 한 사람—의 모든 결정이 체제의 본질을 변화시키는 데 결정적인 것이 되기 때문이다. 스탈린이 아닌 부하린이 승리했다면 소련은 전혀 다른 사회가 되지 않았을까? 혹은 흐루시초프가 아닌 몰로토프가 권력을 유지했다면 소련의 모습은 오늘날 약간 달라지지 않을까? 그렇기 때문에 소비에트 사회의 발전은 소비에트의 정치적 전개의 성질에 의존한다고 보아야 한다.

여기서 소련을 이해하고자 할 때 이 사실이 옳다고 하면, 우리들은 크레믈린 연구학, 즉 누가 '최고 권력의 지위'에 있는가를 추정하는 데 있어 만찬회의 좌석 순서를 본다든가, 소비에트 연맹 최고회의에서 연설을 누가 하는가를 본다든가 하는 따위의 무척 매력적이긴 하지만 이따금 화를 돋우는 이상한 게임으로 돌아가게 된다. 하버드 연구방법은 그 원동력에 대한 감각을 결핍하고 있기 때문에 체제에서의 변동의 모든 원천을 밝혀 주지는 못하고 있으나, 본길직으로는 사실에 가까운 점도 있다. 사회행동의 '모든 한계'를 아는 것은 중요하지만 정치에서는 지배집단을 구성하는 것이 누구인가, 지배집단은 어떻게 결정을 내리는가, 종속집단의 모든 요구는 어떻게 해서 인정되는가 하는 점을 반드시 알아야 한다. 왜냐하면 제도적·행동적 모든 양식이 자율적이 아닌 소련과 같은 사회에서는 '사회체제'가 정치의 문맥 안에 들어 있지 않으면 아무런 의미도 갖지 못하게 되기 때문이다.

누가 먼저 먹는가

크레믈린 연구학의 기본적인 가설에 의하면, 소비에트의 권력 정점에서의 모든 움직임에는 석차·위신·권력에의 투쟁 따위가 관철되어 있다고 한다. 이래서 30만의 모든 기업 운영을 관리하는 단일적인 중심체의 무능함이 중대하게 되면 소련의 경제를 지방으로 분산화시킬 필요가 명백해지며, 이러한 변화에 따라서 어떤 쪽의 권력은 강화되고, 어느 쪽의 권력은 약해지기도 한다는 점이 동시에 문제로 등장하게 된다. 그러나 최종적인 분석이 아닌 당면 분석으로서는 일체의 합리적인 기술적 기준은 정치적인 기준 앞에 굴종하게 되고 만다는 일로 풀이하게 된다. 그러기에 소비에트 정책의 어떤 움직임을 분석하게 될 때에도 이런 권력투쟁에 익숙한 음모를 도외시할 수가 없게 된다.

먼저 첫째는 항쟁하는 권력집단의 정의에 있어서, 그리고 두 번째는 모든 개인의, 특히 종속자와 제휴를 하는 관점과 방법에서 현실 문제가 생기게 된다. 한 가지의 연구방법은 '기능적' 관점으로부터 권력집단을 정의하고—예를 들면 당·군대·비밀경찰·국가 관료제 등—이런 집단의 대표자를 그들이 유지하고 있는 지위에서 밝혀 내고자 하는 방법이 있다. 이래서 크레믈린의 움직임에 대한 훌륭한 연구가요, 실천자였던 프란츠 볼케나우는 1957년 5월 6일 《뉴 리더》지에서 이렇게 말했다. "스탈린이 죽은 후 당 독재의 대표자인 흐루시초프와 독립을 요구하는 관리자의 대변자로 한때 수상이었던 게오르기 말렌코프 사이에 노골적인 격렬한 투쟁이 벌어졌다. 지난 4년 이상에 걸쳐서 관리자는 경제에 있어서 보다 대폭적인 지방분권화에 대한 요구를 점점 효과적으로 실현하고 있었다. 이래서 흐루시초프와 그의 제휴자인 라자르 카가노비치는 이 계획을 관리자 계급에게 보다 불리하도록 멀리 우회하는 계획을 세우고자 했다." 이보다 좀 뒤에 쓴 글에서는 카가노비치가 흐루시초프 편이라기보다는 그 바깥에 있는 것처럼 보이게 쓰고 있다.

이런 식의 양단론식의 이론에는 몇 가지의 난점이 있게 마련이다. '관리자'라고 하는 낱말은 근본적으로 애매성을 내포하고 있다. 관리자란 현장에서 공장을 통솔하는 사람들인지, 모스크바 경제성의 간부들을 가리키고 있는 것인지, 아니면 어떤 계획의 입안자들인지 알 수 없다. '관리자'라는 말이 만약 위의 세 가지 범주를 다 포함시키고 있다면, 그들 사이에 과연 이해관계의 공통성이 있을 수 있는가 하는 점도 문제다(독자적인 활동에 대해 보다 큰 통제력을 요구하고 있는 공장과 모스크바의 경제 담당관들과의 사이에서 상당한 마찰이 불가피하게 예상된다). 그리고 그렇지 않다고 한다면 이 세 가지의 유형 중 과연 어느 것이 참된 '관리자'가 될 수 있을까?

두 번째의 난점은 기계적으로 단체와 단체 사이를 서로 대결시키는 데서 생기게 된다. 기능적인 제반 집단들 사이에서 종종 이해관계의 충돌이 생기는 것은 틀림없는 일이다. 그렇지만 작은 파벌과 집단에 의하여 계속되는 정치적인 권력투쟁의 본질 그 자체로 인하여 권력자들은 모든 집단 안에 자기 편이 될 수 있는 사람들을 침투시켜 두지 않을 수 없게 된다. 따라서 이 투쟁은 단순한 '권력자'와 '당', 혹은 '군부'와 '당' 사이의 싸움이 아니라 이러한 많은 집단을 가로질러서 일어나게 되는 것이다. 예컨대 군부는 오직 일원적인 집단이라고 할 수 있을까(어떤 이해관계 때문에 통일되어 있을 수 있는가)? 그리고 주코프는 X와, 코니에프는 Y와, 와실리예프스키는 Z와 각각 연결되어 있을 수 없을까? 다른 나라의 군대에 대해서 우리가 가진 지식을 동원해 본다면 확실히 군대 내부의 투쟁과 군부 밖의 여러 집단과의 동맹이 이루어질 수 있다는 것을 알게 된다. 예를 들면 미국 육군의 경우, 마샬―아이젠하워의 집단 대 맥아더의 대립 같은 사실을 들 수 있다. 여기서 문제는 군부가 일치 단결할 경우의 쟁점과 최고 수뇌부들이 서로 대립하게 될 경우의 쟁점을 알아내는 것이다. 그리고 이렇게 함으로써 파벌과 그룹을 서로 연결지어 주게 되는 것, 즉 학교 동창관계라든가, 승진된 사람에게 충성을 바치는 사람들끼리라든가, 세대 차이, 전시나 병역에 대한 공동 책임이라든가 등을 결정하는 문제에 부닥치게 된다.

또 이데올로기가 이런 연관관계를 결정지어 준다고 볼 수도 없다. 그 까닭은 소비재와 중공업, 서방측에 대한 강경노선이냐 유연노선이냐, 위성국가에 대하여 강경파냐 유연파냐라고 하는 중요한 정책적인 쟁점을 둘러싸고 이런 쟁점에 대하여 시종일관한 태도를 유지시켜 줄 수 있는 일원적인 이데올로기는 존재하지 않기 때문이다. 말렌코프는 서방측에 대하여 가장 강경했기 때문에 국내에서는 오히려 유연하기를 바랐는지 모른다. 또 최고 권력자는 가끔 지지를 얻고자 편의에 따라 이데올로기적 관점으로 전환시킬 수도 있다. 이런 점에서 분명히 스탈린의 역사는 교훈적이다(이런 질문이 가끔 제기된다. 스탈린주의를 대표하는 것은 흐루시초프인가, 아니면 말렌코프인가? 우리들이 지금 관찰을 계속하고 있는 사태는 분파의 붕괴라는 것이다. 그러기에 이처럼 지극히 개인적인 상황에서 충성관계를 도식적으로 나타내고자 하는 형식적인 사회학적 기준은 거의 무의미하다고 생각되며, 따라서 이런 문제를 정식화한다는 것은 어려운 일이라고 본다).

말단에까지 그 영향을 미치는 지지의 연쇄작용을 찾아보고자 한다면, 보다 큰 난관에 부딪히게 된다. 어느 외무성이나 선전조직에서도 정점에 있는 경쟁자의 상대적인 힘을 측정하는 수단으로서 인사이동을 놓쳐 버리지 잃으려고 애쓰며, 이를 위해서 소비에트 엘리트의 모든 구성원에 관한 광범위한 전기 서류를 보존하고 있다. 그런데 나중에 인용한 실례가 보여 주듯이 그 방법은 때때로 무척 빈약한 것이다. 이와 같이 상세하기는 하지만 기계적인 기록방식으로 되어 있는 자료를 어느 정도로 파헤쳐서 분석할 수 있는지는 심히 의문스럽다. 보리스 마이스너의 《스탈린 신화의 종언》을 비평하여 어떤 비평가는 이렇게 불만을 털어 놓았다. "……정점으로부터 저변에 이르는 당원들에 대해서든, 흐루시초프와 같은 인물이든, 말렌코프와 같은 인물이든, 당의 정책에 대한 이러저러한 미묘한 전술적인 차이를 지지하는 사람에 대해서든 그들은 다 의견을 말하고 있다고 믿고 있다. 매우 빈번하게 이런 정보는 외부적인 전기 정보에 기인하고 있는 것이다. 지난 모든 시기에 걸쳐 말렌코프 아래서 일했던 사람이라면, 마이스너의 의견에 의해서는 오늘날과 같은 상황에서조차도 역시 말렌코프의 지지자라고 생각될 것이 틀림없다. 20년 전에 우크라이나에서 흐루시초프와 함께 일했다면 지금도 역시 그의 마음속의 친구임에 틀림없다고 그는 주장한다."[30]

그런데 이따금씩 똑같은 사건이 정반대로 해석되고 있다. 예를 들면 당 상임간부회 후보 요직에의 프롤 R. 코즈로프의 임명 같은 일이다. 해리슨 솔즈베리는 1957년 2월 16일자 《뉴욕 타임스》지에서 코즈로프는 페르부킨이 소속되어 있는 집단의 한 구성원으로 '아마 말렌코프의 지지자'일 것이라고 보도했다. 코즈로프는 1953년의 '의사단(醫師團) 음모 사건'의 중요한 선언문 작성자 중의 한 사람이었다고 솔즈베리는 말했다.

---

30) 임마누엘 버른바움, 〈스탈린의 격하—그 동기와 결과〉, 《공산주의 문제》 (1957년 2월) 참조.

그러브로 크레믈린학 연구가들의 논리에 따르면 말렌코프가 그 음모의 지도자 중 하나였다고 추측할 수가 있게 된다. 그러나 리처드 로웬달은 런던의 《옵저버》지에서 하루 늦게 다음과 같이 논평했다. "쉐피로프의 당 서기국으로의 복귀는 말할 필요도 없고, 레닌그라드주(州)의 제1서기 프롤 로마노비치 코즈로프의 상임간부회 후보로의 승격으로 말미암아 흐루시초프의 당내의 지위는 보장되었다. 코즈로프는 초기 말렌코프 시대에는 매장되어 있었으나, 1953년 말경에 흐루시초프의 개인적인 중개로 승격하여 레닌그라드 당조직의 지도자로서 말렌코프의 부하 안드리아노프의 자리를 차지하게 되었다." 그리고 이와 같은 논리에 따르면 코즈로프는 '의사단 음모 사건' 초기에 그 경계를 위하여 일익을 담당했고, 따라서 흐루시초프는 이 음모의 실행과 관련이 있게 되는 것이다.

이런 일은 바로 그 방법이 잘못되었다는 것이 아니라, 다만 여기에 대한 정보가 충분하지 못하다는 것을 말하는 것이다(기록에 의하면 로웬달의 코즈로프에 대한 의견이 맞고 솔스베리가 틀렸던 것이다). 크레믈린 연구학의 문제들이 끝이 없고 얼마나 어려운가 하는 점은 1957년 8월 10일의 《뉴욕 타임스》지의 보도로 알 수 있을 것이다. 이 보도에 의하면 누가 소비에트 외무성을 움직이며, 외교상의 새로운 정책을 누가 쓰는 것인가 하는 문제에 대하여 미국 국무성은 전혀 모르고 있다고 하면서 다음과 같이 보도하고 있다.

"국무성은 새로운 크레믈린의 수수께끼를 풀고자 노력하고 있었지만 성공하지 못했다.

문제는 소비에트 외교정책을 현실적으로 움직이고 있는 것은 누구인가, 국무장관 덜레스에 해당하는 소비에트측의 상대는 누구인가 하는 것이었다.

흐루시초프와 불가닌 원수는 외교정책의 전문가를 동반하지도 않은 채 오랫동안 모스크바를 떠나 있었기에 최근 몇 달 동안에는 '정보의 비축(備蓄)에 마음을 쓸' 시간을 가지지 못했을 것이라는 점은 틀림없는 사실이다.

그런데 이 기간 중에 소비에트 외교상의 질적인 개선이 현저해졌고, 서방측을 이해하는 점에서도 유례가 없을 만큼 다양하고 교묘하게 되었다고 국무성은 느끼고 있다……. 국무장관은 미국의 정보기관에다 그 증거를 검토해 달라고 의뢰했으나 지금까지는 조사관들도 완전히 실패하고 말았다…….

그 결과 워싱턴에서 국무성은 소비에트의 현재의 의도나 외교정책의 장래를 무척 평가하기 어렵게 되고 말았다."

지도적인 요직의 대이동에 관한 발표 그 자체가 아무런 의미도 없는 것인데도 불구하고, 이 이동의 의미를 즉석에서 해석하지 않으면 안 되는 크레믈린 연구가들의 딜레마를 상상해 보라. 그 때문에 주코프 원수가 그 직위에서 해임당했다는 간단한 성명이 나온 이튿날 《뉴욕 타임스》지의 전문가 해리 슈왈츠는 다음과 같은 기사를 쓰기 시작했다.

"어제의 게오르기 K. 주코프 소비에트 국방상의 해임에서 두 가지 중요한 가능성이 부각될 수 있다. 즉 그가 가진 현실적인 권력의 실질적인 쇠퇴냐, 아니면 소비에트의 관료체제에서의 승격으로의 한 걸음 전진이냐는 점이다."(1957년 10월 27일).

이러한 직업상의 도박에 우리는 동정을 금할 수 없다. 헨리 아담스는 자신의 《자서전》에서 미국 공사였던 아버지의 비서로 근무하면서 미국 남북전쟁 중 런던에 체재하고 있었을 때, 영국 내각의 의견이 분열되고 있다는 요지의 보고서―이것은 미국 정책의 기초가 될 직접적인 정보를 토대로 한 것이라고 자신은 생각했으나―를 작성할 당시의 일을 쓰고 있다. 20년이 지난 후 영국 내각의 문서가 공개되자, 그가 쓴 보고서가 완전히 틀린 것이었음을 알게 되어 그는 크게 낭패했다.

부다페스트에서의 폭동이 있은 후 곧 휴 게이트스켈은 하원에서 이든 수상이 취한 조치를 구실로 소련이 대담하게 수에즈 운하 문제에 개입하지 않을까 하는 문제를 제기했다. 이때 게이트스켈의 의도는 단지 정치적으로 유리한 지점을 차지하고자 한 것이기는 했지만, 결코 이 문제는 전혀 부당한 것은 아니었다. 과연 그럴 것인지 아닌지를 알아보는 것은 중요한 일일 것이다. 그러나 과연 여기에 해답이 있을 수 있는가? 우리는 정보원(情報源)에 접근할 수 있는 어떤 수단도 갖고 있지 못하다.

그러나 방법에 관해서는, 적이도 크레믈린학 연구가들이 적용했던 방법에 관해서는 문제를 제기할 수 있다. 가장 간략하게 말하자면 크레믈린 연구학은 가끔 볼셰비키적인 정신상태의 반대측면이 된다. 말하자면 지나치게 결정론적이 된다. 볼셰비키적인 정신상태의 특정적인 사실은 우발성이나 우연성을 인정하는 일을 거부하는 점에 있다. 모든 일에는 이유가 있고, 예정되어진 동기가 있다. 여기서 볼셰비키들의 음험한 수사학적인 문구가 나오게 된다. "동지여 ……는 우연한 일이 아니다. 결코 단지 우연스런 일은 아니다." 혹은 "왜 이 시기에, 왜 이 특수한 순간에, 적은 ……를 선택하는가?" 이렇게 해서 이런 문제들은 전부가 다 누가 누구를 이용하느냐 하는 궁극적인 문제로 은연중 들어가게 된다. 몇 년 전의 한 일화가 생각난다. 즉 우크라이나의 두 유엔 대표가 뉴욕에서 노상강도에게 쫓기다가 작은 식료품 가게로 밀려 들어가게 되었다. 강도가 무엇이라고 하는지 그 말을 잘 알아듣지 못해서 대표 중 하나가 무릎에 총을 맞게 되었다. 비신스키는 미국을 곤란하게 만들고자 했는지, 아니면 정말로 깊이 의심을 했는지 모르겠으나, 어쨌든 이 사건은 정치적인 것이 아니라고 하는 뉴욕 경찰서의 설명을 거부했다. 그러면서 그는 이렇게 물었다. "노상강도가 아닌 것은 분명하지 않은가? 조그마한 식료품 가게로 끌고 들어간 것을 보면"이라고. 부유한 자본주의의 나라인 미국에서 누가 고의적으로 작은 가게로 강도질하러 들어가겠느냐고 했다.

크레믈린학 연구가들 중에도 가끔 이와 비슷한 논리가 있음을 볼 수 있다.[31] 국내의 권력투쟁에서의 인사(人事) 및 외국의

---

31) 아마 크레믈린의 연구적 입장에서 소비에트 엘리트의 권모술수를 추적하고자 한 가장 대표적인 시도는 M. 러쉬의 《흐루시초프의 대두》(워싱턴, 1958)일 것이다. 1955년 러쉬는 이런 점에 착안했다. 즉 보통 소련 신문에는 보다 낮

국제 무대에서의 정책을 둘러싼 모든 행동은 조심성 깊게 계획되고, 공모 하에 고안되고 예정된 계획으로, 그 모든 결과가 예상된 것이라고들 흔히 생각한다. 의정서의 상세한 도표화와 언어의 집계로 발견할 수 있는 숨겨진 의미를 가지고 모든 행동을 하고 있다는 것이다(생존시 스탈린을 회견했던 최후의 외국인이었던 인도 대사 K. P. S 메논의 다음과 같은 말을 크레믈린학 연구가나 정신분석학자, 혹은 그 외의 많은 사람들이 어떻게 받아들일 것인지 상상해 보라. 즉 회견 중에 스탈린은 쉴새없이 낙서를 하고 있었다고 한다). 그러나 세계의 모든 대사관 사무국을 통해 우리가 알 수 있는 것은, 정치적인 모든 사건(혹은 군사적인 사건까지)에서의 움직임은 거의 정확하게 계산되고 있지 않다는 점이다. 그리고 우연성을 전혀 고려하고 있지 않는 분석자는 정치적인 게임을 너무 지나친 결정론으로만 생각하고 있기에 볼셰비키나 마찬가지로 위험을 일으키고 있다.

이래서 한 걸음 더 나아가 우리는 다시 한 바퀴 돌아 제자리로 오게 된다. 정점에 있는 권력의 중요성이 어떤 것이든, 어떤 권력집단일지라도, 그들의 지배가 아무리 절대적인 것일지라도 무한한 권력을 휘두를 수는 없다. 크레믈린학 연구가들의 연구방법이 지닌 문제점도 라이츠의 문제점과 똑같은 것이다. 자기의 의지를 믿고 나가고자 하는 모든 시도는 천연자원

은 격으로 나오는 소문자의 당 제1서기라는 흐루시초프의 호칭이 1955년 5월 25일자 《프라우다》지에서는 갑자기 대문자의 당 제1서기로 게재되었다. 이것은 곧 스탈린과 같은 방법으로 흐루시초프가 당 서기국을 이용해 자기 승진을 이룬 것을 뜻한다고 그는 추론했다.

의 유한성과 인간이 만든 모든 제도의 저항을 고려하지 않을 수 없을 것이다. 그렇다면 어떻게 해야 될까?

하나의 길과 여러 갈래 길—피란델로의 퇴장

이제까지 우리는 많은 길을 검토해 왔는데, 어느 길이 과연 다른 길보다 더 잘 우리를 현실적으로 이끌어 줄 수 있다고 할 수 있을까? 유태의 《탈무드》는 이렇게 말하고 있다. "어디로 가야 할지를 전혀 모른다면 어느 길이든 그대를 이끌어 줄 것이다." 아마 몇 가지 특질과 문제점이 정리될 수 있을 것이다.

서로 다른 계기들

일어나고 있는 변모의 모든 유형 사이에 명확한 구별을 짓지 않으면 안 된다. 즉 결정적인 순간에는 서로 의존하게 되겠지만, (사회체제로서의) 소비에트 정치와 소비에트 사회에서의 변화 사이의 구별이 곧 그것이다. 이 차이는 과정과 결과의 차이다. 또는 저 세밀한 사회과학자 윌리엄 그레이엄 섬너가 오래 전에 분류했던 일을 본받는다면 성장하는 변동과, 실시되는 변동으로 구별할 수도 있다.

성장하는 변동이란 파도처럼 자꾸 밀려서 팽창되는 것으로, 거부하든 수긍하든 관계 없이 계속 진행되는 것으로 어느 정도의 자율성을 가지고 발전해 나가는 변화라 하겠다. 이런 변동에서 전통의 유기적인 성장이라든가, 가치의 변용(예를 들면 어린애의 수를 줄이느냐, 늘이느냐는 데 대한 사람들의 결정)이라든가, 한번 중대 결정이 내려지게 될 경우의 기술적인 필연성(예컨대 어느 나라가 공업화되고 나면 다수의 기술자를 훈련할 필요성) 등의 여러 문제가 파생하게 된다.

실시되는 변동이란 입법부 의원이나 통치자의 의식적인 결정과 의지에 의한 변화이다(예를 들면 선전포고, 농업의 집단화, 새로운 산업지대의 선정 등). 변동을 실시하는 사람들은 민중의 기본 도덕률이나, 그들 자신의 의사에 따라 처분될 수 있는 자원을 고려에 넣지 않으면 안 된다. 그러나 이런 것들이 결정 요인이 되는 것은 아니고, 다만 이것들은 한정요인으로서의 역할을 할 뿐이다.

사회학적인 분석은 성장하는 변동을 다룰 때 가장 확실한 것이 된다. 즉 이와 같은 변동들이 동일시되고, 그 추세가 도식적으로 나타나며, 마치 빙하가 바다에 떠 있는 것처럼 그 진로와 붕괴까지를 다른 많은 분석보다 분명히 알기 쉽게 기술할 수가 있게 된다.

그러나 사회학적인 분석은 때때로 정치적인 모든 결정을 예측하는 데서 실패하게 된다. 역시에는 헤겔이 말하는 소위 '특이한 순간'이 존재한다. 이런 순간적인 전환기에는 순수 이성이 아닌 실제적인 판단(혹은 불안정한 정보나 직관, 감정의 이입 같은 합성물)이 위력을 떨치지 않을 수 없게 된다. 볼셰비즘은 특히 세밀하게 과거를 의식하며, 그래서 모든 사건의 전술적 · 전략적인 뉘앙스를 최고도로 인지하는 운동으로 알려져 있다. 과거에 볼셰비즘에다 독자적인 정치적 우월성을 부여한 것은 그 '독특한 순간'(바로 레닌이 최초로 마음속에 그려 두었던 혁명 상황)에의 이 부단한 인지와 변동 상황에 잘 대처할 수 있는 기회를 포착하는 능력이었다.

예측의 문제

기술되는 변동의 본질이 가능한 예측의 종류를 조건짓는다. 일반적으로 성장하는 변동의 한계를 정의하고 예측할 수 있다(예를 들면 소련의 자원 상황—경작지, 매장광물, 인적 자원 등의 양—을 알 수 있다면 경제성장률의 저하에 대하여 추정할 수가 있게 된다). 그러나 단기적인 정책 전환을 예측하는 경우에는 우연성, 어리석음 그리고 인간이 가진 가변적인 모든 요소 따위와 같은 문제에 부닥치게 된다. 이런 상황은 소비에트 정치의 미래 진로를 논의하던 1920년대의 두 사람의 급진주의자를 떠올리게 한다. "객관적인 정세로 말하자면 트로츠키는 이러이러한 일들을 해야만 된다"고 한 사람이 말했다. "그렇다. 자네는 트로츠키가 무엇을 해야 하는지 알고 있다. 나 역시 트로츠키가 무엇을 해야 하는지 알고 있다. 그러나 트로츠키 그 자신도 그걸 알고 있는지는 모르겠다" 하고 다른 한 사람이 응답했다.

권력의 분석에서 핵심이 되는 문제의 하나는 그 계승양식(繼承樣式)이다. 입헌제와는 대소적으로 소비에트 체제에서는 어떤 정통성의 공적인 정의도, 권력 수여의 방식도 존재하지 않는다고 보통 생각한다. 스탈린의 대두를 본뜨기 위해 흐루시초프는 당 서기국을 권력의 지렛대로 이용했다. 그러나 이렇게 함으로써 그는 커다란 도박을 한 셈이었다. 전쟁 중이나 전쟁 후까지도 스탈린은 당에서의 지위보다도 정부와 군에서의 견장(肩章)을 더 강조했다. 1953년에 그가 죽었을 때, 스탈린은 9명의 당 서기 중의 하나에 지나지 않았으나 단 하나뿐인 소비에트 각료회의 의장이었다. 말렌코프는 선택을 강요당하자 당 서기라는 지위를 버리고 수상직과 각료회의에 의해서 그 권위를 정통화시키려고 노력했다. 기술계급과 군인계급의 대두에도 불구하고 정치권력의 역학은 1930년대 이후 본질적인 변화는 없었다는 흐루시초프의 정당한 가정이 들어맞았다는 점은 흐루시초프의 기민함의 정도를 밝혀 준다. 그러나 흐루시초프의 후계자를 지명하는 데도 역시 이런 역학적인 모든 법칙이 적용된다고 가정할 수 있을까? 모든 세력의 균형을 어떻게 정의하고 그 기울어지는 방향을 예측할 것인가.

(이런 모든 문제와 함정을 가정하고서 소비에트에 관한 많은 전문가들이 일정한 간격을 두고 소비에트에서의 개연적[蓋然的]인 발전의 예측을 서로 다른 수준에서 연구하며, 그 추론의 근거를 말해 준다면, 이것은 사회과학에서의 전진을 가져오게 될 것이다. 예를 들면 바우어, 인켈스, 크루크혼은 소련에서의 권력의 집단지도체제는 그 안전장치에 필요한 것이라고 썼다. M. 러쉬는 그렇지 않다고 말하며, 흐루시초프의 권력 획득에의 시도를 예측했다.[32] 성공한 예측과 실패한 예측을 체계적으로 검토함으로써 곧 소련의 행동에 관한 활력 있는 조작모델을

제2장 현실 탐구의 10가지 이론 223

얻을 수 있을 것이다.)

비합리성의 역할

사회이론에서는 분석의 비중은 언제나 합리적인 설명의 편에 두어지게 마련이다. 사회란 궁극적으로는 그에 직면하고 있는 합리적인 대안들에 기초하여 선택을 행한다고 이들은 가정하고 있다(무어, 로스토우, 도이처, 아롱 등을 참조할 것). 그러나 정치적 행위의 경솔함이나 격렬성을 설명하게 될 경우, 분노의 역할에 대해서(예를 들면 디지에의 전기에서 보고된 것처럼[33] "우리는 허수아비처럼 취급되었다"고 하는 데 대한 티토의 분노나 스탈린으로부터 억지춤을 추도록 강요당했을 때의 흐루시초프의 노한 표정) 어느 정도의 의미를 부여할 수 있을까? 그리고 라이츠의 연구를 고려하게 될 때, 정치자세를 해명하는 열쇠로서 의식적이든, 무의식적이든 간에 감정적인 구성요소의 역할에 대하여 어느 정도의 비중을 부과할 수 있을까? 합리성이 정치의 진로를 가리킨다면, 정서와 감정은 체내의 건강이나 좌우하는 데 지나지 않는 것인가?

신화와 단일체제

사회과학에서 분석상 하나의 난점은 살아 있는 인간이 아닌

---

32) 주 31) 참조.
33) 블라디미르 디지에, 《티토》(뉴욕, 1953), p. 327.

범주를 다루는 일이다. 공산주의에 대한 최근의 모든 분석에서는, 특히 미국의 경우에는 공산주의 운동이란 각각 그 지지자들이 '당'의 명령을 따르는 규율 바른 병사들이나 '확신자'이거나 한 듯이 단일체제적 조직을 갖추고 있다고 생각하는 점이다.

공산주의 지배자들이 새로운 소비에트인을 형성하고자 노력할 때 만든 '볼셰비키'상(像) 그 자체에 대해 유럽인들은 적지 않게 당혹하였다. 왜냐하면 어느 인간집단과 같이 공산주의자도 개인간의 경쟁을 면할 수는 없으며, 더욱 중요한 것은 모든 급진주의 운동을 괴롭히는 내부적인 분파와 항쟁을 면할 도리가 없기 때문이다. 사실을 말하자면 '좌익'인가, '우익'인가를 딱 잘라 구분할 필요가 있기 때문에 당이 신성한 무오류(無誤謬)의 신화를 유지하고 있으며, 이렇기 때문에 분파와 항쟁은 있게 마련이라고 할 수 있을지 모른다. 그렇지만 분명히 초기의 긴장과 분파(레비, 루드 피셔, 브랜들러, 탈하이머, 수바린, 라파포트, 로즈머, 보르디가, 시로운, 캐논, 로베스톤, 울프 등의 배반)는 그 분할하고자 다툰 일이 가장 은밀하고 억압된 것이라고 할 수 있다. 그런 한편 마르티, 티용, 르꼬외르, 에르베, 쿠키, 마냐니, 레아레, 티토, 페트코프, 고뭅카, 라이크, 나지, 그 외의 수천에 이르는 배교·추방·살해를 가져온 것도 빼놓을 수 없다. 사실은 이런 점으로 미루어 보면 단일체제가 아닌 분파주의가 공산주의 운동의 기본 법칙이었는지 모른다. 그리고 우리는 이것을 알고 이용하는 데 실패해 왔다. 왜냐하면 일반적인 정치경험으로부터—노동조합 운동이든 정당운동이든—추종자를 실질적으로 통제하는 중요한 위치에 있는 권력자의 배반에 의해 붕괴시키는 방법 이외에는 거의 지배집단을 와해시킬 수 없다는 점을 알고 있기 때문이다. 이것이 곧 미국에서의 '공산주의 문제'를 둘러싼 산업별노동조합회의의 경험이었고, 국제 공산주의 운동에서의 티토와 나지, 그리고 고물카의 의의(意義)였다.

그러나 전술적으로 이런 분열을 이용하지 못한 그 이상의 어떤 의의가 여기엔 있다. 성격구조론적인 연구방법에는, 그리고 크레믈린학 연구가들에게도, '허위의 구체성'이 종종 있었다. 일체의 공산주의자를 '적'으로 하여 '볼셰비키'로 생각하고, 특히 위성국에서의 불온한 움직임조차도 적대하는 지도자들 사이의 권력투쟁으로 보아 넘겼다. 그러나 그 이상의 것이 존재하였다. 인간의 소박한 저항, 소박한 품위가 아직 그 근본 바탕엔 존재하고 있었다. 새디즘과 권력에 유혹되어 누가 당 관료가 되고, 누가 되지 않는가? 누가 관료가 되며, 잠재적인 이상주의자가 되는 것은 또 누구인가? 1956년에 폴란드와 헝가리에서 볼 수 있었던 것처럼 이런 질문은 결코 간단한 문제가 아니다.

1954~55년의 최초의 나지 정권의 참된 의의를, 즉 민중이 서로 의사를 교환할 수 있게 되고, 모든 경험을 나눌 수 있고, 변모에의 희망이 어느 정도 가능하다고 실감할 수 있었을 때 어떻게 이런 일체감이 이루어졌던가를 오늘날에 와서야 돌이켜 볼 수 있다.

소비에트 문제 전문가들 거의 모두가 1954~55년의 이와 같은 중요한 계기를 파악하는 데 실패한 이유는 무엇일까? 그들은 사회적인 투쟁의 의의를 풀어 나가는 열쇠로서 다만 '권력'만을 생각하는 데 매력을 느껴 이런 민중에의 충격을 잊어버린 것이 아닐까?

이렇게 말하지만 우리는 역시 정치적인 많은 사건이 같은 궤도에서는 다시 생기지 않는다는 점을 알아야 한다. '유일무이한 순간'을 파악하지 못하면 그런 순간은 두 번 다시 오지 않을지 모른다는 것을 우리는 잊지 말아야 한다. 동베를린에서 부다페스트에 이르는 최근 수년간의 교훈은 빙하에 얼어붙었던 얼음을 깨고 갈라진 틈을 만들어 역사의 대해(大海)로 '해빙'의 커다란 물결이 흘러내리고 있다는 점이다. 그러나 역사의 교훈에 대하여 다른 많은 사람들보다 더욱 민감한 소련 사람들도 이 사실을 이해할 것 같은데 그렇지 않다. 이 사건에서 무엇인가를 배웠다면 소련은 새로운 '해빙'을 어쨌든 통제하지 않도록 가능한 범위 안에서 노력했을지도 모른다.

언어와 행위

모든 사회, 모든 사회조직은 그 이데올로기에 의하여 상당한 정도까지 지시되는 어떤 목표를 위하여 존속하게 된다. 현대 노동조합의 경험적인 실례에서 알게 된 점은, 대부분의 개인들은 그들 각자의 순수한 이론적인 이데올로기의 목표와 현실이 충돌하게 되면, 분명히 실제적으로 행동하고 따라서 타협하게 되어 버린다는 사실이다. 그러나 그들의 직접적인 경험으로부터 상당히 동떨어진 많은 쟁점에 대한 태도 결정을 요구받았을 경우에는 어휘나 수사학적인 기법, 혹은 이용하는 분석 범주나 공식까지도 낡은 이데올로기적인 기치로 되어 버린다. 그들은 이처럼 낡아빠진 이데올로기의 기치를 사용하는 함정에 빠지고 만다. 이데올로기란 확신의 경직화요, 의견의 동결(凍結)이기 때문이다.

볼셰비키 이데올로기가 소비에트의 의도에 관한 공식적인 정전(正典)으로서 우리가 가진 유일한 것이기 때문에 다음과 같은 질문에 대한 해답은 무척 중요한 것이 된다. 소비에트 지도자들은 공식적으로 볼셰비키 이데올로기(예를 들면 타협의 모순성, 제국주의적인 모든 목적을 자본주의에 내재하는 속성이라고 생각하는 것 등)에 어느 정도 귀의하여, 경험과 현실에 바탕을 두며 어느 정도 이를 수정하고 있는가?

여기에 대한 모든 해답은 일치하지 않을 것이다. (1) '성격구조론적 증거'(예를 들면 딕스, 라이츠)를 받아들이게 되면 타협은 배제된다. 소비에트 지배층의 경직화된 심리적인 구성과 망상형(妄想型) 정신분열병이 서방 세계의 모든 변화를 현실적으로 평가할 수 없게 만든다. (2) 극단적인 크레믈린학 연구가들은 이렇게 말할지도 모른다. 소비에트 지배층은 시니컬하게도 이데올로기를 단지 대중에게 필요한 신화로만 여기고 있다고. (3) 지정학적인 이론가는 완전히 합리주의적 견해를 취하여 이데올로기보다도 전략적인 이해관계에 대한 관심이 소비에트 지배층의 행동을 결정한다고 논하게 될 것이다. (4) 약간의 증거(바우어, 인켈스, 크루크혼의 저서 29~35페이지를 볼 것)의 비중으로 판단하면, 이데올로기란 다만 소련의 지배층에 의해서 시니컬하게 이용은 되고 있지만 그들의 사고방식이나 목표 설정을 규정하는 현실적인 요인으로서 작용한다는 것이다.

그러나 이 모든 것은 흐루시초프 이전의 일이었다. 문학과 예술 분야에서도 당이 이데올로기적 통제를 가해야 한다고 주장하는 움직임이 있었으나, 그 외의 분야에서는 이데올로기보다는 실제적인 고려가 정책을 결정하고 있는 것처럼 보인다. 예를 들면 소비에트의 경제학자는 마르크스주의의 가치론에 따르기 위하여 자본의 생산성을 용인한다든가, 혹은 자본의 합리적인 분배를 측정하는 데서 이자율을 이용할 수가 없었다. 그러나 사회주의에서조차도 자본의 부족은 존재하며, 원가 경제를 이루기 위한 이자율의 기능을 수행하기 위하여 어떤 위장적인 기술을 마련하지 않을 수 없게 되었다. 전후에 이런 도그마의 회피는 이데올로기 신봉자들에게 공격을 받았다. 로버트 캠프벨은 이렇게 말하고 있다. "잇달아 일어난 열띤 논쟁 속에서 입안자의 긴정한 현실적인 문제와 교리싱의 순수성의 요청이라는 것 사이에 싸움이 일어날 것은 너무나 뻔했다. 소비에트 지도자들은 이제 갈림길에 서게 되었다. 즉 마르크스주의 경제학 이론의 중심적인 전제의 하나가 그들 자신의 경험으로 말미암아 잘못되었다고 판명되어 이데올로기냐,

합리적인 방안이냐라는 괴로운 선택을 해야 될 처지에 놓이게 되었다. ……스탈린이 건재하다면 어떠한 공식 노선도 타개책으로서 나타나지 않았을 것이다. 그러나 그가 죽은 후 1년 정도 지나자 정통 학설의 현실에의 굴복이라는 방향으로 그 일의 해결을 보았다."[34]

농업 분야에서 흐루시초프는 기계·트랙터 스테이션—스탈린주의적 계획에서는 소작인 계급의 소멸을 향한 커다란 전진을 상징한 것이었다—의 폐지라는 극적인 수단을 채용하여 그 설비를 콜호즈(Kolkhoz : 집단 농장)에 인수시켜 버렸다. 그리고 원자물리학 분야에서는 모든 이론을 변증법적 유물론의 의례적인 공식에 들어맞추려던 압력이 감소하였다고 추측할 수 있다. 분명히 오늘날은 25년 전과같이 아인슈타인의 '부르주아' 물리학 운운하는 것은 사라졌을 것이다.

그렇긴 하지만 어디에서인가, 어떻게 해서든지 지배적인 이데올로기와 몇 가지 본질적인 측면은 반드시 유지되지 않으면 안 될 것이다. 어느 정도의 계속성을 가진 중핵적인 신념체계가 없으면 의견의 붕괴 현상이 널리 퍼지기 때문이다(그 예는 폴란드에서 볼 수 있다). 스탈린을 모욕한 흐루시초프 연설의 침식적인 효과만큼 의견 붕괴와 정치에서의 단일 사건이 이룩한 역할이 예측 불가능한 효과를 나타낸 보다 좋은 증거는 없다. 일단 수수께끼가 풀려 버리고 지도층 스스로가 확신하고

---

34) 캠프벨, 〈최근 러시아 경제의 변모〉, 《세계 정치학》(1956년 10월) 참조.

있는 윤리적·심리적인 기반을 파괴해 버리고 나면, 대다수의 민중, 특히 청년들은 도대체 어떻게 신념을 유지시킬 수 있을까? 역설적이지만 그 결과 지배층은 이데올로기의 핵심적인 요점의 타당성을 보다 강력하게 주장하려고 노력할지 모른다. 운동이란 것은 '예언이 실패했을 때', 혹은 위선이 폭로되었을 때 가장 광신적으로 나타난다. 왜냐하면 확신자의 공포에 싸인 의심을 가라앉히려고 신념의 모든 원리를 주장하는 일에 더한층 노력하게 되기 때문이다.[35] 이래서 대중에게 필요한 신화에 대하여 지배집단이 시니컬하게 될지라도, 그런 상황에서 지배자들은 그들이 사용하는 언어적 정식에 의하여 심리적 함정에 빠졌다고 느끼게 되면 더욱더 이데올로기를 현실적으로 내세우게 되고 만다.

외교와 내정

지난날에는 외국의 공산당 행동과 마찬가지로 소비에트 정부의 정책을 결정하는 요인은 소련 공산당 내부의 권력투쟁이었다. 그러나 오늘날 소비에트의 국내적 발전의 주요 동인(예컨대 중공업의 계속적인 중요시)은 긴장된 세계 정세에 대한 반작용이라고 논할 수 있다(그리고 오늘날 소비에트의 외교정책의 대부분은 중국의

---

35) 이 점에 대해서는 레온 페스팅거, 헨리 W. 리켄, 스탠리 쉑터의 《예언의 실패》(미네아폴리스, 1956) 참조.

독립 권력으로서의 대두를 안중에 두고 결정되고 있다). 소비에트 지배층이 어떤 평가 아래서 이런 배려를 어느 정도 중요시하고 있을까?

성격구조론적인 연구나 지정학적 방법은 다 함께 요컨대 소련에서의 국내 발전이야 어떻게 되든, 소비에트 정책은 전투적이고 확대주의로 나아갈 것이고, 그리고 국내나 국외 정세의 계산은 침략 행위에 영향을 미치는 데 지나지 않는다고 말할 것이다. 그러나 이런 사실을 숙고해 보면 바로 여기에 논의해야 될 문제가 있는 것이다. 즉 소비에트 체제란 어느 정도 그 고유한 법칙을 따르며 내부 붕괴가 일어나지 않는, 질적으로 새로운 현상인가? 또 소련은 어느 정도까지 내부로부터 서서히 발전하여 보다 안정되고 정상적인 사회로 될 수 있는가?

성격구조론적 · 크레믈린 연구학적 · 전체주의적이라고 불리고 있는 모든 연구들은 이런 명제를 논하려고 하며, 다른 한편 역사학파 일부를 포함한 사회학적 및 네오 마르크스주의적 연구는 보다 근본적인 문제를 다루려고 한다.

여기서 파생적인 문제가 곧 나오게 된다. 스탈린은 비록 이상한 존재였다고 하나, 공산주의가 그 본질상(예컨대 전위당, 프롤레타리아 독재, 볼셰비키 이데올로기) 스탈린과 같은 인물이 없었다고 하더라도, 스탈린주의와 같은 유형의 한 시대는 경과하도록 되어 있지 않은가?

유럽, 특히 아시아에서의 공산주의 정권은 러시아가 경험한 것과 같은 유형의 격변을 거치지 않고서도 난숙한 국면으로 '직접 비약할 수가 있었다'고 볼 수 있을까?

억압적인 모든 국면은 단지 강제적인 산업화의 함수에 지나지 않는가? 이 단계에서 필자는 현실의 환상을 좇는 피란델로처럼 다만 맨 처음에 현실의 탐구에 나서게 한 저 10가지 이론을 자꾸 반복하고 싶다. 그러나 종결부만 남겨 둔 채 연극은 끝났다.

이와 같은 이론들이 사태의 그 본질을 충분히 고려하고 있지 못하는 커다란 변수가 하나 있다. 그것은 곧 자유 세계의 행동으로, 이것이 공산주의의 지도자가 취하는 행동의 자유를 제한하는 가장 중요한 '현실 요인'이다. 여기서 사회과학의 역할은 애매하게 된다. 그 이유는, 우리들이 지금까지 논의해온 모든 이론은 공산주의에 대항하여 자유 세계의 행동을 형성하고자 하는 의도성을 가진 것으로 자기 확인적 가설의 위험이 항상 따르게 되기 때문이다.

즉 그에 따라 우리는 공산주의자가 어떻게 행동하게 될지 모른다는 판단에서 (마치 러시아인이 우리를 예상된 형태에다 억지로 두들겨 맞춰 넣듯이) 우리는 공산주의자에게 그 판단을 확인시키거나 부정할 것을 강요하는 정책을 채택하게 될 위험이 있다.

이것은 항상 위험한 일이다. 그러나 아무리 사회과학이 세련된다고 하더라도, 우리가 이것이 두 가지의 불가결한 겸손의 태도, 즉 지식의 한계성과 역사의 개방성에 대한 인식을 요구하는 실천적인 유연성을 대신할 수 없음을 잊지 않는다면 이와 같은 위험은 다소나마 줄일 수 있을 것이다.

제3장
마르크스로부터의 두 개의 길
— 사회주의 사상의 소외, 착취 및 노동자에 의한 통제 등의 주제

역사적인 때늦은 지혜—서론으로서의 우화

1899년엔 거의 무명이었고 오늘날엔 잊혀진 와슬로우 마체요프스키라는 폴란드의 혁명가가 《사회민주주의의 발전》이라는 소책자를 출판하였는데, 그것은 러시아에서 발생하기 시작한 마르크스주의 운동에 커다란 충격을 주었다. 사회주의의 새로운 메시아주의는 불만을 품은 지식인의 이데올로기에 가면을 씌운 것으로, 새로운 사회주의 사회는 다만 어느 지배계급과 다른 지배계급을 대치시키는 데 불과하며, 그 때문에 이번에는 전문적 지도자라는 새로운 계급에 의한다고 하지만 노동자는 여전히 착취당하는 상태에 머무르게 될 것이라는 것이 그 주제였다.

[지식인의 역할에 대한 공포는 새삼스러운 것도 아니었다. 사실 그것은 초기 러시아의 혁명운동을 분열시켰던 근원적 쟁점이었다. 1870년대 초기에 토지와 자유를 요구하는 운동은

다양한 성격을 가진 혁명적 인민주의를 통일하는 데 착수하였다. 그 지도자 피터 트카체프는 당시 혁명은 자연발생적으로 일어나는 것이 아니라 창조적 에너지를 가진 사람들에 의하여 수행되며, 그리고 수동적 내지 무관심한 대중보다도 오히려 지식인이 혁명을 수행할 수 있는 유일한 세력임을 언명하였다. '자각한 소수자'만이 행동할 수 있다고 하여 '권력의 집권화와 기능의 분권화' 원리에 기초한 음모조직의 결성을 그는 요청하였다.

러시아 마르크스주의 창시자의 한 사람인 폴 악셀로드는 트카체프에 응수하여 대중 자신이 행동하도록 대중의 혁명의식을 발전시키는 것이 사회주의자들의 중요한 과제라고 주장했다. 그리고 이로 인해 계속된 논쟁의 결과가 사실상 러시아의 마르크스주의를 만들어 냈다. 그 이유는 지식인만이 혁명을 수행할 수 있다는 인민주의자의 주장에 답하여 러시아 마르크스주의의 사상적 시조 게오르기 플레하노프는 '사회발전의 객관적 법칙', 혹은 '냉혹한 역사법칙'을 무시하는 어떤 운동도 실패로 끝나고 말 운명에 처해 있다고 논하였기 때문이다. 그는 러시아의 볼셰비키가 즐겨 사용하는 은유로써 진통을 가라앉힐 수는 있으나 신체제의 출산을 강요할 수 없다고 경고하였다. 따라서 당면한 과제는 객관적 사회조건이 전개되기를 기다리는 것이었다. 대중을 지도할 필요성을 공공연히 언명한 인민주의적 지식인과 대조적으로 마르크스주의자는 자신을 프롤레타리아와 동일시하였다(레닌은 그 후 곧 트카체프를 상기시키는 말로써 프롤레타리아트 지도의 필요성을 말하였다). 그 때문에 마르크스주의자는 프롤레타리아트를 지배하려 한다는 마체요프스키의 비난과 전혀 다르다고 생각하여 곧 그의 주장을 파기할 수 있었던 것이다.][1]

후에 러시아의 지배층이 된 사람들을 포함하여 시베리아에 추방된 청년 혁명가들에 의해 《사회민주주의의 발전》은 열심히 논의되었다.

토로츠기는 "수개월 동안 마체요프스키의 책이 레나강으로 유형을 간 사람들 사이에서 관심의 초점이 되었다"고 자서전에서 썼다. 1902년 런던에서 처음으로 레닌을 만났을 때 당시 불과 21세였던 트로츠키는 32세인 레닌에게 유형자들의 주목을 끈 두 권의 책은 마체요프스키의 책과 레닌의 《러시아의 자본주의 발달》이었다고 말했다. 이 두 권 중 기억에 남게 된 것은 레닌의 책이었다. 아마 당연한 일이었을 것이나, 마체요프스키의 음산한 이론은 추방당한 신세이던 혁명가들의 열성에 아무런 흔적을 남기지 못했다. 트로츠키는 "부정적인 언어로 가득 찬 철저한 이론에 의하여 나는 아나키즘의 강력한 접종(接種)을 받았다"고 32년 후에 회상하였다.[2] 그러나 그것이 전부였던 것이다.

1904년 제네바에서 마체요프스키는 그의 주제를 다시 논하

---

1) 이 논쟁의 배경에 대해서는 레오폴드 하임슨의 《러시아 마르크스주의자와 볼셰비즘의 기원》(켐브리지, 1955), pp. 36~45참조.
2) 레온 트로츠키의 《나의 생애》(뉴욕, 1931), pp. 129~143.

고 여기에 부연(敷衍)한 대작 《지식 노동자》를 간행했다. 그는 사회주의 이론은 프롤레타리아를 위해서가 아니라 새로운 세력, 즉 "증대하고 있는 지식 노동자와 새로운 중산계급의 대군(大群)"을 위해 구축되었다고 말했다. 그는 사회주의자의 이름으로 기도(企圖)되는 혁명은 결국 기술자, 조직자, 행정관리, 교육자, 언론인(즉 지식인)이 '국가라는 이름의 대주식회사'를 구성하여 육체 노동자에 대하여 집단적으로 새로운 특권층이 되는 것 같은 국가자본주의의 착취 형태가 될 것이라고 주장했다. 그 때문에 '노동자의 정부'라는 것이 있을 리 없고, 권력의 획득은 다만 낡은 지배계급에 대치되는 새로운 지배계급의 임명을 의미하는 데 지나지 않을 것이라고 마체요프스키는 말했다. 역사란 혁명이 일어난 후에도 노동자가 혁명투쟁을 계속 강요당하게 되는 항구적인 계급투쟁이다.

노동자의 목표는 국가를 폐지하는 것이 아니라―왜냐하면 관리자 계급이 개별로 존재하는 한, 국가는 계급지배의 도구로서 존재할 것이기 때문에―그들의 생활수준이 '교육을 받은 지배자'와 동등하게 될 때까지 국가가 관여하고 있는 육체 노동자의 임금을 상승시키는 것이다. 마체요프스키는 수입의 평등만이 지식인뿐만 아니라 노동자의 자손에 대해서도 교육의 기회균등을 낳게 될 것이라고 단정했다.[3]

육체 노동자와 지식인과의 대립론은 1905년 혁명의 실패 후

---

3) 영어로 된 마체요프스키의 저작은 단편적인 것뿐으로 V. F. 캘버튼이 편집한

약간의 환멸감의 여파로 러시아에서 한때 유행했다. 마체요프스키는 '노동자의 음모'라는 작은 조직을 결성하였는데, 그 조직은 10월 혁명 중에 무정부적 생디칼리스트(급진적 산업 조합주의 신봉자)와 '좌익' 공산주의자에게 영향을 주었다.

볼셰비키의 권력 탈취 후에 마체요프스키는 1918년 7월 《노동자 혁명》이라는 잡지를 1호만 발행하여 18년 전의 경고를 되풀이했다. "자본가의 소멸 후에도 노동자는 노동자의 정부를 가질 수 없을 것이다"고 말했다. "노동자 계급이 무지한 이상, 지식인은 노동자의 대리자로서 지배할 것이다."

이것은 그의 최후의 말이었고, 10월 혁명의 여명 속에서 이 경고는 주의를 끌지 못했다. 마체요프스키가 그랬던 것처럼, 권태로울 만큼 반복되는 유일한 주제를 가지고 예언자로서 장기에 걸쳐 청중을 매혹시킬 수 있는 사람은 거의 없다. 마체요프스키는 명성도 날리지 못하고 사람들의 주목을 받지도 못한 채 혁명 후 러시아에서 국가계획위원회의 경제학자로서 일하다가 죽었다. 그는 1926년에 사망했는데, 그것은 마체요프스

《사회 형성론》(뉴욕, 1937)에 일부 수록되어 있다. 마체요프스키의 사상에 대한 자세한 해설은 막스 노머트의 글 〈화이트 칼라와 거친 손〉(《모던 쿼터리》, 1937) 참조. 마체요프스키의 뛰어난 제자였던 노머트는 《반항과 배교자》(뉴욕, 1932) 및 《혁명의 사도》(뉴욕, 1939)라는 두 저서에다 혁명적인 개성에 대한 연구를 담고 있다. 마체요프스키의 사상은 노머트를 통하여 미국의 지도적 정치학자인 라스웰에게 많은 영향을 주고 있다. 라스웰은 많은 저서에서 20세기의 모든 혁명은 지식인에 의하여 지도되었다고 했다. 그의 《세계 정치와 개인적 불안》(뉴욕, 1935) 참조. 또 《우리 시대의 세계 혁명》(스탠포드, 1951) 참조.

키가 경고하고 트로츠키가 27년 전에 물리친 논쟁점, 즉 관료제의 문제를 둘러싸고 트로츠키가 스탈린과의 권력투쟁에서 패배하기 바로 1년 전이었다.

소외의 변형

후일의 여러 비판자에 대해서와 마찬가지로 마체요프스키의 주장에 대해서도 마르크스주의 이론은 새로운 착취계급이 사회주의 사회에 있어서 발생하는가 어떤가의 문제에 관해 단순하고도 논리적인 해답을 제시하여 왔다. 즉 착취는 교환과정을 통하여 노동자로부터 잉여가치(剩餘價値)를 빼내는 것을 자본가에게 허용하는 사유재산제에서 생겨난 경제현상이기 때문에, 일단 사유재산이 사회화하면 '잉여'는 인민에게 소속하게 되고 특정한 역사 단계의 소산인 착취의 물질적 기반은 소멸하게 되리라는 것이다. 이렇게 하여 책임과 선택 등 모든 중대 문제의 경우와 같이 마르크스주의 이론은 역사 속에서 스스로의 위안물을 찾아 냈던 것이다.

[시드니 후크와 같이 세련된 사회주의자조차도 마르크스에 관한 최초의 뛰어난 해석에 있어서 사회주의 관료제의 문제를 비교적 단순한 것으로 생각했다. "과두제(寡頭制)의 철칙(鐵則)"의 결과로서 후크는 "사회주의자는 성공할지 모르나 사회주의(참된 민주주의)는 결코 성공하지 못한다"는 로베르트 미헬스의 주장을 반박하면서 1933년에 다음과 같이 썼다.

"미헬스는 과거의 과두제적 경향의 지도력이 지닌 사회적·경제적인 전제를 무시하였다. 과거 사회의 정치적 지도력은 경제권력을 의미하였다. 교육과 전통은 소수 계급에서 남을 돌보지 않는 자기 주장적인 경향을 키우는 동시에 대중의 정치적 관심을 약화시키려 하였다. 사회주의 사회의 정치적 리더십은 행정기능이고, 그 때문에 어떠한 경제권력도 수반하지 않으며, 교육과정은 자기 주장의 심적 경향으로 과두제적 야심이라는 도덕적·사회적 등가물(等價物)을 대치하려고 노력한다. 계급을 위한 교육의 독점은 폐지되어 육체 노동자와 정신 노동자와의 사회적 분업은 점차 제거되기 때문에 미헬스의 과두제의 철칙이 전통적 형태로 나타날 것이라는 위험은 전혀 미미한 것으로 된다.(시드니 후크, 《칼 마르크스의 이해를 위하여》, 뉴욕, 1933년)]

기묘한 사실이긴 하지만 마르크스가 '마르크스주의자'로 전화하는 복잡한 도정(道程)에서 노동자 국가로서 러시아의 합리화에 이르는 이 논의는 헤겔의 급진적 제자들을 대립시킨 대논쟁, 즉 소외의 본질을 에워싼 논쟁에서 생겨난 하나의 길에 불과하였다는 것이다. 그리하여 이 논쟁 속에서 우리는 마르크스주의 사회학의 그 가장 초기의, 아직 함정에 빠지지 않은 사상들의 원천과, 정치적 지식인의 몇 세대가 그 관념의 포로가 되어 버렸던, 좁은 경제적 개념으로의 이 사상의 변형을 찾아볼 수 있다.

헤겔에 있어서 인간의 목표는 자유였다. 그 상태에서 인간은 자기 의지를 관철하고 인간의 본질이 자기의 소유물로 되리라고, 요컨대 인간은 자기를 회복하리라고 보았다. 그러나 인간은 세계에 내재한다고 생각되는 두 개의 조건, 즉 필연성과 소외에 의하여 그 본질에서 분리되고 속박되고 있었다. 필연성이란 천연자원의 한계와 신체적 힘의 한계라는 의미에서 자연에 대한 의존성과 자연이 인간에 부과하는 제한의 승인을 의미하였다. 소외란 그 근원적 의미에서 행위 주체와 사물, 즉 자기의 운명을 제어하려고 노력하는 주체와 타자에 의하여 조작되는 객체로의 자기의 근원적 분리라는 의미를 내포하고 있었다.

과학의 발달에 의하여 인간은 다분히 필연성을 극복하고 자연을 정복할 수 있게 되었다. 그러나 주체와 객체와의 신비적 분리를 어떻게 극복할 수 있을 것인가? 소외는 생존 및 원리의 구조에 있어서 존재론적 사실이었다. 왜냐하면 자기, 즉 개인은 그 의지에 따라서 세계를 형성하려고 노력하는 '주아(主我, I)'일 뿐만 아니라, 타자가 나에게 대하여 갖는 영상에 의하여 자기 확인이 성립되는 객체로서의 '객아(客我, me)'이기도 했기 때문이다.

마르크스의 스승 중의 한 사람이었고 친구이기도 했던 브루노 바우어는 다음과 같이 생각하였다. 그 해결은 인간관계의 신비성(즉 사회적 행위의 배후에 있는 진실한 동기)을 폭로하는 비판철학을 발전시킴으로써 가능하다고, 대부분의 인간은 세계를 단순히 받아들이고 그들의 도덕이나 신념, 합리성이나 불합리성의 원천에는 신경을 쓰지 않는다고 바우어는 말했다.

마르크스로부터 처음 헤겔 철학의 추상적인 체계를 사실상 무너뜨렸다는 공적을 인정받은 포이에르바흐는 일체의 소외적 원천을 종교적 미신과 물신숭배(物神崇拜)에서 찾으려고 노력했다. 인간은 속박되어 있다고 그는 말한다. 왜냐하면 인간은 자신의 감정을 크게 작용시켜서 그가 신이라고 부르는 어떤 외적 대상이나 정신에 자기 자신을 투사하기 때문이다. 소외를 극복하는 길은 인간이 이상화시킨 신이 아닌 인류의 종교, 자기애의 종교에 의해 자기를 회복하기 위하여 그 신을 인간으로 바꿔 놓는 것으로 가능하다. 비판의 기능은 소외 내지 자기 소외라고 하는 근원적 개념도구를 사용하여 신학을 인간학으로 바꾸어서 신을 왕좌에서 끌어내리고 인간을 대신 그 자리에 앉히는 일이었다. 포이에르바흐는 아이러니컬하게도 마틴 부버가 뒤에 종교적 목적을 위하여 채용한 용어를 최초로 사용하여 인간의 상호관계는 나와 너의 기초에서 이루어져야 한다고 말했다. 철학은 이 세상의 생활로 향해지지 않으면 안 되며, 인간은 추상적인 망령에서 해방되고 초자연적인 것의 속박에서 구원을 받아야 된다고 했다.

일보도 양보하지 않는 종교에 대한 이 공격은 또한 모든 기성제도에 대한 통렬한 공격이기도 했다. 그러나 이에 그치지 않고 헤겔 좌파가 생각하는 소외의 개념은 더욱 철저한 결과를 가져왔다. 즉 현대사상의 시대적 선구로 되고, 철학사에 있어서의 분명한 단절을 초래하였다. 고전철학에서는 이상적인 인간이란 명상적 인간이었다. 중세기에 있어서도, 현대로 향하는 과도기(17세기~19세기)에 있어서도 스토아 철학의 이상으로부터 전면적으로 이탈할 수 없었다. 《파우스트》에서 최초의 현대인, 즉 속박을 벗어난 야심적인 인간을 묘사한 괴테조차도 윤리적인 인간의 이상상이란 점에 있어서는 그리스에 바탕을 두고 있었다. 그러나 자유를 논할 경우 헤겔은 새로운 원리, 즉 실천의 원리를 도입하였다. 실천에 의하여 인간은 그 성격을 명확히 한다. 헤겔의 경우 실천의 원리는 추상적인 것에 머물러 있었다.

포이에르바흐는 소외의 원리를 분명히 정의하고 그 원천을 종교에서 찾았으나, 포이에르바흐는 인간 일반, 즉 유적(類的) 인간에 대하여 말했기 때문에 여전히 추상적이었다. 마르크스의 경우 노동을 새로이 근원적인 것으로 강조한 점에서 특이한 성질이 실천에 부여되었다. 노동을 통하여 인간은 인간으로 되고 행위적 존재로 된다. 왜냐하면 노동을 통하여 인간은 고독을 벗어나 사회적 내지 협동적 존재로 되고, 그렇게 하여 그 자신을 알게 되기 때문이다. 또 노동을 통하여 인간은 자연마저도 바꿀 수가 있기 때문이다.

인간의 소외가 노동에 있다고 함으로써 마르크스는 철학의 바탕을 구체적인 인간활동에 두는 혁명적 방법을 취했다. 마르크스가 추상물의 횡포에서 자기를 해방한 길은 길고도 어려운 일이었다.[4]

헤겔학도로서 마르크스는 처음에 관념론적 이원성의 관점

---

4) 청년 마르크스의 사상에 대한 가장 흥미있는 논의는 한나 아렌트의 최근 연

에서 노동의 소외를 생각하였다. 인간은 노동을 통해 객관적 대상(즉 그의 노동을 구현시키는 생산물)에서 자기 자신을 물화(物化)시킨다. 이것이 노동이고, 이것은 '인간에 맞서는 이질의 적대적인 세계'의 일부이다. 노동은 강제된다(자발적이 아니다). 노동에 있어서 인간은 '타자의 지배, 강제, 속박' 아래 있다. 이에 대해서 자유롭고 의식적·자발적·창조적인 노동에 의하여 인간이 자연이나 자기를 변화시키는 자유의 상태가 존재한다. 그러나 이 자유의 상태를 방해한 것은 무엇인가? 노동의 소외에 의하여 인간은 노동과정과 그 노동 생산물에 대한 지배력을 상실하여 버렸다는 것이다. 그 때문에 헤겔에 대한 마르크스의 해답은 명료하였다. 즉 소외의 원천은 궁극적으로는 재산제도에 있었다(종교는 이 사실을 위장하는 아편이기 때문에 포이에르바흐의 분석은 2차적인 것에 불과했다). 노동의 조직화, 즉 노동이 상품으로

구 《인간의 조건》(시카고, 1958)에서 볼 수 있다. 마르크스의 초기 저작에 관한 가장 포괄적인 해설은 로버트 W. 터커의 박사 논문 《자아와 혁명―마르크스의 윤리 비판》(하버드대학, 1957)이 있다. 초기의 초고에 대한 가장 정통한 연구로는 마르쿠제의 《이성과 혁명》(뉴욕, 1941)을 들 수 있다. 《공산당 선언》 이전의 마르크스의 저작에 대한 간략한 해설은 H. P. 아담스의 《초기 마르크스의 저작》(런던, 1940)이 좋다. 청년 헤겔파와 마르크스의 관계에 대한 가장 자세한 연구는 시드니 후크의 《헤겔로부터 마르크스로》(뉴욕, 1936)를 들 수 있는데, 소외에 대한 이론에서는 마르크스의 《경제철학 초고》에 대한 언급을 빠뜨리고 있다. 공산주의의 견지에서 초기 마르크스에 대한 연구로는 최근 오귀스뜨 코르뉘의 《칼 마르크스와 프리드리히 엥겔스》(파리, 1955)가 있다. 카톨릭 관점으론 삐에르 장 이브 까르베의 《칼 마르크스의 사상》(파리, 1956)이 있다. 청년 마르크스 사상에 대한 쾌저(快著)로는 장 이뽈리뜨의 《헤겔 및 마르크스 연구》(파리, 1955)가 있다.

전화됨으로써 인간은 다른 사람들에 의해 이용되는 객체가 되고, 그 때문에 자기 활동에 만족할 수 없게 되었다. 결국 상품으로 전화함으로써 인간은 자기 확인의 감각을 상실하였던 것이다.

독일철학이 존재론적인 사실이라고 규정한 개념을 마르크스가 문제 삼아 그것에 사회적 내용을 부여하였다는 사실이야말로 특이한 것이었다. 존재론의 입장에서는 인간은 다만 소외를 근본적 사실로서 받아들일 수밖에 없다. 역사적 관계의 특정한 제도에 근거를 둔 사회적 사실로서 본다면 소외는 사회체제를 변경시킴으로써 극복될 수 있다. 그러나 그 개념을 좁힘에 있어 마르크스는 두 가지 오류를 범했다. 즉 소외의 원천을 사유재산제도에만 고정시킨 잘못과, 일단 사유재산제도가 폐지되면 인간은 곧장 자유롭게 될 것이라는 사고에 나타난 유토피아적 이상을 받아들인 것이다.[5] 공교롭게도 이 두 가지는 오류임이 밝혀졌고, 마르크스의 후계자는 이러한 결론에

---

5) 그러나 초기 마르크스에서 사유재산의 폐지가 인간의 자유상태를 고취시키는 것이 아니란 점도 지적해 낼 수가 있다. 마르크스는 분명히 프루동의 위대한 연구인 《재산이란 무엇인가》로부터 공산주의에 대한 관념을 많이 빌려 오고 있다. 프루동은 역사를 그리는 데서 발전의 제단계를 묘사했다. 제1단계에서는 인간이 평등하게 모든 여성과 생산수단을 공유한 원시공산주의 아래에서의 생활을 그렸다. 사유재산의 제2단계에서는 강력한 개인 등이 강탈로 자기만을 위해 공유재산을 빼앗게 되었다. 가장 고도한 제3단계에선 개인적 소유가 있긴 하지만 협업적인 노동이 이루어진 것이다.
마르크스는 미래사회를 그리면서 두 단계의 발전을 주장했다. 즉 과도적 단계와 진정한 목가적 공산주의를 들었다. 여기서 사유재산 철폐는 과도적인 것으로 보인다.

서 속류적 의미를 끌어냈다.

왜 무산대중이 존재하느냐는 문제가 마르크스를 경제학으로 나아가게 했다. 그에게 있어서 경제학은 철학의 실제적 측면이었고―경제학은 소외의 신비한 베일을 제거할 것이다―경제학의 범주 속에서 그 소외의 물질적 표현, 즉 착취의 과정을 알아냈기 때문이다.

이 발전은 마르크스가 26세 때인 1844년에 쓴《경제철학초고(經濟哲學草稿)》로 불리는 연구에 가장 잘 나타나 있다.《초고》는 인간학, 즉 인간의 본질에 관한 논고였다. 그러나 그것은 마르크스주의 사상사에 있어서 중요한 문헌이다. 왜냐하면 초기 마르크스가 헤겔 좌파에서 오늘날 알려진 마르크스주의로 발전하는 중계 역할을 했기 때문이다. 거기서 노동에 뿌리박은 소외의 첫 개념화와 재산에 관한 분석의 단서가 발견된다. 재산의 분석에서 마르크스의 사상적 발전을 보여주는 아주 중요한 것인 철학적 범주로부터 경제학적 범주로의 직접적 변이가 보여진다. 시종일관 마르크스는 인간이 어떻게 하여 그 가능성을 빼앗겨 왔는가를 탐구하였다.

헤겔의 '신비'에 대한 해답을 경제학에서 찾은 후, 철학에 관한 것은 곧 마르크스의 염두에서 사라졌다("철학자는 다만 세계를 여러 가지로 해석하여 온 데 불과하다. 그러나 문제는 세계를 변혁하는 것이다"고 그는 《포이에르바흐에 관한 태제》에서 썼다). 1846년 마르크스와 엥겔스는 헤겔 이후의 철학에 관하여 8절판 2권에 걸친 비판을 완성했다. 그리하여 (1875년의 《고타 강령 비판》에 있어서의 몇 가지 격언적 언급을 제외한다면) 둘 다 40년이 지나도록 그 문제로 되돌아가지 않았다. 그때—마르크스의 사후이지만—엥겔스는 당시 저명한 인류학자 C. N. 스타크가 쓴 포이에르바흐에 관한 책의 서평을 독일 사회주의 이론지 《신시대》로부터 의뢰받았던 것이다. 엥겔스는 마지못해 긴 논평을 썼으며, 이것에 조금 더 부연하여 2년 뒤인 1888년에 《루드비히 포이에르바흐와 독일 고전철학의 성과》라는 제목의 소책자로 간행하였다.

사실 브루노 바우어와 그의 두 형제—그들과 그 일파로 '신성가족(神聖家族)'이 구성된다—를 조소하는 평론을 모은 《신성가족》 외에는 마르크스 초기의 철학적 저작들은 그의 생존 중에도 엥겔스의 생존 중에도 일체 출판되지 않았다. 또 카우츠키, 플레아노프, 레닌 등 주요한 주석자들이 그 책의 내용을 알고 있었는지 명백하지 않다. 소외에 관한 문제에 대하여 그들의 저작에서는 아무것도 찾아볼 수 없다. 마르크스 이후 저술가의 주된 관심은 철학을 취급하는 경우 다만 관념론에 대해 유물론적 견해를 변호하는 데 있었다.

마르크스주의의 소외 개념이 현대에 와서 재발견된 것은 헝가리의 철학자 게오르그 루카치에 의한 것이나 그는 사실 헤겔에 관심을 갖고 있었다. 소외의 개념은 그 로맨티시즘의 자연적인 친근성 때문에 독일 사회학, 특히 루카치의 스승이었던 게오르그 짐멜의 사상에 있어서 이미 중요한 역할을 수행하고 있었다. 짐멜은 현대인의 익명성에 대해 언급하고, 인간을 각각 흩어진 역할에 분산시킴으로써 인간의 자기 확인을 파괴하는 산업사회에 있어서의 소외의 원천을 처음으로 알아냈다. 뒤에 짐멜은 그 개념을 넓혀, 마치 프로이트가 1927년의 《문명과 문명에 대한 불만》에서 본능적 욕구와 문명의 억압 사이에 생긴 긴장의 불가피한 결과로서 인간의 불행을 생각한 것처럼, 인간의 창조성과 사회적 제도의 압력이 충돌한 불가피적 결과로서 소외를 생각했다.

루카치와 마르크스의 만남이 제1차 세계대전 후였기 때문에, 그는 초기의 《초고》의 존재를 모르는 채 마르크스에서 헤겔로 거꾸로 읽어 나가 노동의 소외를 절대적 이념으로부터의 인간의 자기 소외라는 파생물로 해석할 수가 있었다. 카우츠키와 레닌의 세대는 마르크스주의를 사회과학적·비도덕적 분석으로 해석하였다. 그러나 루카치의 해석에서는 마르크스에 의한 사회의 경제학적 분석으로 되돌아가 모리스 와트니크가 말한 것처럼 "윤리학자가 세속적 종말론의 입장에서 인간 존재의 미래를 표현하는 것 같은" 저작이 되었다.

1923년에 출판된 《역사와 계급의식》이라는 평론집에 포함된 루카치의 해석은 정통파 마르크스주의자의 입장에서 보면 관념론에 젖어 있는 것으로, 루카치는 곧 모스크바로부터 공격을 받았다. 그 책은 발매 금지되었다.

공산주의 지식인 사이에서는 그 소외론 때문은 아니었으나 공산주의 운동과의 관련에 있어서 공산주의 지식인의 엘리트적 지위와 외교적 복종의 필요성을 잠재적 형식으로 합리화한 별도의 평론 때문에 그 저작은 은밀한 평판을 계속 받았다. 루카치가 30년대 초기에 독일로 도피하고 그 평론이 간행된 지 11년 후 다시 소련으로 피난하였을 때, 그는 다시 그의 저서를 부인하도록 강요당했다. 그러나 그것은 비참한 자기 타락의 행위 때문이었다.[6]

마르크스의 초기 저작이 발견되고 드디어 출판되었을 때,[7] 루카치는 젊은 마르크스의 사상을 극히 정확하게 재편성할 수

---

6) 1934년 공산주의 아카데미 철학 부문의 강연에서 루카치는 이렇게 말했다. "내가 《역사와 계급의식》에서 저지른 과오는 레닌의 《유물론과 경험론 비판》에서 공격된 것과 일치한다……. 나는 짐멜과 막스 베버의 학도로 출발했다……. 동시에 생디칼리즘의 철학(소렐)이 나의 성장에 큰 영향을 주어 낭만주의적 반(反)자본주의에의 성향을 강화했다……. 이래서 나는 명백히 생디칼리스트·관념론적 세계관을 갖고서 1918년 헝가리 공산당에 입당했다. 내가 1923년에 낸 책은……이런 경향의 철학적 총화였다……. 실천적인 당 활동을 통하여, 그리고 레닌과 스탈린의 모든 저적을 가까이함으로써, 나의 세계관의 이런 관념론적 지주는 차츰 그 안정성을 잃었다. 나는 내 저서의 재판(再版)을 허락하지 않았다. 독일 공산당에서의 실천활동이나, 사회주의 파시즘적 이데올로기에의…… 직접적 이데올로기 투쟁으로 말미암아 사상의 영역에 있어서 관념론의 전선은 파시스트의 반혁명과 그 공범자인 사회주의 파시스트의 전선이라고 더한층 강하게 믿어진다. 관념론에의 양보는 전부 어떤 의미에서든 프롤레타리아 혁명에 위험을 가져올 것이다. 이래서 나는 12년 전에 쓴 저서의 이론적인 허위성은 물론 그 실천적인 위험성까지도 이해한다……. 코민테른 선농맹 공산당, 그 지도자인 동지 스탈린의 조력 아래 전동맹 공산당은…… 훨씬 이전에 달성한 저 철의 규율, 용서 없는 기백, 마르크스·레닌주의로부터의 일체의 일탈과 타협의 거부를 위해 투쟁할 것이다." 모리스 와트니크의 《게오르그 루카치―사상적 전기》에서 인용.
7) 《독일 이데올로기》―특히 제1부―는 주로 사적 유물론의 모든 문제를 다루었고, 《경제철학 초고》는 소외의 문제를 취급하고 있다. 사실 《신성가족》에 있는 짧은 논평을 제외하면 소외의 개념에 관한 유일하고 계속적인 논의는 《초

있었음을 알고 만족하였다. 그러나 그것으로 결코 공격을 면할 수는 없었다. 주목할 만한 일은, 최근 수년간 유럽에서는 네오 마르크스주의의 모든 학파가 루카치로부터 시사(示唆)를 받아 마르크스의 새로운 인간주의적 해석의 기초를 찾아 내기 위해 소외에 관한 초기의 학설에까지 거슬러 올라갔다는 사실이다. 이것은 새로운 근원적인 사회비판을 찾아 내려는 노력이라는 점에서 보람 있는 것이었다. 그러나 마르크스라는 상징에 집착하여 새로운 신화를 만드는 하나의 형식이라면―실제로는 그렇게 생각되는 것이나―그것은 잘못이다. 왜냐하면 그것은 초기의 마르크스이긴 하지만 사적(史的) 마르크스는 아니기 때문이다. 사적 마르크스는 실제로 소외의 개념을 부인하였다. 마르크스는 소외란 당연히 구체적 사회활동에 뿌리를 갖고 있고, 소외의 경제학적 침전물(沈澱物)인 착취의 개념에서 그 문제의 해답을 찾아 냈다고 생각하였다.

그러나 아이러니컬하게도 철학에서 현실로, 현상학(現象學)에서 경제학으로 이동할 때, 마르크스 자신은 어떤 종류의 추상 개념에서 다른 종류의 추상 개념에로 옮겨갔다. 왜냐하면 그의 체계상 자기 소외가 변형되어 버리기 때문이다.

1846년에 쓴 《독일 이데올로기》에서 '자기'라는 관념이 마

고》 가운데에 있다. 이 저서는 1844년에, 《신성가족》은 1845년, 《독일 이데올로기》는 1845~46년에 쓴 것이다. 초기의 철학적 저작, 주로 미완성 《경제철학 초고》와 《독일 이데올로기》는 《사적 유물론》이란 제목으로 2권에 나뉘어 S. 란드슈트와 J. P. 마이어에 의해 1932년에 처음 간행되었다.

르크스에게서 사라졌다. "인간성이라는 것은 어떠한 계급에도 소속되지 않고, 어떤 실제도 갖추지 않은 철학적 환상의 영역에만 존재하는 일반이라는 것"에 대하여 논하는 것으로써 마르크스는 이제 헤겔 좌파를 우롱한다. 《공산당 선언》에서 그 공격은 한층 조소적인 것이 되어 있다. 마르크스는 다음과 같이 말했다.

"프랑스의 원서를 바탕으로 삼아 철학적 헛소리를 썼다. 예를 들면 독일의 저술가들은 화폐의 경제학적 기능에 관한 프랑스인의 비판을 바탕으로 인간 일반의 소외를 썼다."

마르크스는 1876년에 쓴 《자본론》의 서문에서 다음과 같이 분명히 지적하고 있다.

"일어날 수 있는 오해를 미리 방지하기 위해 말한다면······ 나는 자본가와 토지 소유자를 결코 장밋빛으로 묘사하지 않았다. 여기에서 개개인은 경제적 범주의 인격화이고 일정한 계급관계 및 계급이해의 구현인 점에서만 취급되고 있다. 경제적 사회구조의 발전을 하나의 자연사적인 과정이라고 풀이하는 나의 입장을 말한다면, 어떤 다른 입장보다도, 아무리 개인이 주관적으로 자기를 상승시키려 하여도 그가 사회적 소산으로서 마무르는 관계에 있어서는 개인은 책임을 실 수 없게 된다."[8]

이렇게 하여 개인의 책임은 계급윤리와 바뀌어지고 개인적

---

8) 《자본론》 참조.

인 행위의 의의는 비인격적인 메카니즘으로 변형되고 만다.

이제 논의의 요점은 명백해진다. 마르크스는 초기의 철학적 저작에서 헤겔에 반대하여 소외 또는 자기 감각의 상실이 추상적인 의식의 발전보다도 오히려 노동에 뿌리박고 있다고 생각했다. 노동의 조직화에 의해서 사람들은 자기 자신이 목적이기보다는 타자의 세력 확대를 위한 수단이 된다. 소외된 노동에는 이중의 상실이 존재하게 된다. 즉 사람들은 노동조건에 대한 지배를 상실하고 또 노동의 생산물도 상실하게 된다. 이 이중의 개념은 후기 마르크스에 다소나마 존재하고 있다.

즉 노동 지배의 상실은 사회적 분업에 의하여 일어나고 테크놀로지에 의하여 강화된 비인간화로 생각되고, 생산물의 상실은 인간 노동의 일부분(잉여가치)이 고용주에 의하여 수탈되기 때문에 착취라고 생각되었다. 그러나 《자본론》에서 노동의 비인간화와 노동의 단편화에 대해 문학적으로 언급하고 있는 외에 마르크스는 이 최초의 문제를 매우 그럴듯하게 다루고 있다. 마르크스는 후일의 사회학자처럼 비인간화된 노동의 해소책은 노동시간의 단축, 노동의 오토메이션화, 여가의 발달에 있다고 생각했다. 《자본론》의 중심 문제는 테크놀로지에 의하여 일어나는 여러 과정, 즉 노동은 형식적으로는 자유이나 복잡한 교환과정에 의하여 잉여가치가 노동자로부터 빼앗기는 것을 폭로하려고 노력하였다. 그 때문에 이 해결은 단순하였다. 사유재산을 폐지한다면 착취제도는 소멸할 것이라는 것이었다. 사회주의 그 자체도 착취사회가 될지 모른다고 비판자가 주장하였을 때 마르크스주의자는 즉각 다음과 같이 답하였다. "권력의 원천은 경제에 있고, 정치적 기능은 다만 경제권력의 행정적 연당에 불과하다. 그 때문에 한번 경제권력이 사회화되면 인간이 인간을 착취하는 어떠한 기초도 존재할 수 없을 것이다"고. 이렇게 하여 사회주의의 목표와 합리화가 형성되었던 것이다.

사회주의 사회—거리를 둔 관찰

사회사상사에 있어서 가장 놀라운 사실의 하나는, 마르크스에서 비롯된 사회주의 지도자들이 그 미래사회의 윤곽이나 문제에 대해서 조금도 생각지 않고 새로운 사회의 사상을 지지하도록 다수의 민중을 설득하려 노력한 일이다. 트로츠키는 일찍이 자본주의를 "개개인은 자기중심적으로 생각하고 어느 누구도 만인을 생각지 않는 무정부적인 경제제도"로서 서술하였다.[9] 사회주의 사회에서는 누구나 만인을 위하여 생각하게 될 것이다. 그러나 보편적 정신이 어떻게 하여 만인을 위하게 되는가에 대해서는 상세한 설명이 없다.

사회주의는 오늘날 주로 계획화와 동일시되고 있으나, 계획화가 무엇을 의미하는가—생산의 조직화, 자원의 분배, 임금 지불 형태의 결정, 노동관리, 새로운 생산물의 창조, 소비

---

9) 레온 트로츠키, 《칼 마르크스의 생활철학》(뉴욕, 1939), p. 6.

에 대한 투자율 등—는 교조(敎祖)의 저작에는 거의 언급되어 있지 않다. 마르크스는 《프랑스의 내란》이라는 이름으로 출판된 국제노동자협의회 총무위원회에의 인사말에서 "공산주의는 통일된 협동조합이 공통의 계획 아래 국민생활을 통제하려는 것"과 같은 체제가 될 것이라고 말했으나, 그 이상의 언급은 없다.[10]

프루동적 로맨티시즘을 가진 1871년의 파리 코뮌은 마르크스가 그 연설의 원본을 만드는 데 도움이 되었다. 그러나 이 모든 마르크스·레닌주의적 이론 구성의 기초로 된 코뮌은 가련한 모델이었다. 사회주의에 대한 그 주요한 교리상(敎理上)의 공헌은 노동과 임금을 평등히 할 것을 노동구제위원회에 권고한 사실이었다. 실제로 파리 코뮌의 지도에 참가한 몇몇 마르크스주의자의 한 사람인 레오 프랑켈이 심술궂게 언명한 바와 같이 그 '유일하고 참된 사회주의적 시책'은 빵집의 야간 작업을 폐지하는 포고였다.[11]

그 밖에 유일한 다른 곳에서 마르크스는 미래 사회에 관한 어떤 소견을 고심 끝에 만들어 냈다. 그것은 《고타 강령 비판》으로 알려진 분노의 감정에 찬 편지에서였다.

1875년 적대자였던 라살레파와 아이제나허파(리프크네히트, 베벨, 베른슈타인)가 고타에서 회합하여 독일사회주의노동당을 결

---

10) 《마르크스 선집》 참조.
11) 샤를르 리즈의 《파리 코뮌》(제네바, 1955)이나 프랭크 제리 네크의 《1871년의 파리 코뮌》(옥스퍼드, 1937) 참조.

성하였다. 정당으로서 사회주의자는 처음으로 사회주의로의 이행에 관한 정치 프로그램을 언명하는 과제에 직면하였다. 파리 코뮌에서 단서를 얻어 '고타 강령'은 두 개의 요구를 강조하였다. 즉 국가의 보조에 의한 생산협동조합의 조직과 평등이었다.

마르크스의 비판은 격렬하였다. 마르크스는 다음과 같이 말하였다. 생산협동조합에 대한 요구는 부체(1848년의 공화국 국민의회 의장)의 카톨릭적 사회주의 냄새가 풍기고, 한편 노동수익의 공평한 분배는 부르주아적 권리에 불과하다. 왜냐하면 순수한 공산주의 이외의 어떠한 사회에 있어서도 불균등한 욕구를 갖는 개인들에게 평등한 분배를 주면 그것은 새로운 불평등을 초래하는 데 불과할 것이기 때문이다. 과도기적 사회는 완전한 코뮌일 수 없다. 집단소유에 기초를 둔 협동조합적 사회에서는 생산자는 그들의 생산물을 교환하지 않는다. 약간의 사회적 요구가 충족되지 않으면 안 되므로 아직 국가기구의 필요성이 존재할 것이다. 중앙 관리기관이 그 사회적 생산물에서 행정비, 교육비, 보건비 등을 공제할 것이다.[12] 공산주의 아래서만 인간에 대한 통치로서의 국가가 '물(物)의 관리'로 대치될 것이다.

마르크스의 비판은 정치적이 아니고 철학적이었다. 그는 그의 제자와 그가 혐오한 적수 라살레의 추종자들에게 그들이

---

12) 마르크스, 《고타 강령 비판》(런던, 1943), pp. 12~14, p. 16.

과도기적 사회와 순수한 공산주의 비전을 바르게 구별하는 데 실패했음을 보여 주고자 했다. 이 구별은 소외와 자유라는 철학적 문제와 연관이 있었던 것이다. 그것은 헤겔에서 이탈하고 있던 20대 후반의 젊은 마르크스의 마음을 빼앗았던 것이었다.

사회주의 사회의 생산조직을 구체적으로 다룬 최초의 노력의 하나는 마르크스의 유교(遺稿) 관리자이며 독일 사회민주주의의 뛰어난 이론가인 칼 카우츠키에 의해 이루어졌다. 1902년에 그는 〈혁명의 다음날〉이라는 극적인 제목의 평론을 발표하였다. 그러나 그것은 현학자가 머리 나쁜 학생을 상대로 얘기하는 것과 같은 것이었다. 다만 '기아(飢餓)의 채찍'을 자본가로부터 제거함으로써 사회주의의 길이 시작된다고 카우츠키는 말했다. 그는 자본가의 주요한 권력은 실업(失業)의 위협에 있다고 논했다. 한 번 프롤레타리아트가 정치권력을 획득하면 모든 실업가를 구제할 시책이 취해질 것이다. 그때 자본가는 노동자 없이 기업을 계속 유지할 수 없고, 노동자는 이젠 자본가를 필요로 하지 않을 것이다.

"한 번 이러한 사태가 되면 고용주는 피고용자와의 모든 투쟁에서 패배하고 그들에게 굴복하게 될 것이다. 그때 아마 자본가는 공장의 관리자로 남아 있을 수는 있으나 고용주와 착취자는 아닐 것이다. 그러나 일단 자본가가 단지 자본주의적 기업의 위험과 중하(重荷)에 견디는 권리를 갖는 데 불과하다고 인식한다면, 그 자신이 자본주의적 생산을 더욱 확대할 것을 단념하고 기업 경영의 이익을 포기하며 그 기업을 매수해 달라고 요구할 것이다."[13]

이렇게 하여 자본주의는 뱀이 벗어 놓은 허물처럼 쓸모없는 것이 되어 길가에 버려지고 말 것이다.

그 후 기간산업(基幹産業)은 국유화되고, 한편 전력이나 운수와 같은 기타 지방산업은 지방자치단체나 협동조합에 의해 경영될 것이다. 노동자의 노동에의 유인(誘因)은 무엇일까? 그것은 노동조합에 의하여 상징되는 프롤레타리아의 규율이다. 카우츠키는 다음과 같이 썼다.

"사회적 규율의 유지는 노동조합의 규율을 생산과정에 도입하는 것에 의해서만 확보된다. 그러나 이것은 쉽게 실행되지 않을 것이다. 왜냐하면 각 산업은 고유의 특성을 갖고, 노동자 조직은 그에 따르지 않으면 안 되기 때문이다. 실례를 들면 철도처럼 관료조직 없이는 경영할 수 없는 산업이 있다. 노동자가 대의원을 뽑고, 그 대의원이 일종의 의회를 구성하며, 그 의회에서 노동조건이 결정되고, 관료기구의 지배가 통제될 수 있도록 민주적 조직을 형성할 수도 있다. 노동조합의 관리에 인계할 수 있는 산업도 있고 또 협동조합에 의하여 관리되는 산업도 있을 것이다."[14]

이것이 사회주의 아래서의 산업의 경영, 민주적 통제 등에

---

13) 칼 카우츠키, 《사회혁명》(시카고, 1902), p. 112.
14) 같은 책, pp. 126~127.

관한 평론의 전부이다.

카우츠키의 이 평론을 제외하면 볼셰비키에 이르기까지 유럽의 사회주의 사상 속에 이 주제에 관한 것은 거의 존재하지 않는다. 물론 사회주의 사회의 경제조직에 관한 고전적인 볼셰비키적 언명은 볼셰비키가 권력을 탈취하기 불과 2개월 전인 1917년 8월에 쓰여진 레닌의 《국가와 혁명》속에서 발견된다. 그 유명한 소책자의 관리 구상에 관한 약간의 요약은 유익하다.

레닌은 다음과 같이 썼다.

"자본주의 문화는 대규모 생산, 공장, 철도, 우편, 전화 등을 만들어 냈다. 이것을 기초로 낡은 국가권력의 대부분의 기능을 아주 단순화시켜 버릴 수 있고 기록, 정리, 점검 등의 극히 단순한 작업으로 바꿀 수가 있게 되었다. 그러한 기능은 사실상 읽고 쓰기가 가능한 모든 사람의 범위 안에서 가능하며 노동자의 임금으로 그러한 기능을 수행하는 것이 가능할 것이다. 이러한 상황 아래서 특권의 모든 잔재와 모든 관리로서의 체면과 위엄을 제거할 수가 있다(또 제거하지 않으면 안 된다)."

레닌은 다음과 같이 만사는 용이하게 진행된다고 말했다.

"자본가를 타도하여 …… 현대국가의 관료기구를 파괴하라. 그렇게 하면 기생체(寄生體)에서 해방되어 통일된 노동자가 움직일 수 있는 최고도의 기술적 장치의 메카니즘이 눈앞에 나타날 것이다. 그리하여 노동자는 그 자신이 기술자, 감독, 부기계(簿記係)를 겸하여 실제 모든 국가 관리에게 지불하는 것처럼 그들 모두에게 일반 노동자의 임금을 지불하는 것이다."

레닌은 모든 관리는 예외 없이 선출되고 언제든지 해임에 복종하게 될 것이라고 말했다. 여기에 파리 코뮌의 경험에 기초한 구체적이고 당장 실행 가능한 프로그램이 있었다. 레닌은 다음과 같이 끝을 맺었다.

"대규모 생산에 기초한 이러한 움직임은 스스로 모든 관료제의 점차적 사멸, 새로운 질서의 점진적 창출에 이른다. 그것은 의문의 여지가 없는 질서, 임금 노예제와 관계 없는 질서이고, 그 질서 아래서는 점점 더 단순화되는 통제와 경리의 기능이 각자에 의하여 교대로 수행되어 결국 관습으로 되고, 마침내는 사회 특수층의 특수 기능이 아닌 것으로 되고 만다."

레닌은 많은 마르크스주의자와 같이 경제위기의 격화 때문에 사회주의 혁명이 전면적으로 성숙한 자본주의 경제의 태내에서 최초로 도래할 것이라고 생각하고 있었다. 러시아 혁명은 필연적으로 부르주아 혁명이 될 것이라고 모든 사람이 예견하였다. 대규모의 노동자 계급이 존재하지 않는데 어떻게 그 이외의 것이 될 수 있을 것인가? 한편 1917년 4월 후에 권력 탈취의 가능성이 생겼을 때 전술의 문제, 즉 노동자의 감정적 평가와 권력 장악의 경우에 취할 당면한 시책을 둘러싼 문제가 나타났다. 그리하여 레닌은 이용 가능한, 유일한 역사적 경험인 파리 코뮌에 의지하였던 것이다.

[레닌은 1917년 10월 7일~14일에 쓴 〈볼셰비키는 국가권력을 유지할 수 있을 것인가〉라는 평론에서 다음과 같이 썼다.

"마르크스는 파리 코뮌의 경험에서 프롤레타리아는 단순히 기성의 국가기구를 장악하고 그것을 자기 목적을 위하여 움직일 수 없기 때문에 이 기구를 파괴하여 새로운 기구로 대치해야 된다는 것을 우리에게 가르쳐 주었다(나는 《국가와 혁명―마르크스주의의 국가 학설과 혁명에 있어서의 프롤레타리아트의 임무》라는 소책자에서 이 사실을 상세히 다루었다). 이 새로운 국가장치는 파리 코뮌에 의하여 창출되었는데, 노동자, 병사, 농민의 대의원으로 이루어지는 소비에트도 같은 유형의 국가장치이다."]

레닌은 1917년 1월에서 2월에 걸쳐 '마르크스주의의 국가론'이라고 이름 붙인 노트를 계속하여 썼다. 그것은 《고타 강령 비판》에서 발췌한 것에 그 주(註)를 붙인 것이다. 레닌은 권력 탈취 후 사회조직의 성질에 관한 구체적 문제에 대해서는 조금도 고려함이 없이 가까이 있는 문헌의 단편은 무엇이든 필사적으로 이용하였다. 그리고 이러한 것들은 《비판》에 구체적으로 나타나 있는 파리 코뮌 및 국가의 본질에 관한 마르크스의 고찰이었다. 공산주의 사회의 모든 단계, 즉 노동에 응하여 지불하는 과도적 계급의 사회, 그리고 '각자는 그 능력에 의하여, 각자에게는 그 필요에 응하여'라는 순수한 공산주의의 보다 높은 국면에 있어서의 《국가와 혁명》을 위한 결정적인 생각을 레닌은 그것으로부터 얻은 것이다.[15]

---

15) 레닌의 노트로부터의 발췌 및 《비판》에 대한 그의 주석은 마르크스 레닌 라이브러리판 《고타 강령 비판》(런던, 1933), 부록 II 참조.

이러한 모든 일에서 떠오르는 것은, 1917년 문제에 직면하지 않을 수 없게 되었을 때, 레닌이 사회주의의 의미 또는 명확한 내용에 대하여 하등의 생각도 전혀 갖고 있지 못했었다는 것이다. 이것은 다만 이론의 수준뿐 아니라 10월 혁명 이전과 이후의 놀라운 용어상의 혼란에서 분명하다. 그 중대했던 1917년 4월의 전러시아소비에트대회의 볼셰비키당 간부회에서 귀국한 지 얼마 안 되는 레닌은 당명을 공산당으로 개칭하는 건을 포함하여 전략에 관한 약간의 기본 테제를 제출하였다(당시의 당명은 사회민주당이었다). 중심 테제인 제8테제는 다음과 같다.

"당면한 과제로서 사회주의를 도입하는 것이 아니라 사회적 생산과 물질의 분배를 통제하는 지위에 노동자 대의원을 즉시 앉히는 일이 당의 과제이다." 그러나 6개월 후에 레닌은 조속한 국유화(왜냐하면 기술적으로는 자본주의가 우리들을 위하여 기업을 완성하였기 때문이다)와 노동자에 의한 통제에 의하여 사회주의 국가가 가능하였으므로 권력의 탈취를 옹호하였다.[16]

'노동자에 의한 통제'라는 마술적인 표현이 국가를 운영하는 경우 행정상의 곤란을 모두 해결하는 것 같은 희망을 품게 했다. 레닌은 이 점에서 기회주의의 소박한 힙리싱의 함성에 설렸다. 레닌이 어느 시기에 노동자에 의한 통제가 복잡한 사회를 관리할 수 있다고 믿고 있었다는 것은 분명하다.

---

16) 《레닌 선집》, XX, 1권, p. 101.

관리라는 그의 마술적 개념을 설명하기 위해서 10월 혁명 직전에 쓰여진 주목할 만한 평론으로부터 자세히 인용된 것에 의해 그의 소박성이 가장 잘 이해될 수 있다. 그것은 막심 고리키의 《생활》지에 실린 기사에 답한 것이다.

레닌은 다음과 같이 썼다.

"볼셰비키당의 24만 당원이 러시아를 통치하지 못할 것이라고 말해지고 있다……. 그러나 우리는 우리의 국가장치를 일격에 10배로 증가하는 마술적 수단을 갖고 있다. 그 수단은 자본주의 국가의 뜻대로 되지 않았으며 결코 되지 않을 것이다. 이 마술적인 것은 빈곤한 인민인 노동자를 국가를 관리하는 직무에 끌어들이는 것이다. 이 마술적 수단의 적용이 어느 정도 단순한 것이고 그 기능이 어느 정도 완전무결한 것인가를 설명하기 위하여 가장 단순하고도 명백한 예를 들어 보아야 할 것이다.

국가는 강제적으로 어떤 가족에게 집을 양도하게 하고 다른 가족을 그 집에 살도록 하지 않으면 안 된다. 이 일은 자본주의 국가에 의해서 수없이 행해지고 있고 우리의 프롤레타리아 국가 혹은 사회주의 국가에 의해서도 행해지지 않으면 안 될 것이다.

자본주의 국가는 가족 부양 책임자를 잃고 집세를 지불하지 못하는 노동자 가족을 쫓아낸다. 집행관, 경관 혹은 민병이 소대 전원과 함께 현장에 나타난다. 노동자 계급의 거주지구에서는 코사크 기병의 파견대가 퇴거시에 필요하게 된다. 왜냐하면 상당히 강력한 군사적 보호가 없으면 집행관과 경관이 그곳으로 가길 거부하기 때문이다. 강제 퇴거를 목격하게 되면 이웃 사람들의 대다수는 거의 절망 상태에 빠져서 미칠 듯이 맹렬한 분노와, 자본가와 자본주의 국가에 대한 격렬한 증오를 환기시키기 때문에 집행관과 경찰 소대는 언제 몰매를 맞게 될지 모르기 때문이다. 군대가 필요하게 되며 반드시 먼 지방에 있는 군대가 투입되어야 한다. 그것은 병사들이 도시 빈민들의 생활에 대하여 아무것도 모르게 함으로써 사회주의에 감염되지 않도록 하기 위해서이다.

프롤레타리아 국가는 극빈한 가족을 부호의 저택으로 강제로 이전시키지 않으면 안 된다. 우리 노동자의 민병 파견대는 15명으로 구성된다. 즉 2명의 수병(水兵), 2명의 병사, 계급의식을 갖는 2명의 노동자(그 중 한 사람은 우리 당원이거나 아니면 그 동조자일 필요가 있다), 1명의 지식인, 그리고 최소한 5명의 부인, 심부름꾼, 미숙련 노동자를 포함한 노동자다. 그 파견대는 부호의 집을 조사해 보고 남녀 4명이 5개의 방을 쓰고 있는 것을 알게 된다. '이 겨울에 당신들은 방 2개만 사용하고 지금 지하실에서 생활하고 있는 두 가족을 위해 나머지 방을 내어주지 않으면 안 됩니다. 곧 기술자의 원조를 얻어서 모든 사람에게 훌륭한 집을 시어 줄 때까지 당신들은 좀 답답한 생활을 하지 않으면 안 될 것입니다. 당신의 전화는 열 가족을 위해 사용될 것입니다. 그렇게 되면 물건을 사기 위해 뛰어다녀야 하는 약 백 시간 정도가 절약될 것입니다. 그리고 당신 가족 중에는 경노동이 가능하며 지금 일하지 않고 있는 반노동자인 55세의 부인과 14세의 소년이 있습니다. 그 사람들은 열 가족에 대한 생산물의 분배를 관리하며 매일 3시간을 근무하고 필요한 장부를 적게 될 것입니다. 우리 파견대의 학생은 이 국가 명령의 본문을 2부 정서(淨書)하고, 당신은 이러한 의무를 어김없이 실행하기 위해 보증선언에 서명하여 우리에게 제출해야 될 것입니다.'

이렇게 하여 국가장치와 국가행정에 있어서 낡은 부르주아적인 것과 새로운 사회주의적인 것의 차이가 매우 분명한 예에 의하여 논증되었다고 나는 생각한다."

이런 식으로 레닌은 10월 7일에서 14일까지 1주일간에 쓴 평론에서 국가를 관리하는 볼셰비키의 능력을 경시한 사람들에게 답한 것이다. 이런 빈약한 사고로써 볼셰비키는 권력을 장악하고 권력을 변혁하여 새로운 질서의 건설을 시작하였던 것이다.

노동자평의회(勞動者評議會) — 교차로

그러나 노동자에 의한 통제란 실제로 무엇을 의미하는 것일까? 레닌은 《무엇을 해야 할 것인가》의 유명한 정식에서 노동자를 방치하게 되면 그들은 노동조합을 통하여 경제적 의식만을 달성할 것이며, 전위당(前衛黨)과 그 직업적 혁명가의 간부들이 적극적으로 지도하는 아래서만 노동자는 사회주의적 의식을 달성하는 것이라고 썼다. 그러나 제1차 세계대전 전에도 러시아 국내의 멘셰비키(그리고 트로츠키)뿐만 아니라 이론적 마르크스주의자의 소그룹, 특히 독일, 폴란드의 로자 룩셈부르크와 네덜란드의 헤르만 호르테르에 의하여 레닌의 개념은 반대되었다. 그들은 레닌의 개념이 러시아의 후진적 조건에 의하여 형성되었다고 주장했다. 근대 산업사회의 발전은 더 이상 지도자의 보호에 의지하는 것이 아니라 스스로의 독창력에 기초하여 행동할 수 있으며 자각적이고 교양 있는 프롤레타리아트의 창출을 초래할 것이라고 그들은 말했다. 위기상황 아래서 노동자는 대중행동을 통하여 자발적으로 움직일 것이라고 그들은 주장했다.

[목적의식성과 자발성의 문제는 아마 급진적 정치사의 가장 중대한 문제일 것이다. 왜냐하면 이 문제는 한편으로는 당조직의 성질 및 그 대중과의 관련을, 다른 한편으로는 지식인의 역할을 포함하기 때문이다. 나아가 만일 대중이 독력(獨力)으로 사회주의적 의식을 달성할 수 없다면 존재가 의식을 결정한다는 마르크스적 유물론의 이론 전체에 대하여 이것은 무엇을 의미하는 것인가? 그리고 다시 이런 사상이 지식인으로부터 파생하고 카우츠키가 쓴 것처럼 과학이 급진적 의식의 원천이라면 마르크스의 사상이론에 대하여 이것은 무엇을 의미하는가? 그렇지만 이러한 논의는 이 평론의 문맥을 벗어나는 것이다.]

1917~1919년의 프롤레타리아 봉기는 레닌의 마음속에 그려진 것과 같지는 않았다. 그것은 마치 파리 코뮌이 마르크스주의적이 아니었으며, 제1차 세계대전이 끝날 무렵 놀라운 속

도로 일어나고 확대됐던 노동자평의회가 레닌주의적이 아니었다는 사실과 같은 것이었다.

어느 편이냐 하면 그것은 '대중의 자발성'이라는 룩셈부르크와 호르테르의 생각을 확인한 것이었다. 그 패턴은 러시아에서 1905년에 처음으로 시작되었다. 노동자대의원평의회는 처음 금속 노동자와 직물 노동자가 결성한 지방공장의 자발적인 파업위원회였으나, 그러한 위원회가 총파업 조직으로 통합된 것이다. 이 생디칼리즘 형태가 1917년의 러시아에서, 또 중부유럽에서 반복되었다. 발족된 노동자와 병사 평의회의 대부분은 중앙 행정과 권위의 붕괴 결과로 패전국에서 자연적으로 나타난 것이었다. 그러나 곧 정당이 정치적 목적을 위하여 이것을 인계하였다. 극히 적은 곳에서 경제생활의 관리를 인계하려는 시도가 행해진 데 불과했다.

브레멘에 있어서 노동자와 병사 평의회가 1919년 1월 10일부터 2월 3일까지 권력을 장악하였고, 바이에른에서는 1919년 4월 13일에 창립된 소비에트 공화국이 2주일 뒤에 독일정부에 의하여 타도되기 이전에 노동자 관리를 공장에 도입하고 은행을 국유화하였다. 오스트리아에서는 신공화국 사회주의자 수령(首領)인 칼 레너의 권위에 복종할 때까지 노동자평의회는 생산을 점검하고 가격을 통제하려고 노력하였다. 헝가리에서는 벨라 쿤이 창립한 소비에트 공화국이 노동자평의회보다도 오히려 정점 수준의 정치적 책략에 의하여 기초를 굳혔다. 그러나 이러한 자발적 행동이 있었던 것은 패전국에서만은 아니었다. 보다 작은 규모였으나 영국에서는 노동조합이 노동자의 통제기관으로 되었을 때 그들의 요구에 응하여 그들 자신의 제도를 창설하려고 하는 노동자 대중의 신속한 반응뿐만 아니라 관료제적 노동조합의 통제에 대한 국민의 불안을 직장대의원 운동이 보여주었다.

프롤레타리아의 자각적 규율이 러시아 혁명 후 최소한 1, 2년 사이에 사회주의 사회의 용이한 경제관리를 준비할 것이라고 레닌을 확신시킨 한 요인은 자발적 운동의 경험이었으며, 그리고 이들 경험에서 1917년부터 1919년까지의 레닌의 저작에 보이는 생디칼리즘적 구상이 비롯된 것이다.

그러나 유럽, 특히 독일에 있어서 좌익 사회주의자의 정치적 실패는 레닌에게 깊은 심리적 변화를 낳게 하였다. 러시아 볼셰비키당의 중추적 역할에 첨가하여 이들 경험이 중앙집권적 조직과 당의 지도적 역할의 필요성을 다시 한 번 레닌에게 상기시켰다. 룩셈부르크는 이 역전은 불행을 초래할 것이라고 경고하였다. 또 그녀가 투옥 중인 1919년에 쓴 선견지명이 보이는 경고 속에서 프롤레타리아에 대해 당의 통제를 가하는 시도는 당의 독재와 종국적으로는 당내 소수자의 독재를 초래하게 될 것이라고 주장했다.[17] 그러니 이 경고는 주의를 끌지 못하고 말았다.

---

17) 로자 룩셈부르크의 《러시아 혁명》 참조. 영역판으로는 버트람 D. 울프의 서문이 들어 있는 《러시아 혁명》(뉴욕, 1940) 참조.

공산주의 인터내셔널 제2차 대회(1920년 7월~8월)에서 노동자평의회의 경험이 토론되고 그 생각이 부인되었다. 지노비에프가 기초(起草)한 일련의 테제가 채택되었으며, 결론적으로 다음과 같이 말하였다.

"노동자평의회가 싸우고 있는 원리의 승리를 보장하고 그 때문에 노동자를 권력에 앉히는 유일하고 확실한 길은 노동자 정당이 그들을 지도하는 것을 보장하는 것이다."

프랑스와 스페인에서 여전히 세력을 떨치고 있었으며, 독일의 KAPD(통일공산당), 미국의 IWW(세계산업노조), 영국의 직장대의원 운동과는 다른 형태로 존재하고 있던 생디칼리즘적이고 직접 행동적인 경향에 대항할 것을 이들 테제는 의도하였다.[18] 재크 태너는 영국 직장대의원을 위해 변호하면서 러시아인은 서구에서 많은 것을 배워야 한다고 말했다. 그러나 러시아는 이제 완전한 통제력을 갖고 귀를 기울이지 않았다. 그들의 경험만이 다른 당의 모델로서 역할을 하게 되었다. 지노비에프는 파리 코뮌의 실패를 인용하면서 "만일 노동자 계급이 규율 있는 공산당을 갖고 있었더라면……" 하고 말했다. 교훈은 분명하였다. 그 테제의 채택에 의하여 그 이후 공산당과 공산당이 통제하는 모든 운동은 중앙집권적 조직과 철(鐵)의 군대적 규율이라는 기본형에 기초하여 운영되리라는 것을 분명히 하게 되었다. 모든 자발적 행동은 어떤 방향으로 이끌리든지 아

---

18) 《국제 공산주의 기록 선집》(옥스퍼드, 1956), Vol. I, pp. 113~127.

니면 으스러지든지 어느 편일 것이다. 이것이 코민테른의 선언이었고, 그 길은 이미 러시아에서 표시되고 있었다.

러시아의 노동자 관리의 운명—그 말로(末路)

1917~18년의 러시아는 잠시나마 진정한 노동자의 사회였다. 새로운 사회가 혁명의 빠른 선언과 함께 도래할 것이라는 감정에 취해 있던 시기였다. 10월 혁명이 일어나자 노동자는 포고를 기다리지 않고 공장을 접수하고 자본가를 축출하기 시작하였으며 국민의 직장을 만들어 내지 않으면 안 되었다. 1848년의 외국환 은행 계획과 아주 비슷하게 상품을 살 수 있는 단기 티켓을 유통시켰다. 단순한 마르크스주의적 견해에서 화폐는 자본주의적 착취의 도구였기 때문에 폐지되지 않으면 안 되었다(1921년에도 소비에트의 경제학자는 화폐를 일체 배제하고 트레브[treb]라고 불리는 노동 계산 단위로 대치하는 계획을 작성하는 데 열심이었다). 모든 천년왕국설 신봉자의 경우와 같이 '시간의 절대적 현재성'의 관념이 존재하였다.

1918년 최초의 러시아 노동조합회의는 노동자의 생산관리에 대한 생각을 진지하게 받아들였다. 노동조합은 '생산의 모든 관리 부문에 가장 정력적으로 참가할 것, 노동의 등록과 분배나 농촌과 도시와 노동의 교환을 행하는 노동통제위원회를 조직할 것'을 요청받았다.

그러나 혼돈의 시기에는 노동자에 의한 관리는 필연적으로

웃음거리가 되는 수밖에 없었다. 예를 들면 1918년 1월에 철도의 관리는 노동자위원회에 위임되었으나, 수개월 뒤에 철도는 붕괴상태에 빠지고 말았다. 직장위원회는 반항하는 노동자를 규율에 복종시키는 데 무력하였다. 3개월 뒤에 철도의 관리는 노동자의 손으로부터 완전한 독재적 권한이 부여된 교통인민위원회로 돌아가 집권화되었다. 국유화를 확대하는 포고가 노동자의 손에서 다른 기업을 빼앗기 위해 가결되어 기업은 국가통제 아래에 두어졌다. 노동자에 의한 관리의 붕괴는 그 후 새로운 산업규율, 독재적 관리, 비공산당원인 전문가의 고용을 초래했다. 이러한 경험이 볼셰비키당에 대논쟁을 불러일으켜 결국 노동조합의 독립된 역할의 붕괴와 당내 민주주의의 붕괴로 끝났다는 것이 보다 중요하다.

  1920년은 혁명의 위기였다. 노동자 계급은 지치고 사기가 저하되어 그 수는 반감하고 말았다. E. H. 카아와 아이작 도이처가 인정한 바와 같이 자유선거를 했더라면 볼셰비키는 아마 권력의 자리에서 추방당하고 말았을 것이다. 노동자들의 민주주의를 희생하여 레닌과 트로츠키의 철의 의지가 볼셰비키를 구한 것은 이 시점에서였다.

  트로츠키가 논쟁의 신호를 올렸다. 그는 《노동조합의 역할에 대하여》라는 소책자에서 러시아 공산당 제8차 대회 기본강령 속의 조항―경제관리를 노동조합에 이양할 목표에 대하여 서술한 것―을 공격하였다.

  소비에트는 프롤레타리아 국가이기 때문에 프롤레타리아를

국가에서 보호한다는 것은 무의미하다고 그는 주장했다. 트로츠키는 장기적 목표로서 노동조합을 정부의 행정 부문에 통합할 것을 제안하였다. 더욱 직접적으로 적절한 노동군대평의회에 의한 정치적 노동과 실무적 노동의 엄격한 중앙집권화로 전시민생활을 군대화할 것을 주장하였다. 군대는 산업 능률의 모범이라고 그는 말했다. 그는 군대 편성을 노동자 부대로 개편할 것을 제안하였다. 그의 지지자며 그 자신 노동조합의 지도자였던 골츠만은 군대에서 단련된 관리자에 의하여 구성되어 공장을 관리할 노동귀족, 장교계급을 산업계에 창출할 것을 제안하였다.[19]

이런 제안은 레닌에겐 너무 과격하였으며, 트로츠키에 적대적인 분파를 이루고 있던 지노비에프는 레닌의 이름으로 트로츠키를 공격하였다. 그러나 가장 통렬한 공격은 노동조합과 노동자 반대파 그룹으로부터 나왔다. 구두에 발을 맞추는 격이라고 그들은 말했다. 노동조합이 아니라 정당이 재편성되어야 한다. 농민과 중산계급의 분자들이 당을 타락시켜버렸다. 그리하여 그들은 다음과 같이 말했다. "육체노동을 포기하지 않았던 노동자가 행정상의 지위를 대부분 차지하지 않으면 안 된다"고. 반대파는 다음과 같이 제안하였다.

"공산당원은 누구나 매년 최소한 3개월간 공장, 제분소, 광

---

19) 이 논쟁에 대해서는 레오나르드 샤피로의 《공산주의 독재정치의 기원》(런던, 1955), pp. 254~255 참조.

산, 탄갱에서 육체노동을 행할 의무가 부과될 것이다. 노동자와 같은 조건에서 그러한 노동과 생활을 하지 않으면 어떠한 당원도 1년 이상 지위를 유지할 수 없다."

나중에 반대 방향으로 전향하여 버린 부하린은 다음과 같이 말했다.

"나라 전체의 살림은 노동조합의 관리 아래 있지 않으면 안 되기 때문에 국민경제최고회의의 후보자는 노동조합에 의하여 선출되고 정부에 의하여 수락되어야 한다."

레닌은 이에 대해 "당이 아니라 노동조합만이 후보자를 지명하고 지배한다면 대단히 민주적으로 들리지만 프롤레타리아 독재는 파괴된다"라고 부하린에게 답했으며 생디칼리스트의 어리석음을 비난했다.[20]

노동자 반대파와 당 지도부와의 논쟁은 1921년에 절정에 달하였다. 표면상 그 논쟁점은 공장에 있어서의 개인 관리였으나, 실제의 가장 큰 논쟁점은 당의 통제로부터 노동조합의 독립이라는 것이었다.

1918~19년에 공장을 관리하는 노동자위원회 제도는 비당원인 전문가가 노동조합과 함께 관리를 공유한다는 까다로운 공동 결정 형태 내지 집단관리위원회 제도로 대치되었다. 그러나 1920년 3월의 제9차 당 대회에서 개인 관리의 원칙이 투표에 의하여 확립되었을 때 이 제도는 폐지되었다. 이러한 기

---

20) 《레닌 선집》, XXVI, p. 141.

구에서 노동조합은 관리자의 권위에 도전하고 교섭할 수는 있어도 그 이상의 것은 거의 불가능하였다.

1920년 8월 간단히 줄여서 체크트란(Tsektran)이라고 불린 합동운수중앙위원회가 창립되어 트로츠키가 담당 운수 인민위원으로 되었다. 체크트란은 노동조합의 권위를 무시하고 노동조합이 과거에 행사하고 있던 권한에 대하여 중앙집권적 정부통제로 바꾸어 버렸다. 더구나 조합 임원은 아래로부터의 선출이 아니라 위로부터의 임명이었다.

트로츠키는 군대식 규율의 구상을 갖고 노동조합의 반대파를 분쇄하며, 필요하면 그 지도자를 투옥조차 할 뜻을 공언하였다. 트로츠키는 그의 입장을 정당화하기 위하여 다음과 같이 이론적으로 말하였다.

"노동자 국가에서는 경제기구와 노동조합과의 평행적 존재는 일시적 현상으로서만 허락될 수 있다."

레닌은 그 입장이 너무나 교조적(敎條的)이었기에 반대하였다. 노동조합은 약간의 활동할 여지를 가져야 하고, 두 기관을 융합하는 문제는 템포의 문제라고 그는 말했다.

1921년 3개의 입장이 볼셰비키당 내에서 구체화되었다. 하나는 트로츠키에 의해 대표되며, 요컨대 노동조합을 배척하고 권력을 중앙집권화하여 엄격한 통제를 행사할 것을 요망하였으나 늙은 관료 대신에 젊고 유능한 노동자에 의한 최고 지도층으로의 자유로운 접근을 고려한 것이었다. 지노비에프를 대변자로 하는 다수파의 입장은 훨씬 느슨한 구조, 그렇게 엄격하지 않은 통제 그리고 기존 관료의 권한의 동결을 바랐다. 레닌은 지노비에프의 입장을 지지하였다. 노동조합이 당의 경제적 지도를 행사하지 않더라도 그 근원은 노동자 계급에 있기 때문에 노동조합과 적대해서는 안 된다고 그는 생각했다. 당시의 주목할 만한 언명에서 레닌은 다음과 같이 말했다.

"우리의 정부는 관료적 부정(不正)을 갖는 노동자의 정부이다. 현재의 정부는 프롤레타리아가 최후의 한 사람까지 조직되어서 정부에 대해 스스로를 지키지 않으면 안 될 그런 것이다. 그러므로 우리는 노동자 조직을 이용하여 정부에 대해 노동자를 보호하지 않으면 안 된다."[21]

제3의 그룹은 생디칼리스트들, 즉 노동자 반대파였다. 이들의 중요한 대변자는 역설적으로 노동자가 아니라 나중에 볼셰비키로 전향한 제정 러시아의 장군의 딸인 알렉산드라 콜론타이였다.[22] 화려한 퍼스낼리티와 유능한 웅변가인 콜론타이는 그 논쟁점을 극적으로 표현할 수가 있었다. 노동자에 의한 산업 관리와 당내 민주주의라는 두 개의 문제가 있다고 그녀는

---

21) 《레닌 선집》 참조. 관료제의 위험을 즉시적·현재적 현실로 본 레닌의 실제적 인식은 또 그가 말한 소박한 관념과 기묘한 대조를 이루고 있다. 권력 탈취 후 며칠 동안에 쓰여진, 〈소환권에 대한 보고〉라고 불리는 평론에서 레닌은 이렇게 말했다. "어떤 국가가 존재하는 한, 마르크스주의자는 자유에 대해서 이야기할 권리를 갖고 있지 않다"고. "국가는 강제의 도구이다. 이전에는 한 다발의 돈주머니로 전국민을 억압했지만…… 우리들은 이제 노동자 인민을 위한 강제를 조직할 것을 바란다"고 그는 썼다.
22) 이것은 샤피로의 앞의 책에 의한 것이다.

외쳤다. 노동자에 의한 산업의 조직화는 공산주의의 진수(眞髓)라고 그녀는 주장했다. 당은 중산계급 분자와 농민에 의해 지배되면서도 중요한 지위에 있어야 할 노동자의 수는 17퍼센트를 넘지 않았다. 우리는 도대체 무엇인가 하고 노동자는 반문한다. 우리는 정말 계급독재의 지주(支柱)인가, 아니면 대중과의 모든 관계를 단절한 채 공산당이라는 상표의 신뢰성에 얽매여 우리의 의견이나 창조적 능력을 고려하지 않고 그들 자신의 정책을 수행하며 산업을 바로 세울 역할을 담당한 양 같은 사람에 불과한 것인가? 그녀는 노동조합에 의한 산업 관리와 노동자에 의한 지방 행정을 요구하였을 뿐 아니라 관료제가 이미 국민생활을 억압하기에 이르렀다고까지 단언하였다. 이것은 당이 비판을 두려워하고 이단자를 처벌하며 자발성과 토론을 질식시켰기 때문이라고 말했다.

"사상의 자유 없이 어떠한 자기 활동도 있을 수 없다."

그러나 당시 당 내 민주주의를 확대할 기회가 적지만 어느 정도 있었으나 크론스타트 수병들의 섬광적 폭동에 의하여 그 기회는 사라지고 말았다. 크론스타트 수병들은 레닌그라드 가까운 해군기지에서 10월 혁명의 봉화를 올렸었다. 그들의 지지가 볼셰비키에겐 결정적인 것이었다. 이제 수병들은 증대하는 당 통제의 중앙집권화에 분노하여 폭동을 일으켰다. 그들은 레닌그라드에서 분출하고 있던 스트라이크에 대한 지지를 선언하고 자유선거를 요구하였다. 레닌과 트로츠키는 신속하게 행동했다. 수병은 사살되고 질서가 회복되었다.

이 반란의 결과 당 내에서 민주주의는 용인될 수 없다는 것이 당 지도자에게 극히 명백하게 되었다. 노동자 반대파와 크론스타트 수병(그들 대부분은 농민에게 동정하는 농민 출신이었다) 사이엔 아무런 관계도 없었으나 반대파는 반란을 조장하였다고 비난을 받았다. 당 내 통제가 강화되고 여러 분파는 폐기되고 비판은 억압되었다. 레닌과 지노비에프조차 그 폐지를 찬성했던 체크트란이 부활되었다. 1921년 5월 러시아 노동조합 대회에서 반대의 마지막 외침, 즉 D. 리야자노프(뒤에 마르크스·엥겔스·레닌 연구소장이 됨)의 발언이 봉쇄당했다. 그 대회의 결의안을 준비하고 있던 당파에 대해 리야자노프는 타협책을 제안했다. 그는 "노동조합 운동 지도자의 선택은 당의 전면적 통제 아래 행하여지지 않으면 안 된다"는 것을 인정했다. 그러나 당은 "프롤레타리아 민주주의의 정상적인 방법을 실행하는 특별한 노력을 시행해야 하며, 특히 노동조합의 경우 무엇보다도 지도자의 선택은 조직적 대중 자신에 의하여 행해져야만 한다"고 그는 요청하였다. 리야자노프는 노동조합 활동에서 추방되고, 스탈린이 귀찮은 분파를 남김없이 점검하는 임무를 맡게 되었다.

 1921년의 여러 대회는 노동조합 지도력의 독립성을 파괴하였다. 당 중앙위원회에 의한 모든 노동조합의 지위 통제가 확고하게 확립되었다. 그럼에도 불구하고 노동조합의 새로운 역할이 단기간에 확립되었다. 레닌은 국가 및 당 기구의 정치적 통제를 강화하였으나 신경제정책에 의하여 국영기업과 사기업의 경제문제에 상당한 활동의 자유를 도입하였다.

NEP(신경제정책)는 레닌에겐 특별한 단계였다. 왜냐하면 자본주의의 부분적 부활과 같은 근본적 단계에 대해 당의 대세를 정비하는 데 필요한 것이 고전에는 아무것도 없었던 것을 인정하지 않으면 안 되었기 때문이었다. 죽음 직전에 쓴 평론—레닌의 마음을 지배한 교조적 기질을 증명하는 평론—에서 그는 비통하게 다음과 같이 언명하였다.

"마르크스는 그 문제에 대하여 한 구절이라도 쓰려는 생각을 떠올리지 않았으며, 그 문제에 관한 단 하나의 정확한 인용, 혹은 반박 불가능한 교시조차 남기지 않고 죽었다. 그 때문에 우리들은 전적으로 스스로의 노력에 의해서 난국에서 빠져 나가지 않으면 안 된다."[23]

NEP는 노동조합에 대하여 임금정책의 문제를 전면에 내걸었다. 전시 공산주의 치하에서 모든 노동자는 동일 임금을 받았고 종종 식량 배급을 받았다. NEP 치하에서는 기업에 차별적 임금과 도급(都給)과 상여금의 설치가 허락되고, 이것은 단체교섭에 따랐다. 1923년에서 1927년까지에는 어떠한 효과적인 노동자의 관리 참가도 존재하지 않았으나, 단체교섭은 아직 존재하고 있었다.

공업화의 개시는 준독립세력으로서의 노동조합의 파멸을 가져왔다. 트로츠키는 1919년에 노동조합은 폐쇄적인 길드 정

---

[23] 《레닌 선집》 참조. 그리고 디어도어 드래퍼의 《미국 공산주의의 근원》(뉴욕, 1957), p. 249 참조.

신으로 활동하였고 각성하지 않으면 안 된다고 말했다. 10년 후에 같은 말이 스탈린에게 인계되었다. 노동조합의 과제는 "노동생산성, 노동 규율, 사회주의적 경쟁 그리고 길드적 고립성과 노동조합주의 등 모든 유물의 근절을 자극함으로써 사회주의 산업을 건설하는 것"이라고 그는 말했다. 이것은 1930년의 공산당 제16차 대회에 정식화되어서 "노동조합 재조직화의 기초는 돌격대의 활동이다"라고 선언되었다. 공장 경영자의 과제에 관한 두 개의 유명한 연설에서 스탈린은 임금 평등주의에 대한 공격과 노동자를 공장에 정착시키는 방침의 필요성을 역설했다.[24] 그로부터 주지한 바와 같이 드라콘의 법률(아테네의 집정관 드라콘이 제정한 법률은 극히 엄격하였다고 함-옮긴이주)과 같은 가혹한 법률이 계속하여 만들어졌다. 즉 직장을 바꾸는 데는 공장장의 허가를 얻어야 할 것, 활동작업량을 완수하지 못했을 때의 벌칙, 태만에 대한 엄한 벌금 등.

오늘날 소비에트의 공장은 노동자와 기술자 사이의 분명한 계급 구분으로 특징지어져 있다.[25] 전후의 헌장(1964년 4월 노동조합 제10차 대회)에서 결정된 것처럼 노동조합은 노동 규율의 강화 때문에 공장 경영자의 한 팔로서 존재하는 데 불과하다. 단독책임제 내지 합리적 조직의 형식적 구조에도 불구하고 극히 불균형한 임금과 도급의 구조, 가족주의 내지 파벌 옹호 집단의

---

24) 조셉 스탈린의 《레닌주의》 2권, 《기업 경영자의 과제》 및 《새로운 조건, 새로운 과제》를 참조할 것.
25) 알렉산더 부시니치, 《러시아 경제제도》(스탠포드, 1952) 참조.

성장, 돌관(突貫) 작업방법 등, 이 모든 것은 표현과 비판의 원천이 극히 엄격히 제한돼 있는 사회체제에서 일어나는 불합리성을 나타내고 있다. 경영자는 지배하고 노동자는 아무런 통제력도 갖고 있지 않다. 이렇게 하여 노동자 관리란 이름 밑에 일어난 운동은 오늘날 노동자를 통제한다. 마르크스로부터 시작된, 실로 긴 여로에 있어 그것은 기묘하고도 음울한 말로이다.

노동의 의의――또 하나의 길

마르크스는 1840년대 초기의 철학적 저서에서 인간이 특수화된 역할의 단순한 반사가 아니라 자기 활동에 대해 완전한 통제력을 갖는 자유로운 공산주의 사회에 있어서의 인간 개성의 본질에 대하여 적지 않은 사색을 했다. 오늘날 알려진 것과 같이 정통 마르크스주의와 정통 레닌주의가 발전하고 있던 시기에는 이러한 초기의 철학적 저작은 출판되지 않은 채 알려지지 않았으며, 초기의 철학적 고찰과 마르크스의 경제학적 저작과의 관련성은 이해되지 않았다. 그 결과 마르크스 사상은 인간, 재산, 착취에 관한 원시주의적인 경제학적 개념의 좁은 길로만 발전하는 것으로 되어 버려, 한편 작업(work)과 노동(labour)에 관한 새로운 인간주의적 개념에 이르렀을지도 모르는 또 하나의 길이 탐구되지 않은 채 남겨져 버렸다. 아마 이 일은 불가피하였을 것이다. 그러나 기술의 고도 발전과 통제력의 지나친 중앙집권화를 볼 수 있는 이 단계에서는 그러한 길의 탐구는 필요하다.

　소외는 동시에 노동 조직화의 결과로, 소외를 종식시키기 위해서는 노동과정 그 자체를 검토하지 않으면 안 된다는 근본적 통찰이 소외 개념의 변질에서 상실되었다.

　근년에는 사유재산의 폐지만으로는 착취의 종언(終焉)은 보장되지 않을 것이라고 이해되고 있다. 문제는 다음과 같이 제기되어 왔다. 어떻게 하여 관료제를 억제할 것인가? 그 문제는 현실적인 것이다. 사회주의 사상에 있어서 새로운 해답은 다시 '노동자에 의한 통제'의 주제를 제기하려고 한다. 이것은 프랑스의 기업위원회, 독일의 공동 결정권에 대한 요구로 나타났으며, 영국에선 노동당의 계획인 '산업과 사회'에 대한 좌익적인 해답으로 나타나고 있다. 물론 그것은 폴란드와 유고슬라비아에서 노동자평의회에 대한 요구의 기초가 됐다.

　공산주의 이론에서 노동자에 의한 통제라는 슬로건은 사회주의 사회에 있어서의 민주화 기술이나 혹은 산업 관리로서가 아니라, 거의 전적으로 정치적 관점에서 자본주의하의 고용주계급의 경제력을 절단하는 수단의 하나로서, 그리고 권력을 잡는 수단으로서 생각되었다.[26]

　다른 극단에는 제1차 세계대전을 전후하여 영국에서 길드

---

26) 예컨대 트로츠키에 의한 명백한 발언을 들 수 있다. 그는 이렇게 말했다. "……노동자에 의한 통제의 개념은 부르주아 지배하의 자본주의 체제 범위 내에 존재하는 것이다……. 이것은 공장·은행·영리 기업체에서의 일종의 이중적인 경제적 권력을 뜻한다"라고.

사회주의 운동을 결성한 중세주의자, 분배주의자, 생디칼리스트에 의하여 결합된 상세하고도 상상력이 뛰어난, 그러면서 실행할 수 없는 청사진이 있었다. 그 운동에 대한 평가는 종래 불충분하였다. 왜냐하면 초기의 페비언주의자와 같이 길드 사회주의자는 관리의 구체적 문제와 맞붙었기 때문이다. 오늘날의 사회주의 사회와 관리사회를 괴롭히는 많은 문제가 길드 사회주의자의 논쟁에서 예상되었고 충분히 검토되었다. 생산수단의 국유화는 국가에 의한 길드의 착취(예를 들면 소비, 혹은 여가의 희생을 통하여 불필요하고 새로운 투자를 행하는 일이나 높은 노동 기준량의 제정 등)로 끝나는 것은 아닌가 하고 그들은 생각하였다. 한편 생디칼리즘 혹은 각 길드에 의한 생산 소유는 단독의 길드가 다른 길드의 희생으로 이익을 얻으려고 할지 모르는 분열주의나 편협한 제국주의를 초래할지도 모른다. 길드사회주의자들은 자본과 토지의 소유권은 국가에 부여하나 정부 지출을 충분히 보상할 수 있는 정도의 사용료(혹은 이자)를 받고 그 재산을 길드에 빌려 주는 것으로써 그 문제를 해결하였다. 정치적으로 길드 국가는 양원제, 즉 지역적 구성에 의한 것과 기능적 대표로 구성되는 것이다.

국가주의와 생디칼리즘의 절충인 길드사회주의는 우리에게 많은 유용한 참고를 주었다. 그 결점은 너무 많은 문제를 다루려 하였다는 것과 너무나 상세한 청사진을 제시한 점이다. 역설적으로 말하면 지나치게 합리적이었다. 인간사회는 새롭게 고쳐 만들어 낼 수는 없는 것이다. 기존의 구조와 당사자인 민중의 성격, 기질, 전통 그리고 희망과 함께 실제적으로 시작하지 않으면 안 된다.

'노동자에 의한 통제'의 슬로건을 내세운다면 단순한 출발점으로 아마 무엇에 대한 노동자의 통제냐고 물을 것이다. 경제 전체에 대한 통제인가? 이것은 실행 불가능한 일이다. 생디칼리즘적 사회는 너무나 일원적 이해관계에 있기 때문에 그 자신의 관료제가 확대된다면 이익지배의 한 형태를 다만 별개의 것으로 바꿔 놓은 데 불과할 것이다. 단일한 산업 또는 기업에 대해서는 어떤가? 여기에서 또 의미 있는 현실적 문제를 제기할 수 있게 된다.[27] '산업의 통제'에 관한 1932년의 영국 노동조합회의 보고서는 국유재산의 형태로 길드 조직보다 공공 기업체를, 사회통제의 형태로서 생디칼리즘 조직보다 합동협의체를 용인하였는데, 그것은 노동자에 의한 통제의 한계성에 대하여 냉정히 인식하였던 것이다. 그리하여 '산업과 사회'에 관한 영국 노동당의 신강령—그것은 새로운 관리자 계급 사회의 위험성을 증대하는 것일지라도 기업주식의 국가 소유를 통하여 사회통제적 사상을 확대하고 있다—은 원칙적으로 사회에 대한 기업체의 사회적 책임을 낳는 데 있어서의 일대 전

---

27) 전체주의에 대한 가장 예리한 연구자요, 노동자평의회의 사상에 관해서도 동정적인 비판자인 아렌트는 1957년의 헝가리와 폴란드에서의 경험에 대하여 이렇게 쓰고 있다. "평등과 자치의 정치원리가 동시에 경제적인 생활영역에도 적용되는지 의문스런 일이다." 그녀의 논문 〈전체주의적 제국주의〉, 《정치학 잡지》(1958년 20권) 참조.

진이고, 그것이야말로 노동자에 의한 통제의 목적임에 틀림없다.[28]

노동자에 의한 통제사상에 있어서 중요한 혼란은 사회주의자나 생디칼리스트에 의하여 주장되어 왔던 것처럼 콘트롤이라는 말이 항상 이중의 의미를 갖는다는 사실이다. 즉 지시(예를 들면 자동차의 진로를 콘트롤한다는 것)와 억제(예를 들면 누구의 격노를 콘트롤한다는 것)이다. 보통 노동자에 의한 통제를 둘러싼 논쟁에서 문제 제기자는 상이한 의미를 거의 선별하지 않았다. 개략적으로 말하면 사회주의자에게 있어 노동자 통제라는 것은 노동자 자신에 의한 기업의 지도 내지 경영이나, 아니면 경영의 참가를 뜻해 왔다. 이 후자의 의미가 유고슬라비아에서 시도되고 있는 노동자 통제이다. 노동자의 경영 참가에 내재하는 난점은 경영에서 떨어져 나간 노동자의 이익을 최소화하고 직장 내의 독립적 지위를 노동자로부터 빼앗는 경향이 있다는 것이다.

역사적으로 노동조합은 노동자의 이익을 옹호하기 위하여 활동하는 점에 있어서 한정적이고 보호적인 조직이었다. 노동조합이 국가적 통일을 위해서나 국가를 위해서 노동자를 통제하는 도구로 되었을 때 노동자는 다른 단체를 형성하여 왔다. 이것이 제1차 세계대전 중 영국의 직장대의원 운동의 역사였

---

28) 합동협의회일 망정 하나의 표어로 될 위험성이 있다는 점을 지적할 수 있다. 엘리어트 자크스의 《공장의 변화된 문화》(런던, 1951) 참조.

고, 1956년 10월 폴란드의 노동자평의회의 역사였다. 오늘날 유고슬라비아의 공산당은 딜레마에 빠져 있다. 노동자가 경영에 참가하게 되어 있기 때문에 노동조합이 수행하는 기능적 역할은 아무것도 없는 것처럼 생각되고, 일부 이론가는 노동조합을 없애야 한다고까지 주장하였다. 한편 영국에서는 국유산업의 노동조합은 시종일관하여 경영위원회의 참가를 거부하고 생산의 책임을 거부하여 왔다. 조합은 경영자에 맞서서 하나의 독립한 방위적 제도로서 계속 활동하였다.

노동조합이 노동과정에 도전한다면 사회 전체에 대한 근본적 도전이 요구될 것이다. 왜냐하면 산업의 위치라든가, 공장의 규모를 논의한다는 것은 단지 경영자의 특권에 도전하는 것만이 아니라 비용의 저하와 생산의 증대를 근본적으로 고찰하는 소비경제의 이론에 의심을 품게 될 것이기 때문이다. 나아가 경쟁상태에 있는 어느 한 기업이 노동의 흐름을 재편성하는 것으로써 그 비용의 증대를 초래한다면 경쟁상대보다 뒤떨어지지 않을 수 없을 것이다. 그러나 이것은 자본주의 사회의 결점만은 아니다. 사회주의 사회에서는 슬프게도 노동과정의 의미를 생각하려는 상상력이 풍부한 시도가 거의 존재하지 않았다. 그리하여 소수자 독재 아래 급속한 산업화를 추진하려고 노력한 공산주의 국가에서는 노동자에 대한 영향은 훨씬 더 가혹한 것이기도 하였다.

비참할 정도로 생활수준이 낮은 저개발국의 경우, 노동을 노동자에게 더욱 의미 있게 하기 위해서 생산을 희생하라고 말하는 것은 어려운 일이다. 그러나 이러한 문제는 양자택일적으로 제기할 수 없고 또 제기되어서도 안 되는 것이다. 능률의 문제가 과도하게 추진되면, 즉 작업이 극히 세분화되고 완전히 단조롭게 되면 자기 패배에 빠지게 된다는 것을 기술자들은 배웠다. 문제는 항상 어느 정도냐 하는 것이다. 그러나 문제라는 것은 여러 가지 고려에 앞서서 논의되고 위치지어지지 않으면 안 된다.

제4장

소련의 이데올로기의 종언

폴란드의 시인 체슬라프 밀로슈는 1951년에 《사로잡힌 마음》이라는 책을 출판하였다. 이 책은 다이어매트(Diamat)라는 새로운 신조의 마술적 영향에 대해서 말한 것이다. 그 신조가 강력한 세계관을 동구의 지식인에게 주었기 때문에 그들은 그것을 받아들였으나, 서구는 그것에 대치될 수 있는 다른 포괄적인 세계관을 아무것도 제공하지 못했다. "다이어매트, 즉 레닌과 스탈린에 의하여 해석된 변증법적 유물론은 현대인에 대하여 강력한 자성적(雌性的) 영향력을 갖는다"고 밀로슈는 썼다.

"인민민주주의 국가의 공산주의자는 새로운 신앙에 대하여 이야기하고, 공산주의의 발전은 로마제국의 기독교 발전과 비교된다. 프랑스에서는 공장에 정직(定職)을 갖는 노동자 승려의 대부분이 카톨릭교를 버리고 공산주의로 개종되고 말았다. 오늘날 진행되고 있는 이데올로기 투쟁의 강렬함을 이 실례는 입증하고 있다."

밀로슈가 1951년에 묘사한 정황이 완전히 정확한가 어떤가는 오늘날 의심스러우나, 지식인의 대부분을 마르크스·레닌주의의 전열로 몰아갈 수 있는 역동적인 신조로서 다이어매트를 생각하는 사람들은 오늘날 거의 없을 것이다. 사실 놀라운 일은 최근에 특히 동구(東歐)에서는 다이어매트에 대하여 거의 들을 수 없다는 것이다.

다이어매트의 매력의 쇠퇴를 다만 교리로서의 사상적 약점에 의한다고 가정하는 것은 어리석은 일일 것이다. 전후 초기에 다이어매트는 하나의 매력을 갖고 있었다. 왜냐하면 당시 유럽에선 발호(跋扈)하게끔 되어 있는 것처럼 보였고, 제3세계의 신흥제국에 급속한 경제적, 사회적 발전의 모델을 분명히 제공한 공세적(攻勢的)이고도 강대한 국가의 세계관이었기 때문이다. 서방세계는 별도로 하고라도 동구의 소비에트적 지식인에게 마르크스·레닌주의의 마술은 어떠한 사상 논쟁이나 정치적 폭로보다도 스탈린의 살해 통치에 관한 흐루시초프의 폭로와 레닌 묘로부터 스탈린 유체(遺體)를 제거한 것으로 인해 한층 파괴되었던 것이다.

동구세계에 대한 소련의 강제력 상실과 저개발 국가에서의 위신 저하는 사회적·정치적 제 요인의 결합에 돌려야 하는 것이었다. 즉 복잡한 경제 관리에 있어 러시아가 낭변한 여러 가지 곤란의 증대, 오랫동안 엄격한 통제 아래 생활하여 온 민족의 반항적 태도 때문에 내부적 동태(動態)성을 상실한 것, 루마니아의 경우처럼 소련의 대국주의에 대항하는 내셔널리즘의 공공연한 표명 그리고 마지막으로 세계 여러 문제에 관련을 갖는 하나의 세력으로서, 또 공산주의권의 이데올로기 지도권력의 경쟁자로서 중공의 대두이다.

소비에트 철학에 대한 어떠한 분석도 소비에트 정치에 관한 논의를 포함하지 않으면 안 된다는 것은 분명하다. 왜냐하면 그 철학의 모순을 제공하는 것은 이론과 실천의 통일인 소비에트 정치기 때문이다. 그렇다고 해도 사상의 힘을 경시해서는 안 된다. 1930년대 후반부터 1940년대를 통하여 마르크스주의의 레닌-스탈린적 해석을 비판적으로 검토한 서구 지식인의 수가 증가하고 있다는 사실은 도덕적·사회학적·심리학적 이유에서 공산주의를 거부하던 동구의 많은 지식인에게 커다란 지지를 주었다. 밀로슈 자신이 인정한 것처럼 그가 전향하려고 고통에 찬 결심을 한 것은 사회주의 리얼리즘이 공식의 예술 창작방법으로 폴란드에 도입되었을 때였다. 왜냐하면 그러한 교리는 작가의 '본질적 과제, 즉 자기의 독립적 견지에서 세계를 바라보는 것'과 모순될 뿐 아니라 '모든 가치판단을 독재체제의 이해에 의존하게 하는 것'이기 때문이다. 그리하여 한번 신념의 절대적 성질이 동요되면 그 때 논쟁은 사상의 레벨로 이행한다. 새로운 교리와 새로운 정당화, 새로운 사상이 낡은 교리와 격렬하게 논쟁하게 된다.

이데올로기가 낡은 교리를 현실에 적용시키려고 할 때, 사상적 신앙의 심부(深部) 부식(腐蝕)이 일어난다. 그리하여 오늘날 소련 내부에 이러한 부식이 존재하는 것이다. 마르크스·레닌주의의 고전적 교리는 (특히 물리학의 최신의 진보와 물질계에 관한 개념이 몇 개의 난관을 변증법적 유물론에 들이대고 있는 것처럼) 과학의 증대하는 도전과 경제 합리성의 보급에 직면하고 있다. 한편 보다 자유로운 토의와 서방측과의 접촉을, 러시아가 과학 지식인의 개방적 커뮤니티의 일원임을 소비에트의 과학자·작가가 점점 더 요구하기 때문에 사상통제의 구조는 손상되고 있는 것이다. 이러한 갖가지 경과를 거쳐서 이제까지의 신성한 정전(正典)의 원리는 공격 앞에 드러나고 독단적인 소비에트적 세계관조차도 수세적 경향을 취하기 시작하였다.

흐루시초프의 후계자는 아마 과학자와 지식인에 의한 사상의 커다란 요구만이 아니라 기본적 교양의 개혁에 수반되는, 한층 심각한 위기에 직면하게 될 것이다. 나는 현대 마르크스·레닌주의의 핵심적 교리 구성요소를 분석함으로써 이러한 전개를 상세히 말하고, 그에 수반하여 소비에트 당국자가 어떻게 하여 이러한 전개에서 생겨나는 과학, 이데올로기 및 당파성을 둘러싼 몇 가지 중대한 문제에 불가피하게 직면하는가를 음미하도록 시도할 것이다. 실천에서 생겨나는 딜레마가 먼저 교리에 의문을 제기하는 것은 사실이라 하더라도, 나는 주로 소비에트 세계의 정치가 아니라 교리상의 도전과 변화를 다룬다는 것을, 여기서 논의의 한계를 명백히 하기 위해 말해둔다.

이데올로기의 문제

마르크스·레닌주의는 독특한 역사적 전망을 갖는 세계관이다. 현대 소련에서는 5개의 요소가 결합되어서 이 세계관을 구성한다. 즉 (1) 계급투쟁의 교리, (2) 5개의 역사적 단계를 경과하여 온 인간사회의 개념, (3) 현대 자본주의와 사회주의 양 진영의 존재, (4) 계획화와 공유재산이 보다 우월한 사회조직 형태를 구성한다는 주장, (5) 공산주의의 필연적인 세계적 승리이다.

이런 원리는 신념의 범위와 교리의 정당성—행동의 지표가 되는 교리상의 확실성—을 형성하는 이데올로기의 명시적 측면이다.

그러나 일반적으로 제기되는 문제는 이데올로기가 소련에서 어떠한 현실적 역할을 수행하고 있는가 하는 것이다. 이데올로기는 신념의 핵심인 것인가, 즉 사회의 지도자(그리고 피지도자)가 귀의하고 있는 정통 이론이며 그러한 것으로서 소비에트의 정치적 의도와 행동의 일관된 지침인 것인가, 아니면 이데올로기는 지도층에 의하여 시니컬하게 조작되는 일련의 합리화에 불과하고 오히려 권력과 국가이익이라는 더욱 인습적(因襲的)인 동기가 계속 작용하고 있는 것일까?

종종 행해지는 바와 같이 그 문제를 정치의 평면에서 제기한다면 신념체계로서의 이데올로기의 본질과 이데올로기가 사회에서 수행하는 기능을 얼마간 오해하는 것으로 된다(이러한 문제 설정은 기묘하게도 이데올로기를 단지 허위의식으로서, 혹은 엘리트가 대중조작을 위하여 이용하는 신화로서만 생각하는 마르크스주의적 내지 파레토학파적인 경직화한 심성에서 파생한다).

가장 광범한 문맥에서는 이데올로기의 기능이란 가치의 구체화, 즉 사회의 성원이 도덕적인 것 내지 바람직한 것에 대하여, 좋은 사회란 어떤 것인가에 관해 잠재적 혹은 현재적(顯在的)으로 내리는 규범 판단을 구체적으로 표시하는 것이다. 그리하여 소련에서처럼 약간의 경우 이데올로기는 미래의 방향과 그 미래의 몇 가지 가치 실현을 지시한다. 이 이데올로기의 한 가지 기능은 특히 강제적 사회에서는 사회적 접합제로 되는 것이다.

요점은 가장 강제적인 사회에서조차도 그 강제의 어떤 정당성을 확립하지 않으면 안 되며, 사회 전체를 강제 수용소로 만들지 않고 통치하기 위해서는 강제력을 정통성에 전임(傳任)시키지 않으면 안 된다는 것이다(루소가 《사회계약설》의 제3장에서 쓴 것처럼 최강자라 할지라도 힘을 정의로, 복종을 의무로 바꾸지 않으면 항상 강력하지는 않다). 실제 기능화는 모든 사회 내부에 제도적 조직망과 그 구성원의 정서적 친화력을 어떤 초월적 전체에 결합할 신조가 존재하지 않으면 안 된다. 이로써 한 가치가 (규범을 통하여) 개인에 내면화되는 것만이 아니라, 또 사회―특히 의식적 사회변동을 실현하려고 노력하는 것―에 대하여 명시할 수 있는 어떤 기구가 존재하지 않으면 안 된다. 이 명시적 과제가 이데올로기의 기능이다. 아마 가치와 이데올로기의 복잡한 상호작용을 명확히 함으로써만 특정의 목표를 달성하기 위하여 민중을 동원하려는 현대사회의 기저적(基底的) 사회과정을 이해할 수 있을 것이다.

이데올로기와 가치체계

모든 근대사회는 어떠한 방법으로든지 그 성원에 대하여 스스로를 정당화하지 않으면 안 된다. "모든 사회는 도덕적 질서"라고 한 에밀 뒤르껭의 말이 현대에서 이해되는 것도 이 의미에 입각해서다. 마찬가지로 이것은 종교적이라고 유별(類別)되는 것 같은 어떤 핵심을 갖지 않는 인간사회는 지금껏 존재하지 않았다는 막스 베버의 종교 개념—이상하고 합리성이 관철될 수 없는 경험 방면(經驗方面)에 의미를 부여하는 초자연적 질서 내지 비인격적 힘에 관련되는 어떠한 개념—의 중대한 요점이기도 하다. 소련의 신조체계가 종교적이라고 특징지어지는가 아닌가 하는 문제를 논하지 않고도, 공산주의적 세계관이 궁극적인 것—예를 들면 역사에서 실현 가능하다고 생각된다 하더라도—에 관한 어떠한 관념을 현실적으로 갖고 있고, 이 궁극적인 것의 인식이 사회의 신성한 지위를 차지하고 있다는 것은 거의 의심되지 않는다.

사회의 가치체계도 그 사회의 성원에 의하여 동의되고 혹은 의심받지 않은 채 받아들여지고 있는 잠재적 신조며, 그 신조는 사회의 성원에 대하여 좋은 사회란 어떤 것인가를 정의하고 그들이 취하는 행동에 대한 평가적 판단을 형성한다. 가치는 신성한 선언(예를 들면 프랑스의 인권선언, 미합중국 헌법)으로 정식화된 후 역사에 예시되어 전통으로 제시되며, 혁신과 기성의 교리가 원만하게 조화할 수 있도록 변동을 촉진하거나 억제하도록 작용한다. 마치 종교적 신조가, 예를 들면 카톨릭교도나 회교도인 것이 도대체 무엇을 의미하는가를 정의하고 있는 것처럼, 그리고 직업적 신조가 의사나 과학자의 본질을 정의하고 있는 것처럼 가치는 사회의 성원이라는 것이 도대체 어떤 의미를 갖는가(예를 들면 "나는 볼셰비키다"라든가 "나는 미국인이다"라고 하는 것의 의미)를 정의한다. 가치체계는 사회 권위의 배분과 역할의 수행을 정통화한다.

그런데 신조를 광의(廣義)로 정의하면 틀림없이 그것은 많은 상이한 정치정책과 양립할 수 있는 것이고, 반드시 추상적 정식에서 오직 하나의 행동방침이 연역되는 것은 아니다. 자연법 내지 신(神)의 정의에 대한 신념에 의하여 이끌려지는 사회는 행위의 도덕적 상관관계를 명확히 하는 데 있어 세속사회가 정치행동을 합리화할 경우에 조우(遭遇)하는 것 같은 어려움을 안고 있다(그리고 특정의 철학적 신념과 시종일관한 정치적 태도를 결합시키는 것도 역시 곤란하다. 흄스는 유물론자임과 동시에 절대왕권론자, 톰 페인은 직관주의자인 동시에 급진주의자였다). 그 때문에 관념적 정식을 정책의 구체적 지표로 간주할 수는 없는 것이다.

그러나 또 그 관념적 정식을 무시할 수도 없다. 왜냐하면 사회는 스스로를 정당화하기 위해서도, 또 다른 신조의 도전에 대항하기 위해서도 사상적으로 시종일관하며 합리적으로 변호할 수 있는 어떤 신조를 필요로 하기 때문이다. 가치체계는 법의 지배와 같이 특정의 행위를 평가하고 혹은 판정하는 일련의 기준을 제공한다. 가치체계는 최소한 사회적 현실을 정의하기 위한 말을 제공하고(예를 들면 "뉴딜정책은 자본주의를 구제하려고 하였다"든가, "뉴딜정책은 사회주의를 도입하려고 하였다"든가, "스탈린은 사회주의를 배반하려고 하였다"든가, "흐루시초프는 수정주의자다" 등), 따라서 사람들은 이러한 정의에 기초하여 행동하는 것이다. 최대한으로 보면 사회의 가치는 행동의 한계를 설정한다. 예를 들면 가장 중대한 사태(즉 선전포고)에 있어 정부를 지지하거나 혹은 정부에 반대하도록 사람들을 이끄는 것이다.

그러나 규범적 질서의 일반성이라는 점에서는 사회의 가치는 더욱 높은 수준에 있는 것이 분명하다. 그러한 가치는 행동의 방향을 제시하는 것이나 지령까지 하는 것은 아니다. 계통적 신념체계인 이데올로기는 사회의 규범적 판단을 명시하기 위하여 이 정도의 가치적 편성화(編成化)를 행한다. 공식 이데올로기는 포괄의 원리임과 동시에 배제(排除)의 원리이기도 하다. 그것은 공식의 신조를 정의하고 감정을 동원하지 않으면 안 될 적(敵)이나 이단자를 분간한다. 공적 신조의 정식이라는 본질에서 말하면 공식 이데올로기는 사회의 책임 있는 지위를 차지하고 있는 사람들에 대하여 현재적(顯在的)인 충성 성명을 요구하는 것이다.

이렇게 하여 이데올로기는 정통성의 형태이고, 사회의 일반적 가치와 행동의 한계를 설정하는 집합체(예를 들면 정부)의 제도적 행동을 연결하는 고리이다. 그리하여 정치기능의 규범적 통제와 관계 있는 규제적 양식으로서 권위를 정의하려면, 그때 이데올로기 또한 권위의 한 형태로 되는 것이다.

이데올로기의 현실

 "사회체제의 성원에 의하여 공통으로 유지되고 있는 가치지향체계는 그 체계의 구조와 과정을 분석하는 중요한 조준점의 역할을 할 수 있다"고 탈코트 파슨즈가 제출한 명제를 우리들은 인정하였다. 이 사실을 염두에 둔다면 소련의 가치체계는 일종의 이데올로기적 행동주의로서, 즉 일반적 이론과 교리에 따라서 사회를 변개하는 자각적인 일련의 지령으로서 특정지어질지 모른다. 이것은 원문 정전(原文正典)의 부단한 음미, 실제적 결과 및 교리와의 일치라는 이중 기준에 의한 실적의 검증 그리고 체제가 설명한 목표를 향해 민중을 고무하기 위하여 부단히 목표를 명확히 서술하는 것을 의미하고 있다. 이러한 사회는 사회변동에 대한 고도의 자동적 동인(動因)과 수단선택에 있어 커다란 유연성을 갖고 있다. 그러나 이데올로기에 대한 동조의 강조는 또 권위에 대한 엄격한 복종과 책임을 낳고, 그 어느 것이 변동을 억제하여 사회의 커다란 긴장을 낳는 것이다.

 신념체계로서의 이데올로기는 또 특정의 교의에 따라 가치를 내면화하기 위한 자각적 억제자로서도 역할을 한다. 이데올로기는 그 신봉자에 동기적 귀의(歸依)를 요구한다. 즉 사상의 인식적 타당성의 인정과 그 사상 때문에 스스로 이익을 위험 앞에 내놓는다는 실제적 서약을 요구한다. 그러나 이데올로기가 유효하기 위해서는 현실에 적응하지 않으면 안 된다. 공식의 행동은 이데올로기의 교리에 일치하든가, 아니면 어떤 인정할 수 있는 방법으로 합리화되지 않으면 안 된다. 교리의 구성요소가 유토피아적, 즉 현재보다 미래의 성과를 약속하는 경우에는 현재의 행동이 예기할 수 있는 방향으로 움직이고 있다고 하여 정당화지 않으면 안 된다. 교리가 현실의 행위와 충돌할 경우 그 변화를 정당화하기 위하여 어떠한 원전상(原典上)의 해답이 찾아지지 않으면 안 된다. 이렇게 하여 이데올로기는 사회에서 부단히 수정되는 것이다. 이데올로기와 현실과의 괴리는 사회 긴장의 원천이 된다.

바로 권위를 점유하는 그 사실 때문에 사회의 엘리트는 의식적으로 공식 신조와의 관련성을 유지하지 않으면 안 된다. 그러나 엘리트의 상이한 부분이 같은 강도로 신조에 충성을 유지하지 않으면 안 될 정도로 어떠한 사회도 완전히 동질적이 아니고, 또 어떤 신념도 단일체제는 아니다.

분명히 엘리트 내부의 상이한 사회계층은 이데올로기의 변화에 대하여 서로 다른 감수성을 나타낸다. 이데올로기 해석자의 경우 그 긴장은 은폐된다. 왜냐하면 이들 설교가의 주요 과제의 하나는 교의의 타당성에 외견상 단절이 없는 한줄기 연속성을 제공하는 것이기 때문이다. 그러나 보다 넓게, 국제적으로 과학적이며 지적인 커뮤니티의 구성원으로서 대항 교의(對抗敎義) 혹은 독립적 해석을 받기 쉬운 과학자나 지식인 엘리트의 경우에는 이데올로기가 서약을 한 신봉자에게 긴장의 중대한 원천으로 된다든가, 혹은 단지 형식적인 것에 불과하다 할지라도 신조에 대한 현재적·계속적 충성의 대가로서 신성한 해설자에게 이데올로기상의 타협을 강요하는 수단이 되기도 한다. 이렇게 하여 과학자나 지식인 엘리트들의 신조에 대한 각양의 애착도(愛着度) 내지 소외도(疎外度)가 사회의 응집성 및 그 표명된 목표에 지지를 동원하는 능력을 나타내는 지표로 된다.

그리하여 체제의 중요한 이데올로기 문제는 과거와의 연속성과 현실적 지향성을 달성하기 위하여 신조의 핵심을 유지하며, 도전을 받을 때는 그것을 용이하게 재정의하는 것이다. 소련에서는 핵심적 교리가 점차로 내부로부터의 공격에 드러나 있고, 체제가 주어진 교리를 유지할 수 있느냐 없느냐, 중요 부분을 잘 수정할 수 있느냐 없느냐(즉 신조의 다른 요소에 의하여 합리화되는 것은 물론, 기존 엘리트의 권력에 대한 영향을 통제할 수 있느냐 없느냐), 혹은 과학자나 지식인 엘리트들의 상당한 부분이 전체제에서 소외되는 결과에 그치고 마는 등 교리의 부식에 직면할 수 있느냐 없느냐가 결정적 문제이다.

보다 더 실질적인 형식에서 문제를 제기한다면 다음과 같이 된다. 과학, 철학, 사회학, 문학에 대한 현재의 논쟁은 마르크스·레닌주의적 교리의 수정의 전조이고(스탈린주의 이전 단계에서 마르크스주의가 실제로 그러했던 것처럼) 서양의 합리주의 사상의 조류와 조화하게 되는 것인가라는 것이다. 무엇인가 새로운 교리에 대한 헌신이 출현하도록 사상의 토론과 문학 및 철학의 실험 작업을 위한 가장 개방적인 광장이 생겨날 것인가, 혹은 현재의 소동은 단지 체제측의 일시적 압력에의 적응, 그 변동이 너무나 지나쳤다고 느껴지는 경우 지배 엘리트에 의하여 최소될지도 모르는 것에 불과한 것인가, 요컨대 이데올로기의 변용과정이 역전 불가능한 것인가, 아니면 정지하는 것이 가능한 것인가? 계속 발전한다면 그것은 서양의 사상, 가치와 공통의 지적 기반을 공유하는 교리의 창조로 향하는 것인가, 아니면 마르크스·레닌주의의 무엇인가 새로운 교리의 정식화로 향하는 것인가? 여기서도 이데올로기의 평면에만 머무른다면 어떠한 완전한 해답도 얻을 수 없다.

즉 중공의 노선에 대한 러시아의 굴복은 새로운 통제와 특정한 교의를 재주장하는 노력에 그치고 말지 모르며, 러시아와 중공의 투쟁의 격화는 보다 새로운 이데올로기 정식화의 가장 급속한 변화로 귀착될지 모른다.

이데올로기의 종언인가

여러 가지 교리상의 모든 변동에도 불구하고 무엇이 소비에트 이데올로기의 중심적 핵심인 것인가. 소비에트 교리는 통일 이데올로기인가, 아니면 사후 합리화에 불과한 것인가?

앞에서 말한 것처럼 모든 사회는 정통성과 정서적 친화력의 궁극적 원천인 기저적인 도덕적 핵심을 반영하는 잠재적 내지 현재적(顯在的)인 어떤 가치체계를 갖고 있다. 사회가 민중을 동원하지 않으면 안 될 상황에 대응하여 사회는 공식 이데올로기, 즉 행동을 정당화하고 다른 신조의 도전과 상쟁(相爭)하기 위해 사상적으로 시종일관하고 이성적으로 변호할 수 있는 어떤 신조를 창출하지 않으면 안 된다. 사회가 민중을 동원하지 않고 다원적이고 다양하게 되면 이데올로기는 그만큼 확산적으로 된다. 그런 경우 정통성의 문제는 가치체계의 보다 일반적·추상적 레벨에 머물러서 광범위한 관습이나 충성과도 양립할 수 있다. 그러나 어떤 것이든 간에 이데올로기적 기초는 항상 존속한다. 그 때문에 소비에트 교리의 내용에서 일어난 모든 변용을 고려한다면 다음과 같은 질문은 의미가 있다. 소비에트 이데올로기의 영속적 내지 기저적 실[絲]은 무엇인가? 그리고 도대체 어떠한 조건 아래서 그 요소의 변화를 기대해도 좋을 것인가?

기저적 실은 비교적 단순하다고 나는 생각한다. 즉 공산주의를 실현하기 위한 '역사적 사명'에 대한 주장과 '선택된 도구'(당의 지도적 역할)의 정통성 등이다. 이 한계 내에서 소비에트 정권의 불과 반세기 역사에서의 이데올로기의 변천은 사회학적 원칙에서 카톨릭 교회사의 교리의 변천과 다름이 없었다.

앞에서 말한 바와 같은 4개의 요소―변증법적 유물론, 사적 유물론, 공유재산의 우월성, 그리고 과학적 공산주의의 본질—는 형식적 레벨, 즉 교리적 핵심에 머물지만 중요한 사실은 무엇인가 특정의 이론적 정식화가 아니라 당(黨) 그 자체를 믿는 기본적 요구이다. 위계적(位階的)으로 조직화된 어떠한 운동도 경험이라든가 교리적 도전이라든가의 압력 때문에 그 교리의 모순된 요소를 포기하도록 강요되는 때에 이 근본적 진리를 발견한다. 사회통제에 필요한 메커니즘이 되는 것은 교리가 아니라 해석자의 비타협적인 강한 주장이다. 이렇게 하여 소비에트 이데올로기의 결정적 특징은 어떠한 형식적 교리도 아니고 당파성의 사상, 즉 당(黨)의 지령이 모든 분야의 활동에 있어 본질적인 것이라는 사실이다. 이 방법에 의해서만 당은 한때 신성화되었던 교리의 포기를 합리화할 수 있고 낡은 교리로서는 거의 정당성을 갖지 않는, 그런 새로운 교리의 채용이 가능하게 된다.

혁명 전의 러시아는 많은 동양적 사회체제처럼 국가에 의하여 대부분 지배되고 사회는 허약하였다. 볼세비키 혁명이 러시아 사회생활의 환절적(環節的)인 성질을 파괴하기 시작하였을 때, 공산당은 사회의 중요 기관이 되어 사회생활의 상이한 부분을 연결함으로써 사회를 개조하려고 노력하였다. 스탈린주의의 러시아는 뒤르껭의 '기계적 연대'의 한 형태, 즉 지도와 권위의 단일한 정치적 중추—이 경우 공산당—에 집중화하고 있는 동질적 사회라고 생각할 수가 있다. 그러나 사회가 한층 분화되고 복합적으로 됨에 따라 새로운 유기적 연대가 출현하기 시작하여, 거기서의 활동은 단일의 정치체제에서 스스로를 분리시켜 어느 정도의 자율성을 달성하려고 노력하였다. 이 의미에 있어서 사회의 유기적 연대의 성장은 당 그 자체의 직접적 통제를 침식하기 시작하는 기저적 과정이었다.

소련에서는 역사의 진리와 방향을 알고 있는 당의 주장에서 공산주의적 지배의 정통성이 대부분 파생된다. 소비에트 사회 형성기에 당의 역할은 시종일관한 사회적 자기동일성을 부여하고, 미래의 목표를 정식화함과 동시에 교리상의 여러 변화를 합리화하며, 부르주아 분자에 대치되는 기간분자(基幹分子)를 공급하고, 기타 분야의 관료를 움직이고 자극하기 위한 통제장치를 설립하는 것이었다. 예를 들면 군대에서 당원은 오랫동안 정치위원으로 근무했다. 그러나 이중 권력제(二重權力制)는 본래 실행 곤란하므로 순정치적(純政治的)인 관리는 후퇴하였다.

사실 당의 정점(頂點)에서는 그 지도자의 대부분이 흐루시초프와 같이 당 관료에서가 아니라 기술자나 전문가 속에서 점점 뽑혀지고 있다. 그러나 문제는 사회적 구성이 아니라 구조적 관계에 있다. 전문 기술적 기능이 지배적으로 되기 시작하여 기술적·정치적 제도에 밀려 나갈 때 도대체 무엇이 낭에 남는가?

이 사실은 당이 소멸할지도 모른다는 것을 시사하려는 것은 아니다. 무엇인가 별개의 기구가 소비에트 사회에 결여되고 있는 한, 여러 분파가 연합하여 사회의 어떤 중대한 정책을 추진하여 가는 활동무대로서 당은 엄연히 존속할 것이다.

그러나 의사결정 중추로서의 역할은 이미 의사집행 중추로서의 역할과 다르다.

그리하여 이 모든 당의 역할—그와 함께 이데올로기를 동원하는 역할—은 감퇴할지도 모른다. 교리의 다이너미즘(동태적 기능)의 감퇴, 외적(外敵), 내적(內敵)에 대한 무기로서의 이데올로기 역할의 감소라고 하는, 지금까지 가정하여 온 개념의 의미에서 본다면, 그것은 이데올로기의 종언을 의미한다 하겠다. 소련의 이데올로기는 동구세계에 있어서는 더 말할 것도 없이 그의 충분한 강제력과 설득력조차도 상실하여 왔다. 이런 면에서 공산주의 세계의 이데올로기 종언은 틀림없다 해도 잘못은 아닐 것이다.

제5장
서구에서의 이데올로기의 종언
— 에필로그

　인간이 세계의 영속성을 느낀 시대란 역사 속에서 거의 없었으며, 다만 그리스도교의 우화에 있는 것처럼 인간은 혼돈과 천국사이에 매달려 있는 존재에 지나지 않는 것이다. 4천년 전 이집트의 파피루스에 이런 기록이 있다. '……나라는 거짓으로 넘친다……. 물레바퀴처럼 세상은 돌고 돌아 변한다……. 대중은 목자를 잃은 양처럼 겁에 질려 있다……. 어제의 가난뱅이가 오늘엔 부를 쌓나니, 지난날의 부자가 이를 부러워하네'라고. 길버트 머레이가 쓴 것처럼 그리스 시대는 '신경쇠약'의 시대였으며, '비관론의 대두, 즉 자신의 상실, 인생에서의 희망의 상실, 정상적인 인간적 노력에 있어서 신념의 상실'등이 있었다. 그리고 늙은 띨레탕은 1789년 이전에 생존한 사람들만이 감미로운 인생을 맛볼 수 있었다고 주장했다.[1]

---

1) 자기가 생존하는 시대를 위기로 보고, 과거를 황금시대라고 생각한 각시대의 철학자들의 애도집을 칼 야스퍼스는 모으고 있다. 여기서는 그의 《현대의 인

현대에도 선행되었던 밝은 희망의 오랜 기간에 의해 모든 것이 더욱 신랄하게 되어 버린 적절한 인용을 첨가시킬 수가 있을 것이다. 왜냐하면 1930년부터 1950년의 20년 사이는 유사 이래 특수한 긴장이 감돌았던 시대이기 때문이다. 예켄대 세계적 규모의 경제불황과 첨예화된 계급투쟁, 인간문화의 고도적 발전단계에 있던 국가에 있어서의 파시즘과 민족적 제국주의의 발흥, 인간의 고귀한 이상을 선언한 혁명적 세대의 비극적인 자기 순교, 유례 없는 대규모의 파괴적인 전쟁, 강제수용소와 죽음의 집에서 벌레와 같이 처리된 수백만의 살인 등이다.

지난 150년간 혁명에의 충동을 명백히 밝혀 온 급진적 지식인에게 이 모든 것은 지복(至福) 천년에 대한 희망의 종언, 천년왕국설의 종언, 계시록적인 사상의 종언 등, 요컨대 이데올로기의 종언을 의미한다. 왜냐하면 한때 행동으로 통하는 길이었던 이데올로기가 막다른 곳에 다다랐기 때문이다.

프랑스 계몽주의 철학자들 사이에서 그 기원을 찾을 수 있는 이데올로기는 어쨌든 헤겔 좌파인 포이에르바흐와 마르크스에 의해서 사상을 행동으로 옮기는 수단으로 예리하게 표현되어 왔다. 그들에게 있어서 철학의 기능이란 비판하는 것이요, 현재로부터 과거를 배제시키는 것이었다(마르크스는 "모든 죽

간》(런던, 1951) 제2장에서 인용한 것임. 머레이의 것은 《그리스 종교의 5단계》(뉴욕, 1930)를 참조.

은 세대의 전통이 현존자의 두뇌를 악몽처럼 짓누르고 있다"고 썼다). 모든 헤겔 좌파 중 가장 급진적인 포이에르바흐는 그 자신을 제2의 루터라고 칭했다. 만약 종교의 신화적 성격을 쫓아내기만 하면 인간은 자유롭게 될 것이라고 그는 썼다. 모든 사상사는 진보적인 각성의 역사였으며, 그리스도교에 있어서 결국 신이 편협한 신성으로부터 보편적인 추상 개념으로 변했다면, 비판—소외나 자기 소원의 급진적인 도구를 사용하는 것—의 기능은 신학 대신에 인간학을 대치시키고 신 대신에 인간을 대치시키는 것이었다.

철학은 이 세상의 생활로 향하는 것으로 되었으며, 인간은 '추상적인 망령'으로부터 해방되고 초자연적인 것의 속박에서 구원받을 수 있게 되었다. 종교란 다만 허위의식을 창출해 내는 것에 지나지 않는다. 철학은 '진실한 의식'을 분명히 보여줄 것이다. 그리고 신보다도 인간을 의식에 중심에 두는 것에 의해 포이에르바흐는 '무한한 것을 유한한 것'으로 하려고 노력했다.

포이에르바흐가 '지상으로 내려오게' 했다면, 마르크스는 이 세상을 변혁시키고자 노력했다고 할 수 있다. 그리고 포이에르바흐가 인간학을 신입한 것에 대하여 마르크스는 헤겔의 근원적인 관찰을 통하여 역사와 역사적 문맥을 강조했다. 세계란 유적(類的) 인간이 아닌 개별적 인간, 즉 계급에 예속된 모든 개인으로 구성되어 있다. 이 계급적 지위 때문에 인간들 사이엔 차별이 생겼다. 그리고 진리란 계급적 진리이다. 따라서 모든 진리는 혁명적인 진리이고 또 이 현실적인 진리란 합리적인 것이다.

이렇게 해서 이데올로기 분석과 새로운 이데올로기의 창조에 원동력이 도입되게 되었다. 종교에서 신화성을 제거함으로써 인간의 잠재적인 가능성을 (신이나 죄로부터) 재발견하게 되었다. 역사의 해명으로 합리성이 분명히 나타났다. 계급투쟁 속에서 허위의식이 아닌 진실의 의식에 이를 수 있게 되었다. 그러나 진리가 실천이라면 인간은 행동을 하지 않으면 안 된다. 헤겔 좌파는 단지 문학인에 지나지 않았다고 마르크스는 말했다. 마르크스의 경우, 유일하고 현실적인 실천이란 정치에서의 실천이었다. 그러나 실천—마르크스는 이를 혁명적 실천이라 보았다—이란 단지 사회변동이 아니다. 새로운 비전 속에서 그것은 하나의 새로운 이데올로기였다.

이데올로기의 분석은 응당 지식인의 논의에 예속되는 것이다. 지식인과 이데올로기란 마치 성직자와 종교의 관계와 비슷한 것이다. 이 사실 자체가 그 말의 차원과 다양한 기능의 근거를 푸는 열쇠를 주게 된다. 이데올로기란 술어는 18세기 말 프랑스의 철학자 데스튜트 드 트라시에 의해 만들어진 것이다. 다른 계몽사상가와 함께 트라시는 신앙과 권위에 의하지 않는, 즉 교회와 국가가 장려하는 전통적인 방법과는 달리 '진리'를 발견하는 방법을 찾고자 했다. 그래서 그는 객관적인 진리와 올바른 사상을 달성시키기 위해 관념을 '정화하는' 작업에 착수했다. 감각적 지각으로 환원함으로써 관념이 정화된다고 트라시는 생각하고 이런 것을 그는 관념의 과학, 즉 '이데올로기(관념학)'라고 불렀다.

이 용어의 의미가 부정적인 것은 나폴레옹 때문이다. 권력의 기반을 굳게 다진 그는 학사원(學士院)에서 윤리학과 정치학의 강의를 금지시키고, 도덕과 애국심을 파괴하는 무책임한 이론가들을 '이데올로그(ideologue)'들이라고 비판했다. 공화제의 지지자로서의 나폴레옹은 철학자의 모든 사상에 호의적이었으나, 황제로서의 그는 국가를 유지하고자 종교적인 전통과 학설의 중요성을 인식하게 되었다.

그러나 마르크스와 함께 '이데올로기'란 술어는 약간 다른 형태로 바꿔지게 되었다. 그의 저작 《독일 이데올로기》에서처럼 마르크스의 경우, 이데올로기란 철학적 관념론, 혹은 관념이 자율적으로 진리와 의식을 분명히 밝혀 주는 힘을 독립적으로 갖고 있다는 개념과 연결되어 있다. 유물론자인 마르크스에게 이것은 허위였다. 왜냐하면 "존재가 의식을 결정한다"는 것으로, 그 역은 성립될 수 없기 때문이다. 관념으로부터 현실을 묘사하는 시도도 단지 '허위의식'을 낳는 것밖에 안 된다. 그래시 포이에르바흐를 추종하여 마르크스는 이데올로기의 소외의 분석을 시작했다. 또 종교를 허위의식으로 보았다.

그런데 마르크스는 여기서 한 걸음 더 나아갔다. 이데올로기란 단지 허위의식일 뿐만 아니라, 특수한 이익을 은폐시킨다고 그는 말했다. 이데올로기는 진리라고 주장하지만 사실은 특정한 집단의 요구를 반영한 것일 따름이다. '유태인 문제'에 관한 초기의 평론에서 마르크스는 프랑스 혁명의 인권선언과 펜실베니아와 뉴햄프셔 주의 법에 명기된 '자연권'의 개념을 통렬히 공격했다. '자연권'—신앙의 자유라든가, 재산 소유의 자유—은 절대적이거나 초월적인 권리라고 가정하고 있으나, 마르크스에겐 자연권이란 보편적인 타당성을 허위적으로 주장하며 역사적으로 달성한 '부르주아적 권리'에 지나지 않는다는 것이다. 국가의 기능은 '일반 의사' 때문에 어떤 기초라도 창출시킬 수 있다고 그는 지적했다. 부르주아가 창출한 '시민사회'에서는 국가란 매우 부정적이거나 또는 중립적이다. 각자가 자신의 이익을 추구해 나가면 사회적인 조화가 이루어질 것이다. 그러나 사실상 국가는 특수 집단의 모든 권리를 밀어주는 데 이용당하고 있다고 그는 주장했다. 그래서 '자연권'의 주장은 그들에게 유리한 재산을 이용할 수 있게 하려는 부르주아의 요구를 은폐한 것에 지나지 않는다. 인간은 오직 공동체에서만 자기를 실현하는 것이므로, 참된 자유란 재산의 자유, 종교의 자유가 아니라 재산으로부터의 자유, 종교로부터의 자유, 요컨대 이데올로기로부터의 자유라고 마르크스는 생각했다. 이래서 실제로는 계급적인 이해가 아닌 보편타당성을 주장하는 것이 곧 이데올로기로 되어 버렸다.

모든 개인에게 직접적인 자기 이익에 의하여 반드시 그 행동의 동기를 찾을 수 있다고 하는 것을 부인한 점으로 볼 때, 마르크스는 벤덤이나 그 외의 공리주의자들과는 다르다(이것은

'저속한 쾌락주의'다). 이데올로기란 의의가 있는 힘이라고 그는 썼다. 《루이 보나파르트의 브리메르 18일》에서 마르크스는 이렇게 썼다. "소부르주아가 이념으로서 이기적인 계급적 이해를 지원해 줄 것을 원하는 식의 편협한 생각을 가져선 안 된다. 해방의 특수한 조건이 현대사회를 구원해 주거나 계급투쟁을 회피하는 하나의 일반적인 조건이 된다고 흔히들 믿고 있다." 따라서 이데올로기의 가면을 벗긴다는 것은 그 사상의 배후에 있는 객관적인 이해를 폭로하고 이데올로기가 수행해야 될 기능을 분별하게 하는 것이다.

이 모든 것이 내포하고 있는 것은 명백하다. 즉 정치적이고 합리주의적인 분석 하나만으로 그 의미를 다 밝힐 수 없다는 것이다. 사람들이 입으로는 믿는다고 말하더라도 이를 액면 그대로 받아들일 수는 없으며, 그 사상의 밑바탕에 흐르고 있는 이해구조를 탐구해 보지 않으면 안 된다. 사상의 내용이 아닌 그 기능으로 고찰해야만 한다. 다음에 보다 근본적인 결론은, 사상이 물질적인 이해를 은폐한다고 하면 어떤 교의(敎義)에 대한 '진리의 검증'이라는 것은 그 교의가 어떤 계급적인 이해에 봉사하는가를 분별하는 일이라는 것이다. 요컨대 진리란 '계급적 진리'이기 때문이다. 이래서 객관적인 '철학'이란 존재하지 않고, '부르주아 철학'과 '프롤레타리아 철학'만이 존재하게 되며, 객관적인 사회학은 없고 '부르주아 사회학'과 '프롤레타리아 사회학'이 존재할 뿐이다. 그러나 마르크스주의는 단지 상대주의적인 교의가 아니다. 즉 사회적 우주에 관한 '객관적 질서 법칙'이 존재하여 '역사'를 통해서 나타나게 된다. 헤겔의 경우와 마찬가지로 마르크스에게도 역사는 진보를 향하여 전개되는 이성(理性)인 것으로, 이렇게 함으로써 인간에 의한 자연의 정복과 일체의 신화나 미신의 파괴가 이루어지며, 이것으로 '보다 높은 단계'로 나아가게 된다. 그래서 교의의 진로는 역사발전의 '전진'에 밀접하고 적당한 정도로 기여하느냐, 않느냐에 의해서 '진리'와 결합된다고 볼 수 있다.

'사상의 사회적 결정론'에는 많은 어려움이 있다. 그 중 하나가 과학의 역할이다. 마르크스는 자연과학을 이데올로기로 이야기하지는 않았다. 다만 다수의 마르크스주의자, 특히 1930년대의 러시아에서 '부르주아 과학', '부르주아 물리학', 그리고 '프롤레타리아 과학', '프롤레타리아 물리학'이 존재한다고 주장했다. 따라서 아인슈타인의 상대성 이론은 '관념론적'이라고 공격받았다. 그리고 오늘날 러시아에선 '부르주아 물리학'에 대해서는 거의 논의되지 않고 있으나, 지그문트 프로이트의 모든 학설은 공식적으로 '관념론적'이라고 비난을 받고 있다. 그러므로 과학이 계급적 구속이 아닌 것처럼 사회과학에 대해서도 그렇다고 할 수 있지 않을까? 과학의 자율성 문제는 마르크스주의에서 만족할 만한 해답이 아직 없다.

그 다음의 난점은 일련의 사상과 어느 계급 목적 사이에 일대 일의 대응관계가 존재한다는 결정론적인 가정이다. 그러나 사실상 이런 경우가 무척 드물다. 경험주의는 통상적으로 자유로운 탐구와 관련지어져 있으나, 실은 가장 철저한 경험론자인 데이비드 흄은 보수주의자였었다. 또 새로운 사회를 설계하고자 하는 합리주의적 노력에 대해서 강력하게 반대한 에드문트 버크는 자유주의자였다. 가장 심원한 유물론자의 한 사람인 홉스는 왕당파였고, 대영제국에서 관념론 부흥 지도자의 한 사람인 T. H. 그린은 자유주의자였다.

그리고 제3의 난점은 계급의 정의이다. 마르크스의 경우 (그의 저서엔 결코 엄격한 계급 구분이 없으나) 사회에서의 기본적인 사회적 구분은 재산의 분배에서 생긴다고 한다. 그러나 정치적, 기술적 세계에서는 재산이란 권력의 결정요인으로서, 그리고 종종 부의 결정요인으로서의 기술적 기능이 세습제보다도 더 한층 중요하게 되어, 정치권력이 경제권력보다도 우위에 서게 된다. 그렇다면 계급의 의미는 무엇인가? 그럼에도 불구하고 '사상의 양식(樣式)'이 역사적인 계급집단이나 그 이해와 관련이 있다거나, 어떤 사상은 사회에서 다른 집단의 서로 틀리는 세계관과 전망구조의 결과로서 나타난다고 하는 명제를 부인할 수는 없다. 문제는 존재적 기초와 '정신적 소산'과의 관련을 어떻게 명확하게 하느냐는 것이다. 예를 들면 사회학자 막스 베버는 이념과 이해 사이에 '선택적 친화성'이 존재한다고 논했다. 어느 사상, 이론, 혹은 어떤 혁명가의 사회적인 기원보다도 한 종류의 사상에 공명하며, 그로 인하여 그 사상을 옹호하는 집단에 의하여 이것이 어떻게 선택되었느냐는 점이 더 중요하다.

다른 한 사람의 사회학자 칼 만하임은 사회사상을 '이데올로기'와 '유토피아'로 불리는 두 가지의 기본양식으로 나누어 설명했다. 사상은 시대 구속적인 것이라고 주장한 마르크스의 명제를 그는 받아들이지만, 모든 사회주의자의 사상과 마찬가지로 마르크스의 사상에도 비슷한 비판을 할 수 있다고 그는 썼다. 모든 사상은 어떤 이해에 봉사하기 때문에 그는 질서를 옹호하는 사상을 '이데올로기'라 부르고, 사회질서를 변혁시키고자 노력하는 사상을 '유토피아'라고 했다. 그렇다면 여기에는 객관적인 진리를 지향하는 노력은 전혀 없는가? 하나의 사회집단, 즉 지식인은 사회의 '부동하는 층'이며, 따라서 다른 계급집단보다 구속되는 일이 적기 때문에 다른 사회집단의 편협한 한계를 초월한 복합적인 전망구조를 달성할 수 있다고 했다.

분명히 이처럼 모든 용법을 뒤섞어 생각하게 되면 혼란을 야기시키게 될 것이다. 그러므로 보다 차분한 구분을 해볼 필요가 생기게 된다.

곧 우리는 만하임으로부터의 구별방법을 빌려 그가 말하듯 '특수적 이데올로기 개념'과 '전체적 이데올로기 개념'을 나눌 수 있게 된다. '특수한 이데올로기'란 어떤 가치를 믿고 있는 모든 개인은 동시에 이에 따른 이해관계도 가지게 되는 것으로, 이와 관련된 신념이나 가치를 통칭해서 말하는 것이다. 이것은 직위, 정치적 이해, 기업가적인 것 등 그 어느 것이든지 특수한 경우는 모두 여기에 속하는 것이라고 할 수 있다.

한편 '전체적 이데올로기'란 광범위한 현실에 관한 포괄적인 체계이다. 그래서 이것은 모든 생활양식을 바꿀 수 있는 하나의 이념이 된다.

이데올로기란 사상을 사회적인 목적 달성의 수단으로 전환시킨 것이다. 즉 사상의 모든 결과에 대한 자기 구속적인 것이기도 하다. 러시아 비판주의의 아버지인 비사리온 베린스키는 먼저 헤겔을 읽고 "존재하는 것은 당위이다"라고 하는 공식의 철학적인 정당성을 확신하게 되어 그는 러시아 전제정치의 지지자가 되었다. 그러나 헤겔의 사상이 반대의 경향을 포함하고 있다는 것, 즉 존재하는 것이 변증법적으로 다른 형태로 발전해 나간다는 것을 알고서는 하룻밤 사이에 그는 혁명가가 되었다.

이데올로기에 힘을 주는 것은 바로 정열이다. 추상적이고 철학적인 탐구는 항상 정열을 배제시키고자 노력하며, 사람들은 모든 사상을 합리화하려고 애쓴다. 이데올로그(ideologue)들에겐 진리란 실천으로부터 생기는 것이며 '변혁하는 순간'에 의해 경험에 의의를 부여하는 것이다. 그들은 묵상이 아니라 행위 속에서 살고 있다. 실제로 이데올로기가 가진 가장 중요하고 잠재적인 기능은 정열을 불러일으키는 것인지도 모르겠다. 종교(그리고 전쟁과 민족주의) 이외엔 정동적(情動的)인 에너지를 수로(水路)로 끌어들이는 형태가 거의 존재하지 않았다. 종교가 현세로부터의 정동적인 에너지를 기도·예배·성례전·종교 예술 등으로 상징화하여 배출시키고 분산하는 데 비하여, 이데올로기는 이들 에너지를 한데 모아 정치의 회로에 통합시킨다.

그러나 종교엔 그 이상의 어떤 원인이 있을 것이다. 종교란 인간들이 죽음의 문제에 대처하는 하나의 방법이었다. 불가항력으로 불가피하게 닥치는 죽음에 대한 공포, 더욱이 변사(變死)에 대한 공포가 인간의 힘에 대한 찬란하고 인상적이며 덧없는 꿈을 산산이 부수어 버린다. 홉스의 지적처럼 죽음에 대한 공포가 양심의 원천이요, 변사를 피하고자 하는 노력이 법의 근원이다. 천국과 지옥의 존재를 믿게 되면, 죽음에 대한 공포는 어느 정도 가벼워질 수가 있고 또 제어할 수 있게 된다. 이러한 믿음 없이는 자아의 전면적인 붕괴만이 있을 뿐이다.

지난 1세기 이상에 걸쳐서 종교적 신앙의 쇠퇴와 함께 무의식적으로 표출된 이 자아의 붕괴현상으로서의 공포도 놀랍게 증대했다고 보아도 좋을 것이다. 사실 이 시대의 변화된 도덕적 기질의 현저한 특징인 비합리적인 것의 증대 원인도 여기에 있다고 가정할 수가 있다. 물론 광신·폭력·잔학 등이 인간사에서 유일한 것은 아니지만, 그러나 이런 광란이나 대중적 정서가 종교적인 헌신과 실천을 통하여 대치되고 상징화되어 배출될 수 있던 시대가 있었지 않은가. 그런데 오늘날 존재하는 것은 이 현세뿐이고 자기 주장은 타인을 지배함으로써 가능하게 되었다. 단지 정치를 통해서 세상을 변혁하려는 현대의 노력은 정동적 에너지의 다른 모든 제도적 방법이 필연적으로 쇠퇴할 것이라는 것을 의미하였다. 사실상 종파와 종교는 정당과 사회운동으로 변모했다고 볼 수 있다.

사상의 단순화, 진리 주장의 확립 등 이 두 가지의 결합에서 실천에 대한 헌신의 요구라고 하는 세 가지 요건만 구비되면 사회운동은 민중을 분기(奮起)시킬 수가 있게 된다. 따라서 이데올로기는 단지 사상만을 개조하는 것이 아니라 민중까지도 개조하는 것이다.

19세기의 이데올로기는 필연성을 강조하고 그 신봉자들에게 정열을 불러일으킴으로써 종교와 경쟁할 수가 있었다. 또 필연성과 진보를 동일시함으로써 과학의 적극적인 가치와 유대를 맺었다. 그러나 가장 중요한 것은 이들 이데올로기가 사회적인 지위를 주장하려고 하는 신흥 지식인 계급과도 동시에 연결되어 있었다는 사실이다.

여기서 지식인과 학자를 구별할 필요가 있다. 학자란 지식의 전문분야와 전통을 가지고 모자이크로 장식하는 것과 같이 축적되고 검증된 과거의 지식에다 무엇인가를 보태 줌으로써 자기의 지위를 차지하려고 하는 사람이다. 학자는 학자인 이상, 지나치게 자기 문제에 휘말려 들어선 안 된다. 한편 지식인의 경우는 자기의 경험, 세계에 대한 그의 개인적인 지각, 그의 특권과 박탈로부터 시작하고 이와 같은 감각에 의해서 세계를 판단한다. 지식인 자신의 지위가 높은 기치를 긎기 때문에, 사회에 관한 그의 판단은 그에게 부여되는 대우를 반영한다. 상업문명하에서 그릇된 가치가 존중받고 있다고 지식인들은 생각하고 그 사회를 부인하였다. 따라서 자유로이 날려는 지식인이 정치적으로 되게 하는 확고한 강제가 존재하였다.

19세기에 나타난 이데올로기는 그 배후에 이런 지식인의 세력을 갖고 있었다.

그런데 오늘날은 이런 이데올로기가 고갈되고 있다. 물론 이 중대한 사회적 변동의 배후에는 복잡하고 다양한 사정이 있다. 한편에서 모스크바 재판, 독소불가침조약, 강제 수용소, 헝가리 노동자들에 대한 탄압 같은 불행이 하나의 연쇄적인 고리를 형성하고 있으며, 다른 한편에서 자본주의의 수정과 복지국가의 대두라고 하는 사회변동이 이제 또 하나의 고리를 이루고 있다. 철학에서는 프로이트, 틸리히, 야스퍼스 등에서 보이듯이 단순하고 합리주의적인 신념이 쇠퇴하고, 금욕적이고 신학적인 새로운 인간관이 나타남을 볼 수 있다. 따라서 이것은 급진적인 지식인에게 있어서 낡은 이데올로기는 진리와 설득력을 잃었다는 것을 말한다.

이젠 유토피아의 청사진을 믿을 사람도, 국가가 경제에 대해 어떤 역할도 수행하지 않는다고 주장하는 고전적인 자유주의자도 거의 존재하지 않게 되었다. 그리고 유럽이나 영국에서 복지국가가 '예속과 복종의 길'이라고 진지하게 믿고 있는 보수주의자도 거의 존재하지 않는다. 그러므로 서구세계에서는 오늘날 정치적 쟁점에 대한 대체적인 의견의 일치가 지식인들 사이에 이루어져 있다. 즉 복지국가의 용인, 권력 분권화에 대한 희망, 혼합경제체제와 정치적 국가 다원론이 여기에 속한다. 이런 의미에서도 역시 이데올로기의 시대는 끝난 것이다.

그럼에도 불구하고 뜻밖의 사실이 하나 있다. 낡은 19세기의 이데올로기와 지적인 논쟁이 생기를 잃고 말았지만 아시아, 아프리카의 신흥국가는 각자의 민중들에게 독자적인 방법으로 호소함으로써 새로운 이데올로기를 형성하고 있다는 사실이다. 산업화·근대화·범아랍주의·유색 인종주의·민족주의라고 하는 이데올로기가 바로 그것이다. 20세기 후반의 거대한 정치적, 사회적인 문제들로 인해 두 종류의 이데올로기는 명확하게 구분되고 있다. 19세기의 이데올로기는 보편주의적이고 휴머니즘적인 것으로 지식인에 의하여 형성되었다. 그러나 아시아, 아프리카의 대중적 이데올로기는 정치 지도자에 의하여 창출된 것으로 지방적이고 도구적이다. 낡은 이데올로기의 추진력은 사회적 평등과 넓은 의미에서의 자유였다. 이에 대하여 새로운 이데올로기의 원동력은 경제발전과 국가권력을 그 바탕으로 하고 있다.

그리고 민중에 대한 이 대중적 이데올로기의 호소에 있어서 중국과 러시아가 그 모델이 되고 있다. 이들 나라가 발휘하는 매력은 더 이상 자유사회라고 하는 낡은 사상이 아니라 경제성장이라는 새로운 사상이다. 그리고 억압 없이는 경제적인 전진이 이처럼 급속도로 이룩될 수 없다는 점에서 새로운 억압을 정당화하고 있다. 신흥국가에서 공산주의의 공로를 따지는 것은 이미 논의의 대상이 못 된다. 문제는 민주적 제도를 확립하고 민중에게 자발적으로 희생하고 선택하게 함으로써 새로운 사회가 성장할 수 있느냐 아니냐는 것이다. 또 권력욕을 가진 엘리트가 그들의 국가를 변혁시키고자 전체주의적인 수단을 강요할 것이냐 아니냐도 문제라 하겠다. 대중들이 냉담하고 쉽게 조종되기만 하는 전통적이고 낡은 식민지 사회에서는 그 해답이 지식인 계급과 그들의 미래에 대한 구상에 달려 있음은 말할 필요조차도 없다.

이래서 1950년대가 끝날 무렵 사람들을 혼란으로 몰고 가는 듯한 현상이 나타나게 되었다. 서구의 지식인들 사이에서 낡은 정열은 이미 사라져 버리고 말았다. 옛 계시록적인 천년 왕국의 비전을 사상적으로 거부해 버린 현대정치, 사회의 구조 속에서 지금까지 있었던 지난날의 논쟁으로부터 이젠 배울 것이 없게 되고, 발을 내밀어 디딜 확고한 전통도 가지지 못한 새로운 세대가 새로운 목표를 스스로 추구하게 되었다. '주의'에 대한 탐구 속에는 깊고 절망적이며 거의 애수를 띤 분노가 있다. 영국에서 가장 날카로운 젊은 좌익 지식인 12명이 쓴 《흔들리지 않는 신념》이라는 주목할 만한 책은 이런 주제로 일관되어 있다. 미국에서도 역시 새로운 지적 급진주의에 대한 끊임없는 추구가 있다. 리처드 체이스는 미국사회를 사려 깊게 평가한 저서 《민주주의의 절망》 속에서 19세기의 미국이 다른 나라들보다 더 위대했던 것은 급진적인 인간상들 때문이었다고 주장했다. 그리고 현대에서의 새로운 급진적 비판주의를 요구하고 있다. 그러나 문제는 현대문화의 무의미한 국면들이 정치적으로 제거될 수 없는 반면, 구식의 정치, 경제적 급진주의는 그 존재 의의를 잃고 있다는 것이다. 동시에 미국문화는,

특히 예술 분야에서 전위파는 거의 전부 완전하게 받아들이거나, 낡은 격식이 조금이라도 있는 것은 다 축출되고 말았다. 또 전에는 그들의 불평 불만이 사회변동의 추진적인 에너지가 되어 주었던 노동자가 이젠 지식인 이상으로 이 사회에 만족하고 있다는 것은 '주의'를 추구하는 사람들에겐 무엇인가 이상한 일이 아닐 수 없다. 물론 그렇다고 노동자가 이미 유토피아를 달성하게 되었다는 것은 아니다.

젊은 지식인은 불행하다. 왜냐하면 온건한 중간적 노선은 중년을 맞은 사람들의 것으로 젊은이에겐 맞지 않기 때문이다. 온건한 중도파에게는 정열도, 활기도 없는 것이다.[2] 원래 전부냐, 아니냐는 성질을 가지고 있고, 그 정열적인 기질상 젊은 지식인의 욕구의 대상인 이데올로기는 사상적 활력을 빼앗기게 되었고, 이데올로기적이고 사상적으로 정식화될 수 있는 논쟁적인 문제는 이미 거의 존재하지 않게 되었다. 그러나 정동적인 에너지와 욕구는 분명히 존재한다. 다만 이런 에너지를 동원하는 방법이 어려운 문제일 뿐이다. 정치가 흥분을 일으키는 일은 거의 없다. 오늘날 일부 젊은 지식인들은 과학이나 대학에서의 연구 속에서 출구를 찾으나, 그들은 종종 그들의 재능을 단지 기술에만 국한시키는 희생을 치른다. 또는 예술로 자기를 표현하고자 하기도 하나 황폐한 현대문명의 황무

---

2) 레이몽 아롱의 《지식인의 아편》(뉴욕, 1958) 및 에드워드 쉴즈의 〈이데올로기와 시민성〉《스와니 리뷰》(1958년 여름호) 등을 참조할 것.

지에서는 내용의 결여는 새로운 형식과 양식을 창조하는 데 필요한 긴장의 결여를 의미하는 것이다.

서구의 지식인이 앞으로 정치 이외의 다른 문제에다 정열을 쏟을 수 있을 것인지는 다른 하나의 의문으로 남게 된다. 오늘날 열광적인 궤도는 동양을 향해 있다. 동양에서는 경제적인 유토피아에 대한 새로운 황홀경 아래 '미래'가 모든 것에 우선하는 중요성을 갖고 있다.

이데올로기의 종언이 바로 유토피아의 종언은 아니다. 이런 점에서 이데올로기의 함정을 알고 있으면 곧 거기서 유토피아의 논의를 다시 시작할 수가 있게 된다.

언제나 그런 것처럼 인간은 자기의 잠재적인 정열을 지성에 융합시키는 어떤 양식을 필요로 한다는 의미에서, 어느 때보다도 더욱 유토피아에 대한 일종의 욕구가 오늘날 역시 존재하고 있다. 그러나 천국에 이르는 사다리는 이미 '신앙의 계단'이 아닌 경험의 사다리여야만 한다. 즉 현대에서의 유토피아라고 하는 것은 바라고자 하는 목표, 거기에 도달하는 방법, 그 사업에 요구되는 비용 등 모든 것으로부터 이 결정이 정당하다고 느껴져야만 한다.

이데올로기의 종언이란 사상적으로 말하면 획기적인 시대에 쓰여진 저서, 즉 사회변동에 관해 안이한 '좌익적'인 서적의 공식화를 끝장낸다는 뜻이다. 그러나 이런 책들을 끝장낸다는 것은 결코 이에 대하여 아무런 관심도 갖지 않는다는 뜻은 아니다. 과거의 일들을 거의 모르는 '신좌익(新左翼)'이 대두하고 있는 오늘날, 이것은 더 한층 중요한 일이다. 이 '신좌익'은 정열과 에너지를 갖고 있으나, 거의 미래를 정의하지는 않고 있다. 즉 사회주의란 무슨 의미이고, 관료화는 어떻게 막아 낼 것이며, 민주적인 계획화라든가 노동자에 의한 통제는 어떤 의의를 가진 것인가 등 엄격한 사고를 필요로 하고 있는 이런 문제에 대하여 항상 화려한 미사여구로 답하고 있을 뿐이다.

이데올로기의 종언이 어떤 뜻을 가진 것인지를 알고자 하면 다음 일화를 읽는 게 좋겠다. 젊은 프랑스 무정부주의자 베이앙이 국민의회 안에다 폭탄을 던졌을 때 문학평론가 로랑 테라드는 그를 변호하여 이렇게 말했다. "대체 인간의 생명 몇몇이 무슨 문제냐. 이것은 훌륭한 행위인 것이다"고 했다. 이런 시대의 혁명 찬미의 수사론이 이젠 끝난 것이라고 할 수 있겠다(우습게도 2년 후 레스토랑 폭발 사건으로 테라드는 한쪽 눈을 잃게 되었다). 요컨대 우리가 지금 국내외적으로 직면하고 있는 문제는 좌익과 우익에 대한 이데올로기 논쟁이라는 낡은 관점에 대한 저항감이다. 그러나 비록 이데올로기가 이제 돌이킬 수 없는, 퇴색해 버린 말이 되었으나, 유토피아는 이와 다른 운명에 있다고 할 수 있다. 그렇지만 오늘이 유토피아 주장자들이 또다시 그들의 혁명적인 목적의 이름으로 부끄러운 수단을 합리화시키고, 지난날의 논쟁을 보잘것 없었던 것으로 돌려 버린 채 언론의 자유, 반대의 자유, 연구의 자유가 지닌 고귀한 교훈을 잊기 시작하면 역시 이데올로기와 같은 운명에 처하게 될 것이다.

 만약 지난 1세기의 사상사에서 교훈을 남길 만한 의미가 있는 것이 있다면, 그건 "현재는 살아 있는 자의 것이다"고 한 제퍼슨의 지혜일 것이다. 이것은 동료들의 운명에 대해 민감한 옛날과 현대의 혁명가들이 모든 세대 속에서 재발견하는 지혜이다. 활기에 넘치는 폴란드의 철학자 레제크 콜라 코브스키에 의해 쓰여진 신랄한 대화 가운데서 주인공은 이렇게 말하고 있다. "인간의 도덕적, 사상적 생활이 오늘 저축하는 것으로 우리가 내일 더욱 많은 것을 가질 수 있다는 경제학의 법칙을 따른다고는 결코 믿지 않을 것이다. 내일의 진리의 승리를 위해 당장 목숨을 버려야 한다든가, 고귀한 삶을 가능하게 하기 위해 범죄를 이용해야 한다는 것은 있을 수 없다." 이런 말은 지식인이 '미래'에 관한 경험으로부터 휴머니즘의 회복을 주장한 동구의 '해빙기'에 쓰여진 것으로, 러시아의 작가 알렉산더 헤르젠의 항의를 상기시킨다. 그는 백여 년 전의 한 대화에서 내일의 약속을 위해 오늘의 희생을 강요하는 초기의 혁명가들을 이렇게 비난했다. "생일날 잘 먹기 위하여 굶주리다가 그 날 아침에 죽게 할 것인가?……먼 훗날 이루어질 수 있는 목적은 목적이 아니라 속임수일 따름이다. 목적이란 바로 이룩할 수 있는 것이어야 한다. 그것은 적어도 노동자의 임금이나 행해지는 일 속에서의 기쁨이 되어야만 한다. 각자의 세대, 각각의 삶은 저마다의 풍부함을 갖고 있는 것이다……."

■ 옮긴이 소개

경북대학교 법정대학 졸업. 성균관대학교 대학원 수료.
경북대학교 및 성균관대학교 강사. 서울시립대학 교수.
《대구일보》,《영남일보》,《민족일보》,《중앙일보》논설위원 역임.
저서로는《獄窓 너머 푸른 하늘이》,《마르크스·레닌주의와 언론》,《마르크스·레닌주의의 문제》등이 있으며,
역서로는《근대국가에 있어서의 자유》,《자유에서의 도피》,《자유민주주의에 희망은 있는가》외 다수가 있음.

이데올로기의 종언
초판 1쇄 발행 2015년 3월 20일

지은이　　다니엘 벨
옮긴이　　이상두
펴낸이　　윤형두
펴낸곳　　종합출판 범우(주)

등록번호　제 406-2004-000012호(2004년 1월 6일)
　　　　　413-120 경기도 파주시 광인사길 9-13 (문발동)
대표전화　031)955-6900, 팩스 031)955-6905

홈페이지　www.bumwoosa.co.kr
이메일　　bumwoosa@chol.com

ISBN 978-89-6365-126-2 93340

＊잘못된 책은 바꾸어 드립니다.
＊이 도서의 국립중앙도서관 출판시 도서목록(CIP)은 e-CIP홈페이지
(http://www.nl.go.kr/cip.php)에서 이용하실 수 있습니다.
(CIP제어번호 : CIP2015007533)